U0572910

权威·前沿·原创

皮书系列为
"十二五""十三五"国家重点图书出版规划项目

杭州都市圈蓝皮书

BLUE BOOK OF HANGZHOU
METROPOLITAN CIRCLE

杭州都市圈发展报告
（2020）

ANNUAL REPORT ON THE DEVELOPMENT OF HANGZHOU
METROPOLITAN CIRCLE(2020)

以强圈战略参与长三角一体化发展

主　　编/卓　超　杨　钊

副 主 编/潘莫愁　朱学路　陈　钢

执行主编/方晨光

社会科学文献出版社
SOCIAL SCIENCES ACADEMIC PRESS（CHINA）

图书在版编目（CIP）数据

杭州都市圈发展报告.2020：以强圈战略参与长三
角一体化发展/卓超，杨钊主编.－－北京：社会科学
文献出版社，2020.8
　（杭州都市圈蓝皮书）
　ISBN 978－7－5201－6673－7

　Ⅰ.①杭… Ⅱ.①卓… ②杨… Ⅲ.①区域经济发展
－研究报告－杭州－2020 ②社会发展－研究报告－杭州－
2020　Ⅳ.①F127.551

中国版本图书馆 CIP 数据核字（2020）第 093121 号

杭州都市圈蓝皮书

杭州都市圈发展报告（2020）
——以强圈战略参与长三角一体化发展

主　　编／卓　超　杨　钊
副 主 编／潘莫愁　朱学路　陈　钢
执行主编／方晨光

出 版 人／谢寿光
组稿编辑／恽　薇
责任编辑／冯咏梅
文稿编辑／王春梅

出　　　版／社会科学文献出版社·经济与管理分社（010）59367226
　　　　　　地址：北京市北三环中路甲 29 号院华龙大厦　邮编：100029
　　　　　　网址：www.ssap.com.cn
发　　　行／市场营销中心（010）59367081　59367083
印　　　装／天津千鹤文化传播有限公司

规　　　格／开　本：787mm×1092mm　1/16
　　　　　　印　张：22　字　数：331 千字
版　　　次／2020 年 8 月第 1 版　2020 年 8 月第 1 次印刷
书　　　号／ISBN 978－7－5201－6673－7
定　　　价／168.00 元

杭州都市圈蓝皮书编委会

主要编撰者简介

卓　超　杭州市社会科学界联合会党组书记、主席，杭州市社会科学院院长，主持杭州市社会科学界联合会、杭州市社会科学院全面工作。担任《创意城市学刊》编辑委员会主任。

杨　钊　杭州市对口支援和区域合作局党组书记、局长，杭州都市圈合作发展协调会办公室主任，主持杭州市对口支援和区域合作局全面工作。

潘莫愁　杭州市对口支援和区域合作局二级巡视员，长三角城市经济协调会办公室副主任，杭州都市圈合作发展协调会办公室副主任，分管区域合作工作。担任"杭州都市圈蓝皮书"《杭州都市圈发展报告（2016）——信息经济与智慧城市发展》执行主编。

朱学路　杭州市社会科学界联合会副主席，杭州市社会科学院副院长，分管科研工作。担任《创意城市学刊》编辑委员会副主任。

陈　钢　杭州市对口支援和区域合作局一级调研员，分管对口合作工作。先后参与《杭州都市圈发展报告（2016）——信息经济与智慧城市发展》等五部"杭州都市圈蓝皮书"的策划工作。

方晨光　杭州市社会科学院研究员、《创意城市学刊》执行主编、"杭州都市圈蓝皮书"执行主编。国家"群星奖"（科研成果）银奖获得者。2009年起从事长三角城市群、杭州都市圈等区域发展研究，出版《融合·

联动·共享——长三角协同创新一体化发展战略》（专著）；先后承担《杭州都市圈发展报告（2018）——美丽中国·杭州都市圈样板》等五部"杭州都市圈蓝皮书"的策划、编撰和总报告撰写等工作；《构建长江三角洲幸福生活城市圈研究》《都市圈经济融入长三角经济研究》等四篇研究报告获长三角优秀成果奖；《杭州、上海两大都市圈融合发展研究》《凝聚杭州城市力量参与长三角一体化发展研究》等四篇研究报告获浙江省委常委、杭州市委书记的批示。先后担任长三角、省、市 17 个课题项目负责人。担任国家社会科学基金重点项目（98ASH001）、"十三五"国家重点图书出版规划项目"中国百村调查丛书"总编辑委员会编委。接受过中国搜索、《解放日报》、《杭州日报》、《社会科学报》、杭州电视台等多家媒体的采访，有关区域研究的文章在全国几十家报刊、网络媒体等发表和转载。

摘　要

　　为实施强圈战略，杭州都市圈第十次市长联席会议已经做出了方向性部署，这就是在加速编制好"杭州都市圈发展规划（2020—2035 年）"的同时，借助融入长三角一体化发展国家战略的东风，在杭州都市圈原来规划共绘、交通共联、环境共保、产业共兴、市场共构、品牌共推、社会共享"七共"战略的基础上，2019 年，实现生产总值 32038 亿元，增长 7.0％，其中，第一产业、第二产业、第三产业分别实现增加值 937 亿元、13068 亿元和 18032 亿元，分别增长 2.2％、6.1％和 8.1％，三次产业增加值之比由上年的 3.1∶41.8∶55.1 调整为 2.9∶40.8∶56.3。截至 2019 年末，杭州都市圈拥有常住人口 2692 万人，增长 2.7％，城镇化率为 70.1％；人均 GDP 达 12.06 万元。其中，杭州实现生产总值 15373 亿元，财政总收入 3650 亿元，拥有常住人口 1036 万人，分别占都市圈的 48.0％、57.9％和 38.5％。

　　在未来发展中，杭州都市圈要通过共建互联互通都市圈、创新活力都市圈、产业协同都市圈、魅力人文都市圈、绿色美丽都市圈、开放包容都市圈和品质生活都市圈，实现新一轮的高质量一体化发展。

　　《杭州都市圈发展报告（2020）——以强圈战略参与长三角一体化发展》总结了 2007 年以来杭州都市圈建立、发展、壮大的历程与经验，研究了当前实施强圈战略中存在的问题与难点，预测了在长三角一体化背景下的发展趋势，提出了应对这些问题与趋势的措施与方法。本书由总报告、城市篇和专题篇三部分组成。

　　总报告 B1 的主题为"长三角一体化发展中的杭州都市圈强圈战略研究"。杭州都市圈从 2007 年起开始步入正式发展轨道，经过 12 年的发展，尤其是 2014 年经国家发改委批复为全国首个都市圈经济转型升级综合改革试点以来，发展尤为迅速，经过杭州、湖州、嘉兴、绍兴四城市的共同努力，逐渐形成了便捷交通圈、经济先行圈、生活幸福圈、智慧信息圈、美丽生态圈等，尤其是杭州都市圈西扩，衢州、黄山两城市的加入，提高了杭州都市圈在长三角城市群中的地位，六城市通过同绘蓝图、共圆梦想，加强区域合作，共同推进融合发展，都市圈发展走在了全国前列。本报告从宏观上研究分析杭州都市圈从经济先行圈、生活幸福圈、智慧信息圈、美丽生态圈一步步走向全面协同创新、全面合作的一体化过程，分析了实施都市圈强圈战略的融长规划滞后导致接长政策难落地、融合理念多头导致省级层面协调不足、片面强调极核导致融沪力量分散、融长重点偏离导致投资力量不足、忽视圈圈比较导致都市圈发展欠强等诸多难点，预测了为都市圈城市注入发展活力、合力融入长三角一体化将成为城市发展的共同目标，上海大都市圈发展将促使周边城市共同参与一体化发展，交通持续发展将推动城市要素流动更加频繁，城市间信息基础设施投入方向将变得更为重要，公共服务方便程度将成为未来城市发展的重要桥梁等趋势，提出了共构全方位接轨上海大都市圈新格局、共建现代化长三角城市群中都市圈发展连绵带、共推杭州湾南线智造发展新走廊、推进长三角五大都市圈的联动与合作四大融长战略；提出了在规划上从城市协同朝着全域共同融入长三角的方向发展、在连接上从城市交通互联朝着世界门户的方向发展、在信息上从硬件互联朝着软件畅通的方向发展、在产业上从以传统经济为主朝着以数字经济为主的方向发展、在政务上从提供快捷方便的服务朝着提供良好营商环境的方向发展、在人才上从吸引朝着优质长效凝聚的方向发展、在文化创新上从重视地域文化朝着重视"新江南文化"的方向发展、在平台上从开发区朝着融长示范区的方向发展、在生态上从重视城市环境朝着构建美丽生态圈的方向发展；提出了携手融入长三角一体化，共建互联互通都市圈、共建创新活力都市圈、共建产业协同都市圈、共建魅力人文都市圈、共建绿色美丽都市圈、共建开放包容都市圈、共建品质生活都市圈，为实现杭州都市圈全面一体化勾画出新的蓝图。杭州都市圈强圈战略是长三角区域一体化发展国家战略的重要组成部分，杭州都市圈是长三角五大都市圈领先发展区域。推进实施杭州都市圈强圈战略为长三角区域一体化发展提供示范，对提升长三角区域综合实力、提升长三角区域在世界经济格局中的能级和水平具有重要作用。

总报告 B2 的主题为"杭州都市圈 2019 年发展报告"。杭州都市圈全力打造长三角南翼核心增长极，持续推进都市圈经济迈向高质量发展，取得了可喜的成绩。经济运行总量持续增加，高质量发展特征进一步显现，各城市发展动力进一步增强；与此同时，在互联互通、创新活力、产业协同、魅力人文、绿色美丽、开放包容和品质生活都市圈建设上，六城市融合协作进一步加强。本报告最后针对存在的问题，提出了关注经济增长后劲、关注区域协作机制、关注区域统筹发展、关注绿色生态保护"四个关注"和写好稳增长、一体化、共繁荣、可持续"四篇文章"的对策建议。

城市篇包含 B3 ~ B8，在以强圈战略参与长三角一体化发展的主题下，杭州都市圈的杭州、湖州、嘉兴、绍兴、衢州、黄山六城市根据区位与发展实际，提出了"拥江发展"视野下的杭州产业协调发展、湖州全域创建都市圈旅游标杆区、嘉兴以"沪杭同城"战略参与长三角一体化、浙江大湾区发展中的绍兴强市战略、新时代衢州可持续生态人文发展强市战略、黄山市全面融入杭州都市圈发展等富有特色的融长发展目标与策略。这是浙江省全域融入长三角一体化的体现，六城市携手融入长三角一体化的共同举措亦是六城市做大做强杭州都市圈的共同心声。

专题篇包含 B9 ~ B17，分别对协同创新发展、数字经济高质量发展、全域旅游构建、美丽中国样板区建设、轨道交通融长、宁杭生态经济带、体育协同发展、长三角一体化宣传、杭州和上海两大都市圈协同发展等主题进行深入研究，以体现杭州都市圈纵向发展轨迹与未来发展趋势，并针对难点提出相应的对策建议。每一个主题都是对杭州都市圈发展的重新认识和对杭州都市圈再出发的思考。

总之，抱团参与长三角一体化发展，做强做大都市圈，杭州都市圈先行一步，已经成为杭州都市圈六城市的共同发展目标，杭嘉、杭湖、杭绍一体

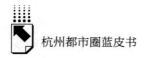

化发展先行区和杭黄省际旅游合作示范区杭州都市圈四大协同板块合力发展，犹如四条有力的臂膀抱紧了整个都市圈，用先进的合作理念和良好的制度确保杭州都市圈实现新一轮高质量一体化发展。

关键词： 强圈战略　区域合作　高质量发展　杭州都市圈

前　言

在 2018 年 11 月 5 日于上海国家会展中心举行的首届中国国际进口博览会开幕式上，国家主席习近平指出，支持长江三角洲区域一体化发展并上升为国家战略，着力落实新发展理念，构建现代化经济体系，推进更高起点的深化改革和更高层次的对外开放，同"一带一路"建设、京津冀协同发展、长江经济带发展、粤港澳大湾区建设相互配合，完善中国改革开放空间布局。2019 年 5 月 13 日，中共中央政治局会议审议通过了《长江三角洲区域一体化发展规划纲要》。6 月 21 日，在浙江省推进长三角一体化发展大会上，浙江发布《浙江省推进长江三角洲区域一体化发展行动方案》，方案提出，结合浙江实际，启动实施高质量发展民营经济、高层次扩大对外开放、高普惠共享公共服务等九项重点任务；紧扣"一体化"和"高质量"两个关键，围绕数字经济、基础设施、文化旅游等领域，启动了近 200 个重大项目，投资 1 万多亿元。7 月 15 日，中共安徽省第十届委员会第九次全体会议审议通过的《安徽省实施长江三角洲区域一体化发展规划纲要行动计划》提出，紧扣"一体化"和"高质量"两个关键，按照创新共建、协调共进、绿色共保、开放共赢、民生共享基本原则，坚持上海龙头带动，联手苏浙，扬皖所长，打造具有重要影响力的科技创新策源地、新兴产业聚集地、绿色发展样板区，推动制造业高质量发展，推进城乡深度融合，建设长三角联通中西部的重要开放枢纽。7 月 22 日，在上海市十五届人大常委会第十三次会议（扩大）上，市长应勇表示，上海已制定了《长江三角洲区域一体化发展规划纲要》的上海实施方案，将紧扣"一体化"和"高质量"两个关键词，抓好"七个重点领域"合作、"三个重点区域"建设。与此同时，中共江苏省第十三届委员会第六次全体会议讨论通过的《〈长江三角洲区域一体化发展规划纲要〉江苏实施方案》提出，要把握"先手棋"的历史使命、"一体化"的核心内涵、"高质量"的目标取向、"一盘棋"的实践要求，重点推进产业创新一体化、基础设施一体化、区域市场一体化、绿色发展一体化、公共服务一体化、省内全域一体化等"六个一体化"，努力实现共性与个性相得益彰、合作与竞争辩证统一、集聚与辐射相辅相成的一体化发展。

长三角地区是我国经济发展最活跃、开放程度最高、创新能力最强的区域之一，经济总量约占全国的1/4。2019年12月1日，中共中央、国务院颁布的《长江三角洲区域一体化发展规划纲要》提出，进一步发挥上海龙头带动作用，苏浙皖各扬所长，推动城乡区域融合发展和跨界区域合作，提升区域整体竞争力，形成分工合理、优势互补、各具特色的协调发展格局。纲要紧扣"一体化"和"高质量"两个关键词，明确"分区域"和"分领域"两条推进路径，突出"示范区"和"新片区"两个重点区域带动作用，以引领全国高质量发展、完善我国改革开放空间布局、打造全国发展强劲活跃增长极。

2016年，《长江三角洲城市群发展规划》公布，杭州都市圈被列入"一核五圈四带"的"五圈"之一，一跃成为国家战略。2019年11月27日，杭州都市圈第十次市长联席会议在湖州安吉召开。杭、嘉、湖、绍、衢、黄六城市的市长参加了会议，会议以"把握长三角一体化机遇 共创都市圈数字化未来"为主题，原则通过了《杭州都市圈协调会工作报告》和《杭州都市圈发展规划（2020—2035年）编制大纲》。根据《国家发展改革委关于培育发展现代化都市圈的指导意见》，到2022年，梯次形成若干空间结构清晰、城市功能互补、要素流动有序、产业分工协调、交通往来顺畅、公共服务均衡、环境和谐宜居的现代化都市圈。杭州都市圈第十次市长联席会议提出杭州都市圈建设要以规划为引领，加快"杭州都市圈发展规划（2020—2035年）"的编制，统筹建设互联互通的基础设施网络，不断提高城市和产业能级，共育具有国际竞争力的现代产业集群，共塑历史与现代融汇的人文魅力圈，提升杭州都市圈的综合实力。会议提出，携手融入长三角一体化发展，要在原来"七共"战略的基础上，实现共建互联互通都市圈、创新活力都市圈、产业协同都市圈、魅力人文都市圈、绿色美丽都市圈、开放包容都市圈和品质生活都市圈。杭州都市圈拿什么融入长三角一体化发展？会议给出了答案，即以数字经济为代表的新经济参与长三角一体化发展。杭州都市圈集聚了浙江全省76%以上的数字经济规模总量、全国70%以上的云计算能力。2018年，杭、嘉、湖、绍、衢五大城市的数字经济核心产业主营业务收入共1.236万亿元，占浙江省的76.5%。杭州大力发展数字经济，着力打造"全国数字经济第一城"，已经形成以现代信息技术支撑商业模式创新为主的新经济发展模式，杭州将与都市圈兄弟城市一起加快构建网络化、开放式、一体化的区域数字经济发展新格局，在数字产业化发展、产业数字化转型、城市数字化治理、基础设施建设、体制机制创新、智慧民生服务等六方面通力合作，共同把杭州都市圈打造成全球数字经济发展的高地，以提升长三角地区整体综合实力和在世界经济格局中的影响力，引领我国参与合作和竞争、发挥重要作用。

杭州是杭州都市圈的核心城市和领头雁。中共杭州市委、市政府紧紧围绕长三角一体化发展这一国家战略，在2019年7月30日召开的中共杭州市委十二届七次全会上，审议通过了《关于贯彻实施长三角一体化发展国家战略　全面提升城市综合能级和核心竞争力的决定》；8月13日，杭州正式公布了《杭州市落实长三角区域一体化发展国家战略行动计划》，由此吹响了杭州实施长三角一体化发展国家战略的冲锋号。行动计划提出，到2025年，全市域全方位融入长三角更高质量一体化发展格局形成，城市综合实力、创新能力和国际影响力迈上新的台阶。具体目标为，到2025年，常住人口城镇化率达到80%，人均GDP达到20万元，城乡居民收入差距缩小到1.8∶1。从科创对接行动、产业对接行动、文旅对接行动、金融对接行动、人才对接行动、开放对接行动、营商环境对接行动、民生共享对接行动、交通网络对接行动、城市治理对接行动方面深入开展服务上海十大行动，在钱塘新区、城西科创大走廊、湘湖和三江汇流区域未来城市试验区、世界文化遗产群落上聚力建设四大高质量发展平台，在杭嘉、杭湖、杭绍一体化发展先行区和杭黄省际旅游合作示范区杭州都市圈四大协同板块上合力发展，在 G60 科创走廊、杭合创新带、杭绍甬城市连绵带、宁杭生态经济带、大运河文化带、"名城名湖名江名山名村"风景廊道上联动发展六条跨区域关键廊带，在共建长三角科技创新共同体、构筑长三角现代化综合交通体系、合力打造数字经济和制造业双引擎、合力打造高水平开放共同体、合力打造美丽长三角生态共同体、合力促进长三角文旅一体化发展、合力优化长三角国际一流营商环境、合力打造长三角民生共同体等八项重点任务上下好功夫。12 月 20日，杭州召开了"推进长三角区域一体化发展工作领导小组会议暨'四大建设'推进会"，会议提出，贯彻实施好长三角一体化发展国家战略，落实好《长江三角洲区域一体化发展规划纲要》，既是重大政治责任，也是重大历史机遇，更是重大实践检验；长三角一体化发展国家战略，就是时代给予长三角三省一市 41 城市的重大历史机遇，抓住了，城市发展顺风顺水，蒸蒸日上；错过了，再想追赶，难之又难；要在推动长三角一体化发展中扛起担当、提高能级。会议对浙江省第十四次党代会做出的大湾区大花园大通道大都市区建设的重大战略部署加以任务落实，浙江省委常委、杭州市委书记周江勇提出：要紧紧抓住科技创新和产业发展这个"关键"，更加主动服务借力大上海，积极承接上海优质资源要素；要不断夯实交通设施互联互通这个"基础"，积极推动长三角区域高速公路网络完善，加快编制"杭州都市圈发展规划（2020—2035 年）"及新一轮交通等专项规划，强化门户枢纽功能和大通道建设；要切实强化生态环境这个"优势"，加强与兄弟城市旅游合作，共同实施钱塘江源头山水林田湖草生态修复工程，加快推进淳安特别生态功能区建设，持续擦亮宜居宜业宜游的"人间天堂"金字招牌；要始终坚持增进民生福祉这个"根本"，主动探索运用 5G、区块链、人工智能等技术，提升城市治理科学化、精细化、智能化水平，进一步吸引长三角"双一流"高校和优质基础教育机构来杭办学，加快推动长三角城市间养老、医疗等社会保障互认互通、联办通用，不断提升公共服务同城化水平；要全面突出制度机制这条"主线"，推动建立健全与长三角主要城市间的长效沟通协同合作机制，不断完善比学赶超、"红黄黑榜"等"赛场赛马"机制，发挥好督查督办、综合考评的指挥棒作用，积极先行先试，努力为长三角其他城市乃至全国提供更多可复制可推广的经验。

综上所述，从党中央、国务院到三省一市，再到杭州都市圈的六城市，都对长三角一体化发展国家战略做出部署和细致安排，尤其作为杭州都市圈的核心城市，杭州从行动目标、实现路径和重点任务上做出了详尽的安排，并进行了任务分解，确保融入长三角一体化发展落到实处。《杭州市落实长三角区域一体化发展国家战略行动计划》将融入长三角一体化发展放到都市圈发展的层面，聚力建设四大高质量发展平台，全力建设四大协同板块，联动发展六条跨区域关键廊带和抓好八项任务，为做强做大杭州都市圈做出了制度安排和行动保证。因此，本书提出"以强圈战略参与长三角一体化发展"并非空穴来风，而是具有扎实的 12 年都市圈发展基础，有党中央、国务院的重大战略部署，有长三角各省市的共同愿景，有都市圈六城市的通力合作，在如此大战略和大背景下的"强圈战略"定能不负众望，得以实现。

本书由杭州市社会科学界联合会、杭州市对口支援和区域合作局发起和提供经费支持，由杭州市社会科学院负责选题及总报告、城市篇和专题篇的征集、评审、编辑，并负责总报告和摘要的撰写，最后由社会科学文献出版社出版。本书为杭州市重大社会科学规划课题的研究成果，每一个入选报告都被确立为杭州市规划课题研究成果。本书从酝酿到出版历时一年半，从项目研究、发文通知、选题申报、课题评审、课题入选、撰稿、修改、确定、编辑到最后出版，凝结了"杭州都市圈蓝皮书"参与专家的智慧，得到了六个城市市长的高度重视和支持，而且六个城市的发展和改革委员会（区域合作办）及社会科学界联合会通力合作，各城市相关院校和都市圈相关专业委员会共同参与，在此一并表示衷心感谢！

目 录

Ⅰ 总报告

B.1 长三角一体化发展中的杭州都市圈强圈战略研究········· 方晨光 / 001

    一 杭州都市圈发展壮大的历程 ······························· / 005

    二 杭州都市圈强圈战略的难点与发展趋势 ················· / 011

    三 长三角一体化发展中的杭州都市圈强圈战略 ············· / 019

B.2 杭州都市圈2019年发展报告 ························· 叶显晶 / 043

    一 经济运行基本情况 ······································· / 044

    二 融合协作开展情况 ······································· / 047

    三 需关注的问题及对策建议 ······························· / 051

Ⅱ 城市篇

B.3 "拥江发展"视野下的杭州产业协调发展研究

    ······························· 葛彩虹 卢杰骅 吴雪飞 / 055

B.4 湖州全域创建都市圈旅游标杆区研究 ········· 胡继妹 刘艳云 / 072

B.5 嘉兴以"沪杭同城"战略参与长三角一体化研究

    ······························· 唐铁球 林时兴 / 088

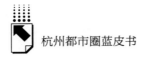

B. 6 浙江大湾区发展中的绍兴强市战略研究

………………… 王　瑾　罗志文　赵　燕　肖维鸽　张　恬 / 108

B. 7 新时代衢州可持续生态人文发展强市战略研究………… 沈小龙 / 124

B. 8 黄山市全面融入杭州都市圈发展报告………… 胡　方　温正中 / 141

Ⅲ　专题篇

B. 9 以协同创新引领杭州都市圈发展………… 顾骅珊　娄在凤 / 158

B. 10 应用创新与生态构建双轮驱动杭州都市圈数字经济高质量发展

………………………… 刘　洋　唐任伍　黎　川 / 172

B. 11 杭州都市圈全域旅游构建：经验、趋势、问题与对策

………………………… 林　玮　蒋蝉羽　谢　臻 / 190

B. 12 杭州都市圈美丽中国建设样板区研究

……… 井宝莉　沈　旭　李　新　吴静文　朱慧芳　董　军 / 211

B. 13 杭州都市圈轨道交通融入长三角一体化发展………… 接栋正 / 232

B. 14 长三角高质量一体化背景下宁杭生态经济带发展思路研究

………………………………… 马智慧　张唱晓 / 245

B. 15 杭州都市圈体育协同发展路径研究

………………………… 漆宪忠　徐海东　陆　岩 / 259

B. 16 推进杭州都市圈接轨长三角一体化宣传研究

………………… 刘汉林　周璐彦　郑　凌　陈立平 / 269

B. 17 杭州都市圈和上海都市圈融合发展研究 ………… 姚如青 / 284

Preface ……………………………………………………… / 302

Abstract ……………………………………………………… / 310

Contents ……………………………………………………… / 316

皮书数据库阅读**使用指南**

总 报 告

General Reports

B.1

长三角一体化发展中的杭州
都市圈强圈战略研究

方晨光*

摘　要：　杭州都市圈强圈战略是长三角区域一体化发展的重要组成部
分，杭州都市圈是长三角五大都市圈领先发展区域，推进实
施杭州都市圈强圈战略对于为长三角区域一体化发展提供示
范、提升长三角地区整体综合实力、提升长三角在世界经济
格局中的能级和水平具有重要作用。本报告从宏观上研究分
析杭州都市圈从便捷交通圈、经济先行圈、生活幸福圈、智慧
信息圈、美丽生态圈一步步走向全面协同创新、全面合作的一
体化过程，分析实施都市圈强圈战略的难点，预测强圈战略的

* 方晨光，杭州市社会科学院研究员，《创意城市学刊》执行主编，研究方向为长三角城市群、
杭州都市圈。

发展趋势，并为实现杭州都市圈全面一体化勾画新的蓝图。

关键词： 强圈战略　长三角区域一体化　杭州都市圈

在长三角一体化发展的进程中，杭州都市圈①经过 12 年的历程，走出了一条可持续的绿色发展之路，已经成为长三角城市群"一核五圈"重心，成为长三角区域合作协同创新发展的典范，尤其是黄山、衢州两个城市的加入，更提高和增加了杭州都市圈在长三角城市群中的地位和分量。杭州都市圈城市数据对比（2018 年）见表 1。

2018 年 11 月 5 日，首届中国国际进口博览会在上海国家会展中心举行，在开幕式上，国家主席习近平指出，支持长江三角洲区域一体化发展并上升为国家战略，着力落实新发展理念，构建现代化经济体系，以推进更高起点的深化改革和更高层次的对外开放，同"一带一路"建设、京津冀协同发展、长江经济带发展、粤港澳大湾区建设相互配合，完善中国改革开放空间布局。2019 年 12 月，《长江三角洲区域一体化发展规划纲要》颁布，紧扣"一体化"和"高质量"两个关键词，明确"分区域"和"分领域"两条推进路径，突出"示范区"和"新片区"两个重点区域带动作用，以引领全国高质量发展、完善我国改革开放空间布局、打造全国发展强劲活跃增长极。

策划和推动杭州都市圈强圈战略，对于都市圈整体参与长三角区域一体化发展，进而增强长三角地区整体综合实力，增强其在世界经济格局中的影响力，引领我国参与全球合作和竞争具有重要作用。对于杭州都市圈而言，通过发挥区域比较优势，提升都市圈的能级和水平，探索区域一体化发展的制度体系和路径模式的示范，引领长三角五大都市圈的发展，具有实践意义。

---

① 杭州都市圈，在文中凡未注明的均为杭州、湖州、嘉兴、绍兴、衢州、黄山，简称杭湖嘉绍衢黄六城市（六个城市）；凡与 2018 年前杭州都市圈数据比较的为杭州、湖州、嘉兴、绍兴的数据，它们简称杭湖嘉绍四城市（四个城市）。

表1 杭州都市圈城市数据对比（2018年）

城市	区域面积（平方千米）	常住人口（万人）	比上年新增人口（万人）	生产总值（亿元）	增幅（%）	第三产业产值占比（%）	人均GDP（万元）	人均可支配收入（元）	一般公共预算收入（亿元）	城镇化率（%）	游客接待量（万人次）	国际入境游客数量（万人次）	进出口总额（亿元）	城市轨道交通长度（公里）	老年人口占比（%）
杭州	16596	980.60	33.80	13509.00	6.7	63.9	14.02	54348	1825.10	77.40	18403.40	420.50	5245.00	105.62	22.53
湖州	5820	302.70	0.92	2719.00	8.1	48.5	9.03	43111	490.70	63.50	4448.60	—	885.10	规划中	25.50
嘉兴	3915	472.60	7.00	4871.98	7.6	43.8	10.39	44901	518.55	66.00	10700.00	53.33	2821.20	规划中	25.89
绍兴	8273	503.50	2.50	5416.96	7.1	48.2	10.79	49389	501.00	66.60	10893.00	—	2240.00	48.00	25.51
衢州	8845	220.90	2.40	1470.58	7.2	49.5	6.69	32269	128.10	58.00	7455.27	1.41	350.35	规划中	21.49
黄山	9807	140.70	2.30	677.90	7.7	56.7	4.89	23813	113.90	51.46	6486.59	262.79	65.76	规划中	20.94
合计	53258	2621.00	48.92	28665.42	7.4	51.77	9.30	33897	3577.35	63.83	58386.86	738.03	11607.41	153.62	23.64

注：人均GDP按常住人口计算；湖州、黄山的一般公共预算收入为财政收入；老年人口占比中的老年人为60岁以上的人；黄山常住人口少于户籍人口7.88万人，衢州常住人口少于户籍人口36.98万人；湖州游客接待量、国际入境游客数量来自住宿数据。

资料来源：2018年各城市国民经济和社会发展统计公报。

杭州、湖州、嘉兴、绍兴四个城市自古以来地缘相近，人缘相亲。2007 年 5 月，杭州都市圈第一次市长联席会议召开，杭湖嘉绍四座城市从此有了共同的名字——杭州都市圈，从此走上了一条具有鲜明特点的区域协调发展之路。

2016 年，《长江三角洲城市群发展规划》公布，杭州都市圈被列入"一核五圈四带"的"五圈"之一，一跃成为国家战略。2018 年，杭州都市圈区域面积为 53258 平方千米，2018 年常住人口为 2621 万人，生产总值为 28665.42 亿元，比上年增长 7.4%，人均 GDP 为 93000 元，人均可支配收入为 33897 元，一般公共预算收入为 3577.35 亿元，城镇化率为 63.83%。

杭州都市圈的发展惠及区域内 2000 多万名市民。在这片土地上，市民可以乘坐海宁、柯桥、临安开往杭州的轨道交通工具，可以用"杭州市民卡"坐公交、坐地铁、借图书、上公园、借公共自行车、上医院看病等，可以用本地的医保卡在省城医院看病，可以凭借身份证在都市圈主要景区享受打折优惠……

截至 2018 年底，杭州都市圈全面实现"市市通高铁、县县通高速、镇镇通干线、村村通班车"，并初步形成了便捷交通圈、经济先行圈、生活幸福圈、智慧信息圈、美丽生态圈的格局。

2018 年，杭州都市圈一省四市变二省六市，安徽黄山市和浙江衢州市成为新成员，杭州都市圈在全省四大都市区中的龙头地位更加强化。关注杭州、湖州、嘉兴、绍兴、衢州、黄山六个城市及所属县市（区）协同创新发展，贯彻落实《长江三角洲区域一体化发展规划纲要》和《杭州都市圈发展规划（2020—2035 年）编制大纲》① 情况，全面总结、分析杭州都市圈在区域协同创新、强圈战略上的成功经验，预测、分析杭州都市圈"十四五"时期在区域协同创新、强圈战略上的发展趋势，以为杭州都市圈及杭、湖、嘉、绍、衢、黄等六个城市今后的发展提供理论依据和决策参考。根据杭州都市圈新一轮规划定位，这里要打造世界级大湾区核心增长极，以成为具有国际

---

① 在杭州都市圈第十次市长联席会议上，《杭州都市圈发展规划（2020—2035 年）编制大纲》审议通过。

影响力的科技创新高地、全国数字经济发展高地、亚太地区重要国际门户战略枢纽、世界一流的东方文化旅游目的地。

一 杭州都市圈发展壮大的历程

杭州都市圈位于长江三角洲城市群的南翼，是以杭州为中心连接湖州、嘉兴、绍兴、衢州、黄山五市的长三角"金南翼"。杭州都市圈起步于2007年，经过12年发展，现正努力成为世界第六大城市群——长三角城市群的重要板块、亚太国际门户长三角地区的有机组成部分、全国科学发展和谐发展先行区和浙江创业创新核心区。2014年，经国家发改委批复，杭州都市圈成为全国首个都市圈经济转型升级综合改革试点。杭州都市圈包括杭州、湖州、嘉兴、绍兴、衢州、黄山六个城市，以杭州市域辖区及建德、桐庐、淳安和德清、安吉、海宁、桐乡、柯桥、诸暨、歙县七个节点为紧密层。

杭州都市圈综合实力不断增强。一是经济增速保持平稳。2018年，杭州都市圈（杭湖嘉绍衢黄六城市，简称六城市）实现生产总值28665.42亿元，同比增长7.4%，实现财政总收入5976亿元，增长15.3%，其中一般公共预算收入为3577.35亿元，增长14.3%。人均GDP为9.30万元。2019年前三季度，杭州都市圈实现生产总值22152亿元，增长6.8%。二是产业协同发展。2018年，杭州都市圈第一产业实现增加值882亿元，增长2.0%；第二产业实现增加值11980亿元，增长7.1%；第三产业实现增加值15803亿元，增长7.5%。第一、二、三产业增加值之比为3.1：41.8：55.1，以服务业为主、三次产业协同发展的格局基本形成。2019年前三季度，杭州都市圈第一产业增加值为619亿元，增长1.9%，第二产业增加值为9108亿元，增长5.8%，第三产业增加值为12425亿元，增长8.0%。三是创新活力不断激发。2018年，杭州都市圈全年财政用于科学技术的支出为206亿元，增长25.4%。共有国家高新技术企业4530家，全年专利授权量达14万件。

从2007年起，杭州都市圈发展开始步入正式轨道，至2019年，尤其是2014年经国家发改委批复为全国首个都市圈经济转型升级综合改革试点以

来，发展尤为迅速，形成了便捷交通圈、经济先行圈、生活幸福圈、智慧信息圈、美丽生态圈等，杭州、湖州、嘉兴、绍兴、衢州、黄山六个城市同绘蓝图、共圆梦想，不断加强区域合作，共同推进融合发展，走在了全国都市圈发展的前列。

（一）推进便捷交通圈建设

2018 年末，杭州都市圈（杭湖嘉绍四城市，简称四城市）拥有等级公路里程为 42978 公里，高速公路里程为 1784 公里，分别比 2006 年的 28232 公里、1087 公里增加 14746 公里和 697 公里。2018 年末，杭州萧山国际机场已开通航线 292 条，其中国际航线为 51 条，港澳台航线为 7 条；航空客运吞吐量达 3824 万人次，货物吞吐量达 64.1 万吨，分别增长 7.5% 和 8.7%。轨道交通从无到有，2018 年，杭州轨道交通里程为 153.62 公里，客运量为 5.3 亿人次，增长 55.9%，日均客流量为 145 万人次，增长 55.5%；都市圈货物运输总量为 85111.16 万吨，比 2006 年的 56684.8 万吨增长 50.15%；客运总量为 308298.2 万人次，比 2006 年的 66524.44 万人次增长 363.44%。

（二）推进经济先行圈建设

杭州都市圈四城市经济总量不断跃上新台阶，生产总值由 2006 年的 7223.82 亿元增加到 2018 年的 26516.94 亿元，增长 267.08%；2018 年，生产总值占浙江省生产总值的比重达 47.19%，四城市成为浙江省经济最具活力的区块。杭州都市圈常住人口人均 GDP 从 2006 年的 30394.3 元提高到 2018 年的 93000 元，增加 62605.7 元。经济运行效益提高，杭州都市圈四城市财政总收入由 2006 年的 1066.1 亿元增加到 2018 年的 5655.49 亿元，一般公共预算收入由 2006 年的 527.27 亿元增加到 2018 年的 3335.35 亿元，分别增长 430.48% 和 532.57%。

转变发展方式成效明显。杭州都市圈三次产业增加值之比由 2006 年的 5.6∶55.0∶39.4 演变为 2018 年的 3.1∶41.8∶55.1。产业结构不断优化，表现为现代农业加快发展，工业经济转型升级，现代服务业快速推进，消费需求规模持续扩大，投资结构不断改善。2018 年，杭州都市圈共实现工业增加值 11980 亿元，按可比口径计算，较 2006 年的 3980.42 亿元，增长 200.97%。现代服务业产值从 2006 年的 2846.38 亿元提高到 2018 年的 15803 亿元，增长 455.2%，其成为都市圈经济核心和重要增长点。

创新活力不断激发。2019 年前三季度，杭州都市圈财政用于科学技术的支出为 179 亿元，增长 14.6%，创新成果不断涌现，各城市新产品产值率超过 30%。都市圈规模以上工业企业利润总额为 1862 亿元，增长 9.5%。

（三）推进生活幸福圈建设

2012 年，杭州都市圈启动城市生活幸福圈计划，通过计划绘就幸福蓝图、铺筑幸福道路、营造幸福市场体验、形成幸福产业链条、创建幸福品牌标识、打造幸福环境区域、共享幸福社会品质等行动，都市圈居民幸福度得到了提升。

在居民生活水平上，2006 年，杭州都市圈四城市城镇居民收入为 18273.31 元，2018 年为 58012.75 元，增幅为 217.47%；农村居民收入为 8605.12 元，2018 年为 33084 元，增幅为 284.47%。居民生活品质日益提升，都市圈城镇居民人均消费性支出由 2006 年的 12618 元提高到 2018 年的 34782.25 元，都市圈农村居民人均消费性支出由 2006 年的 6124 元提高到 21896.5 元，增幅分别为 175.66% 和 257.55%。2018 年，都市圈城镇居民人均住房面积为 43.35 平方米，农村居民人均住房面积为 70.57 平方米，分别比 2006 年的 28.68 平方米、60.49 平方米增加 14.67 平方米和 10.08 平方米。2018 年，杭州、湖州、嘉兴、绍兴、衢州、黄山民用汽车保有量分别为 238.7 万辆、81.2 万辆、165.53 万辆、153.67 万辆、48.84 万辆、19.88 万辆。

在居民生活保障和人均寿命上，2018 年末，杭州都市圈四城市城镇职工基本养老保险参保人数为 1483.54 万人，比 2006 年的 483.28 万人增长 206.97%；基本医疗保险参保人数为 1639.02 万人，比 2006 年的 373.67 万人增长 338.63%；失业保险参保人数为 801.27 万人，比 2006 年的 254.03 万人增长 215.42%；城镇最低生活保障平均每人每月达 842 元，比 2006 年的 276元增长 205.07%。2018 年，杭州、湖州、嘉兴、绍兴人均预期寿命分别达到82.55 岁、81.89 岁、82.43 岁和 81.43 岁，比 2006 年的 79.15 岁、76.48 岁、77 岁、76.58 岁分别提高 3.4 岁、5.41 岁、5.43 岁和 4.85 岁。四城市平均预期寿命提高 4.77 岁。2018 年，杭州都市圈拥有医院、卫生院等 10950 所，拥有床位 15.3371 万张，比 2006 年的 6.14 万张增长 149.79%。

在文化教育和信息化上，2018 年，杭州都市圈四城市共有普通高校 58所，比 2006 年的 48 所增加 10 所；普通高校在校学生为 67.96 万人，比2006 年的 43.26 万人增长 57.1%。2018 年，杭州拥有公共图书馆 34 个，藏书量达 3938.8 万册，比 2006 年的 1458 万册增长 170.15%。2018 年，杭州、湖州、嘉兴、绍兴、衢州、黄山移动电话数分别为 1913.9 万户、502.7万户、719.80 万户、596.81 万户、441.78 万户、138.54 万户；宽带用户数分别为 537.7 万户、193.1 万户、192.30 万户、218.52 万户、114.50 万户、45.13 万户。

（四）推进智慧信息圈建设

2014 年，浙江省出台《浙江省人民政府关于加快发展信息经济的指导意见》；2015 年，浙江省发展和改革委员会、浙江省经济和信息化委员会印发《浙江省信息经济发展规划（2014—2020 年）》；2017 年，中共浙江省委办公厅、浙江省人民政府办公厅出台《浙江省国家信息经济示范区建设实施方案》。在此之后，杭州都市圈各城市大力发展信息经济与进行智慧城市建设，例如，杭州连续 10 年出台以信息经济为主要内容的一号文件，杭州都市圈的信息经济得到了长足的发展，智慧城市建设速度加快。2015 年，杭州、湖州入选"2015 中国十大智慧城市"。2016 年的 G20 峰会，杭州以强大的信息经济产业和智慧城市发展显示了自身的实力与气魄；世界互联网大会已经连续六届在乌镇召开；世界工业设计大会于 2016 年、2018 年在杭州市良渚梦栖小镇召开；中国 WiFi 产业峰会连续五年在杭州滨江召开，充分显示了杭州都市圈强大的互联网发展实力。

　　强大的信息产业为智慧信息圈建设提供重要支撑。杭州都市圈抓住"杭州都市圈国家转型升级综合改革试点""中国（杭州）跨境电子商务综合试验区""杭州国家自主创新示范区"带来的机遇，推进信息经济、智慧城市发展。从 2014 年信息产业实现收入 5367.64 亿元（杭湖嘉绍四城市），到 2018 年数字经济核心产业实现主营业务收入 12362.3866 亿元（杭湖嘉绍衢五城市），占浙江省信息产业收入的比重由 64.72% 增加到 76.5%。其中，杭州市出台了《杭州市发展智慧经济总体规划（2014—2020）》《杭州市智慧经济促进条例》，2014 年，杭州实现信息经济增加值 1668.64 亿元。2018 年，杭州数字经济核心产业主营业务收入为 9541.1738 亿元（见图 1）；2018 年，杭州数字经济核心产业主营业务收入占杭湖嘉绍衢五城市数字经济核心产业主营业务收入的 77.18%。嘉兴数字经济发展速度快于都市圈除杭州以外的其他城市，数字经济核心产业主营业务收入占杭湖嘉绍衢五城市的 10.9%。杭州"两化"融合指数为 103，嘉兴"两化"融合指数为 91.3，分别位居浙江省第一、第三；湖州"两化"融合指数为 87.7，全省增长最快。

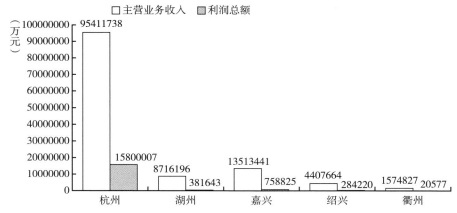

图 1　2018 年杭州都市圈（杭湖嘉绍衢五城市）数字经济核心产业主营业务收入与利润总额

资料来源：2018 年相关城市国民经济和社会发展统计公报。

　　2018 年，杭州提出打造"全国数字经济第一城"，在数字发展上一直走在全国前列，不仅是全国最早实现公交和地铁"扫码乘车"、电子社保卡全流程就医的城市，拥有全国首个跨境电子商务综合试验区，还创造了多项全国第一：第一个提出"城市大脑"概念的城市；第一个开展5G车联网试点并有成果落地的城市；第一个国内自主研发"飞天"超大规模通用云计算操作系统的城市。中国城市科学研究会智慧城市联合实验室发布的《2019城市数字发展指数报告》从数字环境、数字政务、数字生活、数字生态4个一级指标及20个分指标进行综合评分，杭州以综合评分全国第一居"数字一线城市"榜首。针对二线城市居民对数字服务满意度评价的排名，杭州都市圈的杭州、绍兴、嘉兴三城市入榜，排第2、3、6名。针对二线城市居民手机办事比例的排名，杭州、绍兴入榜，排第1名和第9名。数字经济时代，各城市迎来了新的发展契机，数字经济已经成为推动城市高质量发展的新动能。

发展迅速的网络零售业为市民创业与消费带来了机遇。2014年，杭州都市圈网络零售和居民网络消费发展势头强劲，网络零售额为3067.31亿元，居民网络消费额为1497.34亿元，顺差达1569.97亿元。2018年，杭州都市圈（杭湖嘉绍衢五城市）实现网络零售额8504.0亿元，居民网络消费额4168.4亿元，顺差达4335.6亿元，分别比2014年增长177.25%、178.39%和2765.63亿元（见表2）。

表2　2018年杭州都市圈（杭湖嘉绍衢五城市）网络零售和居民网络消费基本情况

单位：亿元，%

地区	网络零售额	占比	同比增长	居民网络消费额	占比	同比增长	顺差
浙江省	16718.8	100.0	25.4	8470.5	100.0	25.0	8248.3
杭州都市圈（杭湖嘉绍衢五城市）	8504.0	50.9	30.24	4168.4	49.1	25.82	4335.6
杭州	5304.4	31.7	23.3	2384.7	28.2	23.6	2919.7
湖州	568.8	3.4	34.3	358.8	4.2	26.3	210.0
嘉兴	1818.2	10.9	25.0	663.5	7.8	27.8	1154.7
绍兴	535.1	3.2	25.6	596.6	7.0	25.7	−61.5
衢州	277.5	1.7	43.0	164.8	1.9	25.7	112.7

资料来源：2018年相关城市国民经济和社会发展统计公报。

（五）推进美丽生态圈建设

美丽城乡建设使生态环境持续向好。以节能减排为重点的美丽生态圈建设使人居环境得到了明显的改善。空气质量明显改善，2018 年，杭州市区空气优良率为 73.7%，湖州为 71.0%，嘉兴为 76.7%，绍兴为 83.8%，衢州为 88.8%，黄山为 98.3%。杭州污水集中处理率为 95.2%，嘉兴为 93.53%。杭州累计建成国家级生态县（市、区）8 个，国家级生态乡镇 119 个，省级生态县（市、区）9 个，全市森林覆盖率达 66.8%；绍兴市新昌县为首批国家级生态文明建设示范县；诸暨市为省级生态文明建设示范县，拥有国家级生态乡镇（街道）63 个，省级生态乡镇（街道）109 个；衢州市新增省级绿色家庭 26 户、省级生态文明教育基地 2 个。黄山市已建成自然保护区 69 个，其中国家级有 2 个，省级有 7 个。

美丽城乡建设的共治实践。通过"五水共治"解决美丽城乡建设的水环境问题，通过"三改一拆"解决美丽城乡建设的宜居环境问题，通过"四边三化"解决美丽城乡建设的城乡接合部环境问题，通过"五气共治"解决美丽城乡建设的大气污染问题，通过"五废共治"解决美丽城乡建设的生活污染问题。

美丽城乡建设的样板工程。特色小镇建设为绿色经济发展插上翅膀，全域旅游建设为美丽乡村带来活力，"千村示范、万村整治"推动乡村环境建设，城中村改造推动美丽城乡环境建设，文化礼堂建设使美丽乡村建设有了载体，在如火如荼的美丽乡村建设样板工程中，无论是杭州都市圈外部的环境建设，还是内在的精神家园建设，水平都得到了很大的提升。

二 杭州都市圈强圈战略的难点与发展趋势

（一）推进强圈战略的难点

发展才是硬道理。杭州都市圈实力增强，城市间的合作产生了"1 + 1 > 2"的效果。合作往往只专注事情本身，过分重视事情本身则会产生忽视事情以

外的背景与要素的变化，即只重视正面效果而轻视由此产生的有悖于强圈战略的各种难点。

1. 融长规划滞后，接长政策难落地

目前，上海、杭州、嘉兴三地新一轮城市规划正在编制或者已经公布。《上海市城市总体规划（2017—2035年）》已经公布，《嘉兴市城市总体规划（2017—2035年）》《湖州市城市总体规划（2017—2035年）》《绍兴市城市总体规划（2018—2035年）方案》《衢州市城市总体规划（2018—2035）》《黄山市城市总体规划（2008—2030）》在实施中，但由于《长江三角洲区域一体化发展规划纲要》的出台，宏观环境发生了很大的变化，各城市需要对相关规划进行修订；《杭州市城市总体规划（2001—2020年）》即将到期，新一轮城市规划尚在编制中。就都市圈规划而言，上海大都市圈规划和杭州都市圈新一轮规划正在编制中，《杭州都市区规划纲要（2014—2030）》已近中期结尾，远期2020～2030年的规划内容已经不能适应时代发展的要求。据悉，2019年1月，《上海大都市圈空间协同规划编制工作方案（征求意见稿）》发布，2019年11月，杭州都市圈第十次市长联席会议审议通过了《杭州都市圈发展规划（2020—2035年）编制大纲》。在城市群、都市圈快速发展的今天，城市规划和都市圈规划滞后，导致城市与城市之间、都市圈与都市圈之间无法进行一体化对接。

2. 融合理念多头，省级层面协调不足

2019年7月，中共杭州市第十二届委员会第七次全会研究部署贯彻实施长三角一体化发展国家战略的具体举措会议，出台《中共杭州市委关于贯彻实施长三角一体化发展国家战略 全面提升城市综合能级和核心竞争力的决定》，提出，到2025年，全市域全方位融入长三角更高质量一体化发展格局形成，城市综合实力、创新能力和国际影响力迈上新台阶；到2035年，杭州都市圈同城化、融入长三角更高质量一体化发展水平显著提高，基础设施实现高水平互联互通，公共服务实现优质均衡、市场统一规范、要素有序流动、资源高效配置的一体化市场体系更趋完善。杭州融入长三角一体化更多地体现在增强自身实力和都市圈的凝聚力上，湖州更多地从现实出发，与杭州开展全方位的战略合作，嘉兴将融入大上海作为首位战略，绍兴则提出接轨上海的行动计划，衢州实行"融杭接沪"战略，黄山的突破口则围绕融入杭州都市圈一体化。每个城市由于区域位置、发展程度的不同，制定不同的融入长三角的规划、确定发展方向等无可厚非，但从更宏观的角度来看，每个城市的发展目标相加，并不能代表都市圈融入长三角的目标，它们有时候还会因为目标之间的不同而产生空间、用地、投资、交通等方面的消耗。因此，跨城市协作、共同融入上海大都市圈，仅靠城市和都市圈协作办的力量是远远不够的，必须从省级层面加以重视，从发展理念、规划衔接、政策倾斜、投融资等方面加以推进。

3. 片面强调极核，导致融沪力量分散

杭州都市圈从启动到现在，最主要的是在做强都市圈、加强城市合作、强化杭州极核效应上做文章，对于杭州都市圈整体融入长三角没有进行较多的考虑。例如，杭州与上海之间有个嘉兴，杭州认为融沪首先是嘉兴的事，没有或者难有具体抓手，通过嘉兴融沪，中间隔了一层，所以难度较大，杭州没有从都市圈协同创新的角度思考融沪发展的方向、政策和实施方案。湖州认为由于隔着嘉兴，融沪不如接杭来得实在。绍兴则直接通过过江大桥和高速公路与上海对接，认为没有必要先与杭州协商与上海对接事宜，所以更多的是在接沪与融杭上做选择，哪个项目好做，先做哪个。而衢州、黄山由于新近加入杭州都市圈，重点考虑融杭战略，集中在交通和生态、旅游上担当杭州、上海的后花园。由此，杭州都市圈做强极核并不是一件容易的事，一味地强调做强极核，则会导致融沪力量分散，而无法形成融长合力。

4. 融长重点偏离，导致投资力量不足

杭州都市圈融入长三角一体化，不能面面俱到，要有明确的方向和重点。杭州都市圈加速融入上海大都市圈，当务之急应当在通勤、信息化上做好文章。不能只限于进行原有高铁、高速公路的优质提速，要集中力量重点发展城市轨道交通，发展城市轨道交通最大的好处是实现城市之间通勤的便利化、实时化，将投资集中于促进杭嘉沪、衢杭沪、黄杭沪、杭绍甬沪交通同城化发展。在信息化建设上，不能只限于进行各自城市信息化基础设施的投入，而忽视进行融沪和城市之间信息化基础设施的投入，不能将5G、"城市大脑"等高技术只投入自身城市的应用中，应集中力量开发涉及融沪和城市之间信息化发展的基础设施。

5. 忽视圈圈比较，导致都市圈发展欠强

2019年2月，《国家发展改革委关于培育发展现代化都市圈的指导意见》发布，标志着都市圈时代正式来临。6月，恒大经济研究院发布的《中国十大最具潜力都市圈：2019》显示，24个千万级大都市圈以全国6.7%的土地集聚约33%的常住人口，创造约54%的GDP。其中，上海、北京、深莞惠、广佛肇、南京、成都、杭州、重庆、武汉、长株潭都市圈为中国十大最具发展潜力都市圈。杭州都市圈以民营经济天堂、互联网经济高地、西进扩大腹地等特色，排第七名。而上海大都市圈汇集了上海、苏州、无锡、南通、宁波、嘉兴、舟山、湖州8座城市，成为长三角城市群"强核"，辐射周边五大都市圈，在十大最具发展潜力都市圈超9万亿元GDP中，上海都市圈贡献了3.2万亿元，排在全国十大都市圈的首位。作为长三角都市圈之一的杭州都市圈，在与全国其他都市圈的比较中显现出相对的弱点：与武汉都市圈相比，极核效应不强；与北京都市圈相比，交通发展规划不科学；与南京都市圈相比，人才储备略显不足；与深莞惠都市圈相比，国际化程度不高；与广佛肇都市圈相比，制造业发展不全面；与长株潭都市圈相比，城际铁路"半小时交通圈"存在短板。杭州都市圈在发展中忽视强圈发展的优势，致使都市圈发展优势、合力不足。

（二）推进强圈战略的发展趋势

1. 未来大趋势将为都市圈城市注入发展活力

随着全球越来越多的国家进入数字网络和数字社会阶段，国家的数字经济竞争力也成为衡量国家综合实力和未来发展潜力的重要标准。全球经济格局深刻调整，对杭州都市圈适应全球价值链提出新要求，为杭州都市圈参与重构国际贸易规则带来新机遇。新技术革命加速突破与产业变革快速演进，国家实施产业基础高级化和产业链现代化政策，为杭州都市圈抢占先机，重塑全球价值链地位，实现"换道超车"带来新机遇。我国动力结构和需求结构将发生一系列新变化，为杭州都市圈合力发挥独特的数字、文化、山水等资源优势带来经济转化潜力和市场机遇。随着长三角区域一体化发展上升为国家战略，长三角地区发展进入新的阶段。浙江大湾区、大花园、大通道、大都市区"四大建设"重大部署，对杭州都市圈"洼地效应"和"虹吸效应"并存。区域一体化发展的不断推进为数字经济的融合、推广创造了良好的发展环境。根据《长三角地区一体化发展三年行动计划（2018—2020年）》等政策文件，长三角地区聚力建设现代化经济体系，全面推进物联网、大数据、人工智能、5G、集成电路等核心产业发展，打造覆盖长三角全境的数字经济产业集群，推动区域工业互联网一体化发展，助推长三角地区高质量发展。以京津冀、长三角、粤港澳为核心，以中心城市都市圈为引领的区域经济发展格局加快形成，促进形成全国统一大市场，成为中国经济新一轮增长的重要引擎。

2. 合力融入长三角一体化将成为城市发展共同目标

2019年7月，《中共杭州市委关于贯彻实施长三角一体化发展国家战略全面提升城市综合能级和核心竞争力的决定》出台。2018年12月，湖州出台了《湖州市加快融入上海同城化都市圈三年行动计划（2018—2020年）》。2019年7月，杭州、湖州两地签订《杭州市—湖州市长三角一体化战略背景下共建都市区合作框架协议》。2017年，浙江省政府同意嘉兴市设立"浙江省全面接轨上海示范区"；2018年，长三角区域一体化发展上升为国家战略。2019年8月，《嘉兴市人民代表大会常务委员会关于推进全面融入长三角一体化发展首位战略实施　打造以一体化推动高质量发展典范的决定》出台，确定了嘉兴融入长三角的"三步走"目标。2019年，绍兴提出"融入长三角、接轨大上海"的口号，与上海共同举办推介会，实质性地狠抓提升城市开放水平，增强城市综合竞争力，出台《绍兴深度接轨上海行动计划（2019—2022年）》，加快构建全方位、深层次、宽领域接轨上海新格局。2019年12月，"2019上海·绍兴周"在沪举行，绍兴市主动出击，融入长三角，以更实际的行动诠释绍兴的雄心壮志。衢州积极融入"长三角",打造开放前沿,致力于"融入长三角一体化 全力打造大花园核心景区",以打通大交通体系、提升国家公园生态环境质量、打造世界一流生态旅游目的地实施"融杭接沪"战略。黄山市主动融入长三角经济圈的切入点就是实现与杭州都市圈同城化,出台《黄山市落实长三角区域一体化发展国家战略实施方案》,围绕融入杭州都市圈这一突破口,在理念、产业协作、区域协同、体制机制上进行对接,打造世界一流旅游目的地、美丽中国先行区、长三角重要生态屏障区、绿色产业聚集地,争当长三角一体化发展的排头兵。杭、湖、嘉、绍、衢、黄抱团发展,合力融入长三角一体化将成为各城市发展的共同目标。

3. 上海大都市圈发展将促进周边城市共同参与一体化发展

《上海市城市总体规划(2017—2035年)》提出,上海主动融入长三角区域协同发展,打造具有全球影响力的世界级城市群的核心区块——上海大都市圈,其区域范围包括上海、苏州、无锡、宁波、南通、嘉兴、湖州、舟山等八个城市,上海及周边江浙地区和三大跨省界城镇圈为紧密层,面积为45400平方千米,2018年,常住人口为6597.2万人,生产总值为90796.64亿元,人均GDP为131200元,人均可支配收入为49469.75元,一般公共预算收入为13381.57亿元,城镇化率为72.02%。规划进一步明确了推动上海与近沪区域联动发展的要求。杭州都市圈作为上海大都市圈金南翼,面积为上海大都市圈面积的117%,常住人口为上海大都市圈人口的39.73%,生产总值为上海大都市圈生产总值的31.57%,人均GDP为上海大都市圈人均GDP的70.88%,人均可支配收入为上海大都市圈人均可支配收入的68.52%,一般公共预算收入为上海大都市圈一般公共预算收入的26.73%,城镇化率比上海大都市圈城镇化率低8.19个百分点。相比上海大都市圈,杭州都市圈在经济、公共预算收入、进出口贸易、国际化、城镇化、轨道交通等方面落差明显。上海大都市圈将促进周边城市共同参与一体化发展,湖州、嘉兴将是杭州、上海两大都市圈的竞合之地,尤其是嘉兴在"融杭接沪"过程中提出"全面融入长三角一体化发展首位战略",把融长目标放到了极其重要的位置;宁波、绍兴、台州等城市更是将目光聚焦上海大都市圈,这对杭州都市圈强圈战略构成挑战。

4. 交通持续发展将推动城市要素流动更加频繁

以基础设施连接贯通为重点，畅通区域轨道交通网、公路网、水运网，实现交通基础设施更高质量的融合互通。自都市圈成立以来，累计推进300多个跨区域交通重点项目，杭黄高铁建成通车，投入运营，杭长高速、钱江通道、嘉绍大桥建成通车，杭甬运河改造工程完工。目前，正加快推进杭州绕城西复线、临金高速、千黄高速、杭衢高铁（建衢段）、湖杭铁路、申嘉湖西延、运河二通道、浙北高等级航道网集装箱运输通道工程等重大跨区域交通基础设施建设，有效打通跨区域"断头路"。加快杭临绩铁路、沪乍杭铁路、嘉湖城际、杭绍甬智慧高速、杭淳开高速、苏台高速、杭州中环等前期项目的推进。区域交通基础设施的改善，降低了区域内城市间的运输成本，促进经济要素流动和再分配；便捷的交通联系能帮助核心地区的信息、技术进入边缘地区，吸引周边城市的各类要素向大城市聚集，但也可能因为一些资本、劳动力等经济要素的迁出而影响边缘地区的利益，也可能形成工作在核心城市，生活在周边城市的模式，人们通过汇款等方式将资源再次流向小城市。但无论是哪种选择，都将形成城市群、都市圈发展模式，并将产生强大的吸收和溢出效应，使城市人口、经济、土地、教育等要素流动更加频繁。

5. 城市间信息基础设施投入方向将变得更为重要

以光缆、微波、卫星、移动通信等网络设备设施为主体的信息基础设施建设已经成为促进城市经济发展的新的支点。随着城市信息基础设施的完善，城市与城市、都市圈与都市圈、都市圈国有资产与城市的信息基础设施的投入将变得越来越重要，表现为高速网络对于新型服务与应用的作用越来越重要，云计算、移动设备与宽带的相互融合正在改变企业、政府处理与计算资源的方式和人们认知与使用计算机技术的方式，平板电脑和智能手机的涌现使移动终端无处不在，而云服务与移动互联网则使互联网的访问更加轻松，网络流量划分不断演化，传统媒体正在过渡为互联网电视、移动音频与视频流媒体，云计算、移动互联网新应用带动基础设施升级换代，区域内部与外部的数字鸿沟正在进一步缩小，信息基础设施建设与应用已经成为缩小区域间差距的前提和基础。与此同时，5G、人工智能、工业互联网、物联网等"新型基础设施建设"已成为新时期促进经济发展的重要动力，每年新型基础设施的投资为数千亿元。中国和世界信息技术普遍服务的理念，将更加注重对欠发达地区和弱势人群的服务，更加注重对城际交通、物流、市政基础设施等的投资力度，更加注重对农村基础设施和公共服务设施建设短板的补齐。可以预见，政府、国企、民企、个体等多方参与信息基础设施建设的局面将出现，以信息基础设施建设带来降低成本、提升效率、创新商业模式等优势，已成为全社会的一个基础工具，并将助推城市群经济、都市圈经济甚至中国经济转型升级。

6. 公共服务方便程度将成为未来城市发展的重要桥梁

随着国务院"'十四五'推进基本公共服务均等化规划"开始制定，非常重要的一个议题是城市群、都市圈基本公共服务均等化的建设。促进公共服务共建共享、推动社会保障联动提升、构建同城化公共服务体系等，将成为未来城市群和都市圈合作发展的重要内容。民之所望，政之所向。一卡走遍都市圈、一卡住遍长三角，可能是长三角一体化发展战略上升为国家战略以来，广大市民的共同梦想。探索优质教育资源的合作共享，深化医疗资源协作联动，共建都市圈远程医疗协作网，推进名院与周边城市进行合作，推进公益性文化体育设施相互开放等，已经成为各城市融合发展的重要项目。推进异地就医门诊及住院医疗费用直接结算，扩大异地定点医疗机构覆盖范围，创新异地就医登记备案方式，探索开展异地备案互认、异地就医直接结算服务监管合作，落实基本养老保险关系转移接续，深化失业保险待遇转移衔接协作等，亦成为推动社会保障联动水平提升的重要议题。扩大市民卡互联互通覆盖面，实现其在地铁、公交、社保、医保、消费、旅游等多领域的应用，推进都市圈交通服务一码制、一张票、一体化，推动政务服务联通互认，实现所有民生事项和企业事项网上办理，扩大都市圈政务服务事项"掌上办理"、民生事项"一证通办"覆盖面等，把同城化公共服务体系的建构放到重要位置。以民生共享促进都市圈一体化，画出民生最大"同心圆"，将是未来都市圈城市发展的趋势。

三　长三角一体化发展中的杭州都市圈强圈战略

杭州都市圈拿什么融入长三角？从当下来说，杭州都市圈应以开放包容的胸怀融入长三角一体化发展，要向长三角中的南京都市圈、宁波都市圈、苏锡常都市圈、合肥都市圈学习，学人之长，补己之短；要用世界的眼光，站在长三角一体化率先高质量发展的高度，以都市圈"数字经济"自身发展的优势融入长三角，从特色小镇、文创产业、私营经济、会展产业、国际贸易等强项入手，在融入长三角过程中获取更强更大的优势，成为高质量发展的重要引擎。

长三角一体化是一个渐进的过程，杭州都市圈应当立足长远，储备发展的力量，从产业平台的力量、市场环境的力量、区域连接的力量、信息畅通的力量、创业创新的力量、社会生态的力量、精神文化的力量、体制机制的力量"八大转变"入手，做好自己的事，把杭州都市圈打造得足够强大，提升杭州都市圈城市的综合能级，既让杭州都市圈有力量参与长三角一体化发展，也让杭州都市圈有被其他都市圈对标的资本。

（一）携手融入长三角一体化的四大发展战略

2019 年 11 月 27 日，在安吉召开的杭州都市圈第十次市长联席会议审议通过了《杭州都市圈发展规划（2020—2035 年）编制大纲》《杭州都市圈协调会工作报告》，听取了都市圈产业和信息化专业委员会关于杭州都市圈数字经济发展情况的汇报和交通专业委员会关于协同打造一流都市圈综合交通典范的汇报，这为杭州都市圈今后的发展提出了要求，更为融入长三角一体化发展指明了方向。10 月 24 日召开的杭州市政协常委会围绕"做强杭州都市圈，主动接轨大上海，深度融入长三角一体化发展"协商建言，浙江省委常委、杭州市委书记周江勇指出，杭州贯彻实施长三角一体化发展国家战略，要从国家战略意图、长三角城市群竞合格局、杭州特色优势中找角色、明定位，着眼打造"强劲活跃增长极"、更好参与全球合作与竞争，谋

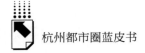

划和推进各项工作；加快推进杭州都市圈同城化发展，在抱团发展、共同成长中形成更大的发展容量、获得更广阔的发展空间。

1. 共构全方位接轨上海大都市圈新格局

支持上海发挥龙头带动作用，加强杭州都市圈与上海大都市圈协调联动。推动嘉兴建设全面接轨上海桥头堡，积极参与长三角生态绿色一体化发展示范区建设。共同构建以嘉兴全市域、湖州市区为重点的一体化示范区紧密型联动发展区，打造上海配套功能拓展区。鼓励各城市各扬所长，主动融入和服务上海都市圈，形成多极推动的空间合作格局。推动杭州在上海设立沪杭梦想小镇，推动都市圈在上海共建"创新飞地"和人才驿站，鼓励上海高校院所在杭州都市圈建立分校分院。推动杭州都市圈数字经济领军企业在上海推广示范应用，协同构建人工智能、集成电路、生命健康、航天航空等产业链。推进共建苏浙皖产业合作区。

2. 共建现代化长三角城市群都市圈发展连绵带

推动跨市区协同发展，打造一批全方位融合、一体化发展的协调板块，加快建设杭绍、嘉湖、杭嘉等一体化合作先行区。依托杭州临空经济示范区，支持绍兴承接临空经济溢出，规划建设临空产业园。协同攻坚杭州湾流域水环境综合治理，合力推进沿湾重污染行业治理，推动医疗、教育等公共服务跨区域同城共享，共同打造交通设施共联、空间紧凑互联、要素高效流通、生活品质共享的现代化都市连绵带。共同实施太湖流域综合治理和湿地修复工程，开展环太湖文化、旅游、体育等多领域合作，共同打造具有国际影响力的环太湖生态文化旅游圈和城市群。

3. 共推杭州湾南线智造发展新走廊

集成数字经济和智能制造发展优势，推动杭州钱塘新区、绍兴滨海新区、嘉兴湾北新区（筹）与宁波前湾新区协同发展，推动杭州城西科创大走廊、G60科创走廊、绍兴科创大走廊和宁波甬江科创大走廊联动发展，争创杭绍甬全国综合性产业创新中心，加快建设绍兴集成电路产业创新中心，合力提升传统产业高端化智能化发展水平，合作构建集成电路、新能源汽车、新材料等跨区域制造产业链，共建世界级科技创新大走廊和世界级先进制造业集群。

4. 推进长三角五大都市圈联动与合作

加强长三角上海、南京、杭州、合肥、苏锡常、宁波都市圈的联动，通过交通与网络将六大都市圈连接起来，实现全方位、多层次、多角度的合作。以宁杭生态经济带为纽带，充分发挥杭州南翼核心与湖州中部支撑作用，积极打造苏浙皖产业合作区，加快推进杭长高速北延至宜兴、杭宁高速改扩建工程，谋划推进宁杭二通道、盐泰锡常宜高铁南延湖州等项目建设，共同构建布局合理、协作紧密的绿色产业体系，探索生态资源转化为生态资本的市场化路径，共创具有全国重要影响力和示范性的绿色发展增长极。尤其要加强与合肥都市圈联动，加快建设商合杭铁路等项目，推动杭州城西科创大走廊与合肥综合性国家科学中心、杭州与合芜蚌两大国家自主创新示范区互动，在合肥设立合杭梦想小镇，推动合肥基础创新重大成果在都市圈转化，推动杭州都市圈应用创新与合肥都市圈基础创新联动发展。

（二）携手融入长三角一体化的九大发展方向

致力于推进都市圈同城化，探索建立新的区域合作平台，实现都市圈区域统筹、跨区域平台建设、一体化发展先行区建设、跨区域发展廊带联动打造等突破。在都市圈区域统筹发展上，要建设体制机制统一高效、要素流动顺畅有序、基础设施通达便捷、人民生活水平大体相当的市域一体化格局。在跨区域平台建设上，要抓住特色小镇创建的机遇，实现在上海境内建立梦想小镇，打造在沪大学生创新创业新平台、杭企在沪研发新基地、杭州对外开放新窗口的目标。在一体化发展先行区建设上，要共建杭嘉、杭湖、杭绍一体化发展先行区。在跨区域发展廊带联动打造上，主动深耕 G60 科创走廊建设，深度参与 G60 产业园联盟；共保共建大运河文化带，唱响大运河文化品牌；打造沪杭世界级风景廊道，建设杭州湾黄金旅游风景线。

1. 在规划上从城市协同朝着全域共同融入长三角的方向发展

《杭州都市圈发展规划（2020—2035 年）编制大纲》提出推动形成区域协调发展新格局，加快都市圈一体化发展。要加速编制出台新的"杭州都市圈发展规划"和"杭州都市圈融入上海大都市圈规划",推动杭州、上海两大都市圈的同城化协调联动。以基础设施一体化和公共服务"一卡通"为着力点,提升两大都市圈同城化水平。加强两大都市圈之间合作互动,高水平打造长三角世界级城市群。树立杭州、上海两大都市圈融合的"两纵两横发展走廊"理念,深耕杭州湾北环线科技创新走廊、G60 杭嘉沪科技创新走廊、苏绍高速制造业走廊、常台高速。

在杭州、上海两大都市圈融合发展中,要在深耕 G60 杭嘉沪科技创新走廊的基础上,沿杭浦高速—杭州湾环线高速—沈海高速—沪金高速—上海绕城高速发展经济走廊,涵盖上海浦东新区、奉贤区、金山区,浙江省嘉兴市的平湖市、海盐县、海宁市,杭州市钱塘新区等。据不完全统计,沿线共穿越 2 省(市)3 市 8 区县(市),有 9 个产业平台。由于上海自贸区新片区的设立,杭州湾北环线经济走廊一下子进入了浙江和杭州的视野。要建设杭嘉一体化发展先行区,以临平新城、余杭经开区、钱塘新区、海宁长安与许村等区域为重点,加快余杭、钱塘新区与海宁区块的合作,推动形成一体化城市建设空间,打造沪杭战略通道上重要节点和长三角跨市域同城化发展示范区,推动长三角区域产业链、创新链、价值链布局一体化,推动长三角区域制度供给一体化,努力将杭州湾北环线经济走廊打造成长三角贯彻和落实新发展理念、引领示范区的重要引擎。

2. 在连接上从城市交通互联朝着世界门户的方向发展

在长三角更高质量的发展中,区域连接发挥着很好的作用。在连接世界中,长三角已经成为世界第六大城市群,而且有许多指标高于其他城市群,杭州都市圈在建设世界级城市群中发挥好作用,还有很长的路要走。继上海提出打造卓越全球城市,南京提出大力提升在全球城市体系中的影响力之后,杭州成为浙江和长三角连接世界的窗口,不仅要办好重要的会议,还要找准特色,提高连接世界的能力,提升城市影响力与竞争力,争当支撑长三角国际化发展的门户枢纽,以强大国际空港建设,成为长三角参与全球竞争的核心地理单元。长三角一体化建设首要的是做好交通连接,杭州除要加强与上海的交通连接外,还要着眼浙江与江苏、安徽、江西、福建的交通连接，打通省与省、市与市之间的道路，尤其要做好杭州都市圈内跨区域轻轨和地铁的规划和建设，打通区县市内轨道交通隔断，让人员与要素流动顺畅起来，作用得到更好的发挥。

杭州是杭州都市圈国际化发展的龙头。依据《杭州市城市国际化促进条例》，推进杭州产业国际化、城市环境国际化、公共服务国际化和文化国际交流融合，发挥杭州在杭州都市圈中的龙头作用，发挥创新活力之城、历史文化名城、生态文明之都、东方品质之城的优势，建设与上海互补互享的具有全球影响力的"互联网＋"创新创业中心、国际会议目的地城市、国际重要的旅游休闲中心、东方文化国际交流重要城市，形成一流生态宜居环境、亚太地区重要国际门户枢纽、现代城市治理体系、区域协同发展新格局。

融入长三角一体化，推进城际铁路网建设。《长江三角洲区域一体化发展规划纲要》提出"共建轨道上的长三角"，以都市圈同城化通勤为目标，加快推进城际铁路网建设，推动市域铁路向周边中小城市延伸，率先在都市圈提供公交化客运服务。为突破沪杭客运专线（每日150多对列车）饱和状态，应在原有高铁、高速公路优质提速的基础上，重点发展城市轨道交通，实现杭州、嘉兴、上海三地同城化，让三地人口高速流通起来，出行变得随时随地，只有这样才能让三座城市的发展要素快速对接。可以优先在G60杭嘉沪科技创新走廊和杭州湾北环线科技创新走廊建起两条城市交通线路，有条件时再增加若干条。就近期而言，首要的是发展跨区域的公交线路，设置符合两条走廊布局的公交专线，以解决近期区域间人口大规模流动问题。

3. 在信息上从硬件互联朝着软件畅通的方向发展

信息互联互通是长三角一体化发展的基础，既有硬件的互联互通，又有软件的互联互通。现在许多城市着眼于硬件基础设施的互联互通，但从发展的角度看，城市发展差异在很大程度上是由信息不对称造成的，其中重要的是软件的互联互通。杭州是杭州都市圈的核心城市，是"一带一路"与长江经济带交会的城市，在交通设施联通和信息网络联通上扮演着"先行官"的角色，杭州国家自主创新示范区、中国（杭州）跨境电子商务综合试验区建设，杭州"拥江发展"战略、杭州湾大通道、杭州大城北建设等让杭州获得更多的发展机会，支付宝、"城市大脑"、5G 建设、物联网等发展让杭州的信息化发展插上了翅膀。杭州的目标是"拿到数字经济下一个黄金20 年的'通行证'"，但杭州面临的首要问题是信息不够畅通。杭州打造全国数字经济第一城，打造长三角网上自贸区，就要获得发展的先机，聚焦关键通道、关键区域、关键项目，连接陆上、水上、天上、地上、地下等基础设施与网络空间，尤其是与上海的对接和发展更是如此；要在 G60 科创走廊、长三角一体化示范区、钱塘新区等建设中发挥信息的力量，让软硬件更加畅通和好用。

全面融入长三角，杭州、嘉兴是城市发展的"先行官"。杭州都市圈要以最短的距离与上海对接。杭州、嘉兴是"一带一路"与长江经济带交会的重要城市，理应在交通设施联通和信息网络联通中扮演重要角色。杭州数字经济的发展让上海刮目相看，与嘉兴、上海对接，通过 G60 科创走廊、杭州湾北环线科技创新走廊，在长三角一体化示范区、上海张江长三角科技城和中国（浙江）自贸区钱塘片区建设中发挥信息的力量。实现杭嘉沪地区更高质量的一体化发展，必须加快打造三市融合的信息化基础设施全球新高地，可在 5G 先试先用和工业互联网平台集群联动上发力，率先在两大走廊中布局。在 5G 先试先用上，目前，三省一市政府与中国电信、中国铁塔、中国移动、中国联通共同签署了 5G 先试先用战略合作框架协议，计划四年投入 2000 亿元助力长三角新一代信息基础设施发展。中国信息通信研究院、阿里云工业互联网有限公司等签署了共同打造区域性工业互联网平台集群的战略合作框架协议。根据合作框架协议，各方将围绕新连接、新枢纽、新计算、新感知等信息基础设施在两圈区域布局，推进两圈区域数字经济和实体经济一体化发展，助力长三角世界先进制造业集群建设。

4. 在产业上从以传统经济为主朝着以数字经济为主的方向发展

以《长江三角洲区域一体化发展规划纲要》为依据，加强浙江、上海省级层面产业协调与突破，面向全球、面向未来，提升杭州都市圈城市能级和核心竞争力，增强和提升综合经济实力、金融资源配置功能、贸易枢纽功能、航运高端服务功能和科技创新策源能力，集聚杭州都市圈优质资源参与上海大都市圈建设，为长三角高质量发展和参与国际竞争提供服务。发挥杭州都市圈数字经济领先、生态环境优美、民营经济发达等特色优势，大力推进大湾区、大花园、大通道、大都市区建设，整合和建设一批集聚发展平台，打造全国数字经济创新高地、对外开放重要枢纽和绿色发展新标杆。

产业是推动社会进步的基本力量。杭州要利用"政府＋市场"的力量，推动 70% 规模以上传统产业向现代化、信息化智造产业发展；杭州要借鉴其他城市发展的经验推动产业变革，从传统小而全平台转向高智慧、高科技平台。在当前，尤其要借长三角一体化示范区建设的东风，壮大 142 个产业平台的力量，在重点写好"东整、南谋、西优、北建"四篇文章的同时，不断提升和增强平台能级和竞争力。发挥好市域空间广阔和城市主轴钱塘江的骨架作用，在通江达海、山海联动、城乡融合中，树立杭州大湾区的形象。杭州钱塘新区的建立，标志着杭州制造业在长三角新的起步，要在学习苏州制造先进经验的同时，走出具有自身特色的智造产业道路，如 5G 产业园等，并以特色产业吸引投资人，以产业孵化器吸引创业者。发挥政府在产业转型升级、招商引资方面的导向性作用，让产业更实更优，让人才更有扎根杭州的信心。

实施"智圈融合"产业策略，以做强都市圈促进长三角一体化发展。当前，"智圈融合"产业发展策略面临圈内城市之间不融合、长三角圈与圈之间不融合、都市圈与长三角城市群之间不融合三大短板，建议在政策上加强顶层设计，主动借力上海；在体系上，促进智慧应用体系并重发展，推进智慧交通、智慧健康、智慧就业安居和教育文化娱乐等智慧民生应用体系建设，实现圈内交通互通互联；在资源上，建立开放的大数据平台，加快部门数据共享和业务协同，统一圈内技术标准，减少部门平台的重复建设，做好数据挖掘与分析，推动产业良性发展；在产业上，做强信息产业链，优化都市圈空间布局，推动信息产业优势互补、错位发展、联动共兴，抢抓电子信息、人工智能、生命健康等领域的优质资源，加快自主创新示范区和人工智

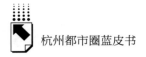

能创新发展引领区等智圈协同创新大平台建设，打造有国际影响力的"互联网＋"创新创业中心。

加强沪杭产业互补合作。上汽、宝武钢铁、上海石化都是响当当的大型国有企业，但在数字经济方面，上海与杭州相比没有世界级企业；杭州则有阿里巴巴、海康威视和新华三等电商、云计算、数字安防等创新型企业，双方存在良好的合作条件。杭嘉沪三市都提出发展数字经济、数字工业、信息产业的目标。2018年10月，杭州吹响了"打造全国数字经济第一城"的"集结号"。2019年11月，杭州都市圈第十次市长联席会议提出，以"把握长三角一体化机遇　共创都市圈数字化未来"的主题进行对接，就加快构建网络化、开放式、一体化的区域数字经济发展新格局，在数字产业化发展、产业数字化转型、城市数字化治理、基础设施建设、体制机制创新、智慧民生服务六方面通力合作，共同把杭州都市圈打造成全球数字经济发展高地达成共识。杭州都市圈融入上海大都市圈，要首先在杭嘉沪三市的两廊沿线打造长三角一体化的"数字引擎"，并以杭州为主导建立促进数字经济一体化发展的新廊带，助推长三角地区高质量发展。

5. 在政务上从提供快捷方便的服务朝着提供良好营商环境的方向发展

良好营商环境是都市圈融入长三角一体化的重要基石。让数据共享先行，这是良好营商环境创造的开始。《长江三角洲区域一体化发展规划纲要》提出，以基础设施一体化和公共服务一卡通为着力点，提升都市圈同城化水平。但就杭州、上海两大都市圈融合而言，仅局限于都市圈内部是远远不够的，必须打通杭州、上海两大都市圈信息"断头路"。在政务服务方面，都市圈之间要强化政务服务跨区域通办和数据互通共享，率先实现全国一体化在线政务服务平台公共支撑功能在长三角地区落地；在交通服务方面，都市圈之间要强化信息化服务对接；在跨区域轨道交通方面，实施扫码过闸的跨城"一码通"；在科技资源共享服务方面，都市圈之间要加强科技资源共享服务平台建设，通过登录相关平台，足不出户纵览长三角科技资源信息，进行有关仪器预约、研发托管、政策资讯、科技社群、科技培训等交流互助活动；在电力一体化服务方面，都市圈之间要重点推动供电服务

"跨省一网通办"建设，助力区域营商环境联建及优化，打造全新升级的长三角一体化能源生态圈。都市圈之间还要在人才流动、产业协同、医保结算、文化旅游、养老共享机制等方面，进一步打破行政壁垒，加强顶层设计，充分发挥跨区域大数据"黏合剂"作用，实现杭州、上海两大都市圈走廊的大数据融合开放，助力长三角区域经济和公共服务高度融合、全面联动。都市圈之间要创造易于企业发挥作用的社会环境和营商环境，做好"最多跑一次"改革、产业孵化器平台建设、融资平台建设，完善交通出行、人才落户、人才生活居住、公平交易等方面的工作，排除政府思维与市场经济不衔接，过多地用行政手段干预市场、干预企业的行为，让国际企业、国际研发机构和国际智库在都市圈城市落户，让国际化人才发挥作用，在提供长三角乃至全国城市最佳营商环境中建立杭州都市圈模式。

杭州都市圈的核心城市——杭州，是世界网商之都、全国民营经济最发达的城市之一。以国际一流的标准提供适合创业创新的营商环境尤为重要，要从透明高效政务服务环境、开放便利投资贸易环境、成本适宜产业发展环境、充满活力创业创新环境、公平公正法治环境、舒适宜居生态生活环境等方面入手，着力消除不适宜激发企业活力的体制机制障碍，优化稳定、公平、透明、可预期的营商环境，进一步推进产业平台高质量发展，加快新旧动能转换，以尽快建立现代经济体系，引领杭州产业能级提升和发展方式转变。

6. 在人才上从吸引朝着优质长效凝聚的方向发展

21 世纪，最激烈的竞争当属人才竞争。杭州都市圈参与长三角一体化发展、建设国际化区域都离不开人才的支撑，尤其离不开高端人才的支撑。在长三角城市人才竞争日益白热化的过程中，以杭州为极核的杭州都市圈应立足可持续的长效人才吸引政策的制定，并不失时机地优先发力。杭州与上海等城市相比，人口承载量少，土地资源充裕，单位面积土地价格相对较低，这就为吸引上海及周边城市溢出的高端人才创业、创新创造了条件。杭州国际人才交流与项目合作大会向世界展示了优越的创业、创新环境，杭州国家自主创新示范区、中国（杭州）跨境电子商务综合试验区让杭州有了吸引高端人才的名片。杭州钱塘新区有望成为浙江最大的制造业区域，新的制造业需要大量的蓝领工人，而杭州自身又严重缺少知识型产业工人。因此，要用可持续的人才吸引力建构杭州人才优势的策略，以长效现代优势产业吸引长三角优秀人才到杭州就业；以长效规划谋求杭州人才吸引力在长三角城市中的地位；以长效优厚政策让长三角来杭人才有期盼，如实施杭州大专落户政策、家属子女随迁政策，进行蓝领公寓建设等；以长效机制建设让长三角来杭高端人才可以感受到良好的社会环境，如"最多跑一次"改革的进一步推进；以美丽生态环境让长三角国际化人才来杭居住心情舒畅；以优质的交通条件让长三角人才来杭感觉便利。

7. 在文化创新上从重视地域文化朝着重视"新江南文化"的方向发展

长三角城市群在历史文化的发展上，已经形成了江南文化、海派文化、吴文化、越文化、吴越文化、徽派文化等区域文化品牌，在新时期，这些文化品牌不同程度地遇到了发展的瓶颈。在长三角一体化发展中迫切需要形成新的文化表达方式，而且其应具有沪苏浙皖共同特点的新的理念，这就是梅新林提出的"新江南文化"[1]。就长三角一体化发展而言，41 个城市组成了一个新的文化格局——"新江南"。这是对国家层面区域规划调整的新思考与新定位。

以上海为龙头，带动南京、合肥及杭州发展的长三角，是"新江南文化"版图本身的"雁阵模型"[2]。按照《长江三角洲城市群发展规划》，构建"一核五圈四带"的网络化空间格局，重点发挥以上海为龙头带动的核心作用和区域中心城市的辐射带动作用，并依托交通运输网络培育多级多类发展轴线，推动南京都市圈、杭州都市圈、合肥都市圈、苏锡常都市圈、宁波都市圈同城化发展，强化沿海发展带、沿江发展带、沪宁合杭甬发展带、沪杭金发展带聚合发展。"一核"意指提升上海全球城市功能。"五圈"分

① 《思想者 | 梅新林：长三角一体化上升为国家战略，"新江南"文化版图有了怎样的变化?》，上观新闻，https：//www.shobserver.com/zaker/html/184026.html。长三角一体化中的"新江南"，最大的变化是江西的出局与安徽的扩容。
② 1935 年，日本著名学者赤松要提出"雁阵经济模型"。

为省会城市都市圈和非省会重要城市都市圈，前者要求全面强化与上海的功能对接与互动，加快推进沪苏通、锡常泰跨江融合发展；后者要求高效整合三地海港资源和平台，打造全球一流的现代化综合枢纽港、国际航运服务基地和国际贸易物流中心，形成长江经济带"龙眼"和"一带一路"倡议支点。长三角中五大都市圈相当于五只大雁，南京、苏锡常都市圈与杭州、宁波都市圈居于上海大都市圈左右，合肥都市圈殿后，其中苏锡常与宁波两个都市圈则是分别伴飞于南京都市圈与杭州都市圈两只"大雁"的"次大雁"。

文化上的"雁阵模型"引领"新江南文化"精神谱系重构。在"雁阵模型"中，上海始终居于"领头雁"地位①，2018年4月，《中共上海市委上海市人民政府关于全力打响上海"四大品牌"率先推动高质量发展的若干意见》发布，提出打响"上海文化"品牌。大力发展社会主义先进文化，积极培育和践行社会主义核心价值观，上海红色文化品牌、海派文化品牌、江南文化品牌全面打响。这实际上不仅是对上海文化的资源重组，同时也是对"新江南文化"精神的重塑。从历史上看，江南文化自东晋被首次确立为具有全国中心地位之后，大致经历了东晋南朝的南京轴心时期、南宋的杭州轴心时期以及明清的南京—杭州双轴心时期，江苏与浙江的"江南文化"一同发挥了主导作用；近代以来，上海凭借地缘优势发展为新兴国际都会与中西文化交流中心，在推动江南文化走向现代、走向世界中开创了海派文化，并由此确立了上海轴心时代。毗邻上海的浙江、江苏在开创与丰富多元的海派文化中发挥了各自不同的优势和作用，其中，浙江在中国文化古今转型的大变局中依然走在时代前列，以蔡元培为代表的教育家群体，以章太炎、王国维为代表的学问家群体以及以鲁迅为代表的文学家群体一同做出了杰出贡献。江南文化、海派文化、红色文化由源远流长、相承相融的历史谱系重组为"新

---

① 中国沿海、沿江发展带一纵一横，刚好构成一个"弓箭模型"，东南沿海三大城市群为"弓"，长江经济带为"箭"，上海正是这个"弓箭模型"的箭头。

江南文化"的"三位一体"结构，究其精神本原，它是以吴越文化为基型的江南文化精神的二元演绎。

如果没有精神文化的力量，长三角就不可能有今天的成就。精神文化的力量是一个城市的灵魂和精髓。以杭州市为例，"精致、和谐，大气、开放"的城市精神是杭州参与长三角一体化建设、成为国际化大都市不可或缺的法宝。从融入长三角一体化发展到参与长三角一体化发展，杭州的观念发生了根本性的转变。过去，上海与杭州各自发展，上海主要是面向国际和关注自身的发展，杭州更多的是要做强自己的极核效应以应对上海的虹吸效应。但随着长三角一体化发展上升为继京津冀协同发展、长江经济带、粤港澳大湾区之后的国家战略，主动融入长三角一体化发展进程已经是杭州的不二选择。杭州以与长三角城市合作共赢的思维，主动参与长三角一体化发展，在参与长三角一体化发展的过程中树立起建设世界一流城市的文化思维。

8. 在平台上从开发区朝着融长示范区的方向发展

建设浙江自贸区钱塘新片区。浙江应学习山东、江苏、广西、河北、云南、黑龙江开办自贸区多片区的经验，加速向国务院申报并落地浙江自贸区多片区，以义乌、钱塘新区—钱江金融湾区、前湾新区和温州港等作为中国（浙江）自贸试验区（舟山）之后的多个新片区。杭州都市圈新设立的钱塘新区—钱江金融湾区紧邻未来浙江先进制造业的重要平台空港新城，是国际航空货物进出的重要集聚地，设立中国（浙江）自贸区钱塘新区—钱江金融湾区，可实现通过空港平台与国际对接，亦可通过杭州湾南北环线科技创新走廊与上海自贸区新片区对接，通过 G60 科创走廊与长三角一体化示范区对接，实现自贸区、示范区互助互补、共享发展。

深耕沪浙融合的上海张江长三角科技城。上海张江长三角科技城（2014 年签约）是沪浙国家区域融合发展的实践区，是杭州、上海两大都市圈在空间上重叠的第一个跨省市合作示范区，总规划面积为 87 平方公里（其中浙江平湖市面积为 45 平方公里，上海枫泾镇面积为 42 平方公里），由上海市张江高新技术产业开发区和上海市金山区、浙江省嘉兴市三方合作，在统一规划、统一建设、统一管理、统一招商、统一运营下，实现资源共享、优势互补、互利共赢、融合发展。要深耕上海张江长三角科技城，通过智能制造、科技信息、生命健康、高端服务等，建设具有全球影响力的科创中心的重要承载区和辐射区、沪浙协同创新融合示范区、长三角一体化发展新标杆区。

9. 在生态上从重视城市环境朝着构建美丽生态圈的方向发展

针对经济社会的发展，各城市已经普遍重视对自然生态环境的改善，并已从环境共保共治朝着合作治本的方向转变。

全力培育都市圈生态空间。共保区域生态屏障，联动划定三条红线，共同规划生态廊道和生物多样性保护网络，严格保护跨区域重要生态空间、自然保护地体系；实施钱塘江源头山水林田湖草生态修复工程，探索共建杭衢黄大钱江源国家公园，合力保护皖南—浙西生态屏障。共建"森林城市群"。加强蓝绿网络协同，构筑网络化水生态廊道体系，共保跨区域湿地生态网络体系；完善畅通都市圈绿道体系；打造具有区域影响力的千岛湖、钱江源、莫干山等魅力地区。构建城市生态系统，以生态系统服务评价为基础，共构城乡公园体系，建设"公园城市"；以提升民众生态福祉为目的，营造城市绿色开敞空间，实现公园、绿道与公共设施互通可达，推进山、水、林、园、城共生共荣。

深化环境联防共治。推进跨界水体污染治理，加强流域生态系统治理；共建水污染治理协作机制，推进跨界河湖污染联合治理；共同开展东部区域水网平原区湿地水环境生态修护；联手推进杭州湾综合治理攻坚战。深化大气污染联防联治，共同设定大气限期达标时间表；共同优化能源结构，联合制定控制高耗能、高排放行业标准，对接落后产能相关标准。强化区域环境协同监管，探索建立区域环境监测网络；有序推进排放标准、环保规划和执法规划对接；加强联合执法、联合监管监督。完善环境共治合作机制，深化新安江—千岛湖省际生态补偿试点，参与共建新安江—千岛湖生态补偿试验区，探索多元化生态补偿机制；推动环境领域科技联合攻关；共同搭建跨区域水权、排污权、用能权、碳排放权等交易平台，探索建立都市圈环境资源

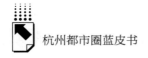

交易中心；强化交界区域环境事故应急处置协作和环境信息共享、重大活动环境质量共保合作。

建设绿色低碳都市圈。建设未来城市典范，推动湘湖和三江汇流区块规划建设未来城市试验区；推广绿色低碳城市建设运营模式；推进海绵城市、地下综合管廊建设，打造若干功能复合、智慧互联、绿色低碳、开放包容的未来城市。共构绿色发展体系，建设衢江区联合国食品安全基地，增加绿色农产品供给，探索共建世界食品安全示范区；联手培育幸福产业（山地运动、健康养生等）；建设淳安特别生态功能区，探索拓展淳安—开化特别生态功能区。共推低碳生活方式，联手推进"无废都市圈"建设；推广绿色建筑和装配式建筑；建设绿色生活体系。

（三）携手融入长三角一体化的七大强圈战略

随着长三角一体化发展国家战略深入实施，一体化已成为区域合作的重点。《国家发展改革委关于培育发展现代化都市圈的指导意见》指出，到2022年，梯次形成若干空间结构清晰、城市功能互补、要素流动有序、产业分工协调、交通往来顺畅、公共服务均衡、环境和谐宜居的现代化都市圈。下一步，杭州都市圈建设将以规划为引领，加快"杭州都市圈发展规划（2020—2035年）"的编制，统筹建设互联互通的基础设施网络，不断提高城市和产业能级，共育具有国际竞争力的现代产业集群，共塑历史与现代融会的人文魅力圈，增强杭州都市圈的综合实力。

1. 共建互联互通都市圈

打造多网融合的都市圈轨道网。优化完善铁路干线网络，加快推进湖苏沪、杭衢、商合杭、杭绍台、金建、湖州至杭州西至杭黄铁路连接线工程（含杭州铁路西站）等项目建设。推进研究沪昆铁路杭州至嘉兴至上海南站通勤化改造、风情旅游新干线（绍兴城际线）进杭州、利用浙赣线开行诸暨至市域（郊）列车至杭州等项目。开工建设铁路杭州萧山机场站枢纽及接线工程，深化黄衢、杭临绩（黄）、沪乍杭等项目前期研究。谋划宁杭高铁二通道建设。积极推进杭海、杭绍、沪杭等都市圈城际铁路和杭州、绍兴城市轨道交通在建项目，做好都市圈 4 条市域线运营评估，力争都市圈城际铁路二期建设规划尽快获批。推进湾北新区（筹）与杭州钱塘新区、嘉兴市轨道交通互联互通，以及对杭海新区与钱塘新区轨道交通互联互通的研究，优化创新城际铁路与地铁互联互通模式，谋划建立湖州、嘉兴城市轨道交通体系，开展新一轮都市圈轨道网规划建设工作。探索都市圈轨道交通运营管理"一张网"，谋划杭绍轨道交通运营管理"一票制"，促进干线铁路、城际铁路、市域（郊）铁路、城市轨道交通"四网融合"。

织密公路快速联通网。加快建设杭绍甬智慧高速公路，推动长三角智慧高速公路测试中心（嘉兴）建设，进行沪杭甬高速公路智慧化改造，开展杭州绕城西复线部省联动试点，共建环杭州湾智慧高速公路网。完成千黄高速公路、临金高速公路、钱江通道北接线工程、杭宁高速公路改扩建等建设，积极推进杭金衢高速公路改扩建二期工程建设，加快杭淳开高速公路、苏湖杭高速公路、苏台高速公路前期工作，谋划温义宣高速公路、钱塘新区环线高速公路。加强国道、省道等普通干线公路建设，充分利用既有道路实施快速化提升工程。实施都市圈"断头路"畅通工程和"瓶颈路"拓宽工程。推进跨市域毗邻地区一体化快速路网的对接以及公路客运网络建设，进行一体化的智慧交通管理体系建设。

强化综合交通枢纽功能。促进空港枢纽、铁路枢纽和轨道交通站点、城市公共交通枢纽有序衔接。支持杭州建设亚太地区重要国际门户枢纽，建设萧山机场 T4 航站楼、杭州西站综合交通枢纽，谋划推动萧山机场三、四跑道建设，扩大异地候机楼、机场巴士和空铁联运服务点覆盖面，推动杭州打造呈放射状的大型铁路枢纽。实施高铁嘉兴南站扩容提升工程，积极争取接入沪乍杭铁路、铁路杭州萧山枢纽及接线工程等，扩建和完善嘉兴火车站。围绕打造"枢纽门户城市"的定位，推进湖州高铁站扩容升级、高铁新城核心区开发建设，谋划推进湖州城市轨道交通首期工程，发挥好区域枢纽内外转换作用。支持绍兴市重点实施扩建杭绍台铁路绍兴站综合交通枢纽。支持衢州市加快高铁西站综合枢纽建设。支持黄山市加快形成"一港两轨六铁九路"综合交通体系。

打通多式联运物流通道。推动空港、陆港、海港、河港和信息港融合发展，加快推动萧山机场空铁一体化发展，规划建设嘉兴航空联运中心，提升衢州、黄山机场服务能力，加快建设浙西航空物流枢纽，推进黄山机场迁建工程。共同打造江河海联运的高等级航道网络，加快推进运河二通道、杭申线三级航道、乍嘉苏航道、长湖申线航道西延、杭平申线航道"四改三"、浙北高等级航道网集装箱运输通道工程等项目，深化江山江航运、浙赣运河项目前期研究，全面推进嘉兴海河联运枢纽示范工程建设、湖州国家内河水运转型发展示范区建设，推广内河水运标准化应用，强化港口统筹建设和管理，推进内河水运经济发展。优化都市圈铁路货运系统，谋划"铁水联运"模式，服务大湾区发展。统筹物流基础设施布局，整合和优化物流枢纽资源，支持合作共建物流枢纽，打造"通道＋枢纽＋网络"的物流运行体系。

2. 共建创新活力都市圈

构建协同创新共同体。积极推进之江实验室、西湖大学、浙江清华长三角研究院、南太湖科创中心等建设，加快超重力离心模拟与实验装置、重大工程工业控制城市间系统信息安全大型实验装置、未来网络计算科研实验平台等重大科技基础设施（装置）建设，推动重大科研基础设施和大型科研仪器设备的开放共享。推动浙江大学国际联合学院（海宁国际校区）、浙江大学工程师学院衢州分院、浙江大学衢州研究院、浙江工业大学莫干山校区、浙江科技学院安吉校区、浙江财经大学东方学院（海宁长安校区）、浙江树人大学绍兴杨汛桥校区等快速发展。实施杭州都市圈科技创新联合攻关项目，共同承接面向 2030 年重大战略项目和国家科技重大专项，联合突破一批"卡脖子"核心技术，联合开展一批前瞻性基础研究，联合实现一批引领性原创成果落地。高水平建设杭州国家自主创新示范区、湖州科技城、嘉兴科技城、镜湖科技城、衢州海创园、黄山未来科技城，支持高新区"一区多园"建设，推广"一园一院一基金"校地合作模式，合力打造大湾区高新技术产业带。

构建人才发展共同体。探索共建国际高端人才发展平台，整合杭州国际人才创业创新园，浙江人才大厦，浙江"千人计划"绍兴产业园、德清产业园和长兴产业园，湖州"南太湖精英计划"产业园等资源，联合进行国际顶尖人才和高层次人才的引进和培育，推进人才服务一体化建设。畅通都市圈产教供需对接渠道，组建一批产教融合联盟，共建一批校企合作实训基地，推动高技能人才跨区域联合培养。探索发展、研发和人才"飞地"，支持"飞地"新引进落户高层次人才在子女入学等方面可以享受与工作地居民同等待遇。加快建立一体化人才评价机制，积极探索高端人才政策圈内共享模式。完善人才自由流动机制，完善专业技术职务任职资格互认，提供异地人才服务，加强博士后工作合作，促进高层次人才智力共享、专业技术人员继续教育资源共享以及进行公务员互派等。

共建创新创业生态圈。整合技术、资金、人才、政策、环境、服务等要素，打造"产学研用金、才政介美云"十联动创业创新生态圈，力争形成"原始创新—技术创新—产业创新"层级链。组建高校技术转移联盟，搭建政产学研金相结合的科技成果转化平台，提升高校科技成果转移、转化能力。探索建立互通共享的成果转化中试平台和科技成果交易平台、统一的创新券服务平台和知识产权保护平台，推进科技资源开放共享、科技服务跨区域互认、创新券跨区域通用通兑、知识产权跨区域运用保护。推动都市圈内龙头企业整合高校、科研院所力量，共建一批产业创新服务综合体、专业领域技术创新联合体等，提升产业创新载体跨区域服务能力。

3. 共建产业协同都市圈

共同做强数字经济产业集群。全面打造数字经济"一号工程"，在云计算、大数据、物联网、人工智能等领域形成一批创新成果和行业解决方案，推动集成电路、软件和信息服务业、网络通信、元器件及材料等基础产业迈向全球价值链中高端，积极布局区块链、虚拟现实、量子信息、柔性电子等前沿领域。支持杭州打造全国数字经济第一城，成为具有国际一流水平的全国数字经济理念和技术策源地。支持湖州打造全国数字化绿色智造示范区、全国地理信息产业中心。支持乌镇创建国家互联网创新发展综合试验区，全力办好世界互联网大会，高水平构建 5G 产业生态。支持绍兴创建国家级工

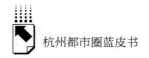
业互联网创新应用、传统产业数字化转型、集成电路产业园示范区。支持衢州成为数字经济创新成果转化基地和"四省边际数字经济发展高地",重点推进衢州与阿里巴巴合作。加快黄山融入数字经济产业集群,打造杭州都市圈数字经济新增长极。

统筹先进制造业生产力布局。推进城市间产业分工协作,推动中心城市产业高端化发展,夯实中小城市制造业基础。聚焦新一代信息技术、高端装备制造、汽车与新能源汽车、节能环保与新材料、生物医药和高性能医疗器械等领域,高起点谋划"万亩千亿"新产业平台。加快杭州电子信息(物联网)、长兴轻工(铅蓄电池)、嘉善电子信息(光通信及智能终端)、黄山永新(绿色软包装)、诸暨纺织(袜业)、衢州新材料(氟硅)、黄山汽摩配产业等一批国家和省级新型工业化产业示范基地建设。共同推动新一代信息技术和实体经济、先进制造业与现代服务业深度融合,支持杭州实施"新制造"计划,深化绍兴市传统产业改造提升试点,推广湖州绿色智造标准。

合力打造一批产业合作平台。加强杭州钱塘新区、湖州南太湖新区、嘉兴湾北新区(筹)、绍兴滨海新区等战略合作,携手推进G60科创走廊、沪湖绿色智造廊道、杭合创新带、杭绍甬城市连绵带、宁杭生态经济带、杭黄绿色产业带、杭黄科创大走廊等发展,联合引导相关创新资源及产业集聚。打造梦想小镇联盟,探索输出梦想小镇品牌和服务。加强毗邻区域的合作开发,加快柯桥融杭同城先行区、诸暨融杭同城发展带、海宁杭海新区等建设,推进嵊新跨区域联合开发试点。落实浙皖两省政府共建新安江—千岛湖生态补偿试验区协议,打造新安江生态经济示范区。探索"飞地经济"模式,支持滨江高新园区衢州分园、杭黄绿色产业园、余杭·海宁合作开发区、江干·安吉产业园、衢州海创园、柯城—余杭山海协作园、海宁杭海新区等建设,完善主体结构、开发建设、运营管理、利益分配等方面创新合作机制。

共同建设"城市大脑"。在都市圈率先实行统一的公共数据管理标准、统计标准、信息系统标准、服务规范和监管流程标准,建立健全统一的

"城市大脑"建设、管理、评估、运维等标准规范体系。推动各市"城市大脑"通用平台建设全覆盖并逐步向县（市、区）延伸，推进安吉长三角大型云数据中心建设，不断提升计算、数据资源整合、算法服务、物联感知会聚和网络安全保障等能力。推进"城市大脑"互联互通、数据共享，强化"城市大脑"在政府数字化转型、智慧交通、智慧安防、智慧城管、智慧健康、智慧环保、智慧旅游、未来社区等重点领域的应用。

4. 共建魅力人文都市圈

共保世界自然和文化遗产群落。深化对良渚古城遗址、西湖、大运河、太湖溇港、南浔古镇、衢州江郎山、衢州姜席堰、黄山、皖南古村落（西递、宏村）等世界遗产的保护、研究和利用，加大西塘、南浔、乌镇、盐官等江南水乡古镇联合申遗力度。加强对安吉古城遗址、马家浜遗址、钱塘江古海塘遗址、钱山漾遗址等的综合保护和利用，建设杭州南宋皇城考古遗址公园、嘉兴子城考古遗址公园、绍兴宋六陵考古遗址公园。做好丝绸、茶叶、中医药、立春祭等非物质文化遗产、"中华老字号"等东方传统文化元素的活态传承，加大力度对区县（市）历史建筑、历史街区、传统村落进行普查，推动历史文化遗址、历史文化街区和历史文化村落联动发展，及时申报历史文化名村，结合名村打造，推动乡村特色旅游发展。联合开展良渚文化、马家浜文化、河姆渡文化、跨湖桥文化、上山文化等文化研究，充分利用现代科学技术进行历史文化遗产的全景式展现，共同打造一批具有东方符号的文化 IP，共同打造文化创意产业发展高地。

共建世界一流文化旅游目的地。联手打造杭衢黄世界级自然生态和文化旅游廊道，共同推进杭衢黄省际旅游合作示范区建设，建成"名城名湖名江名山名村"世界级黄金旅游风景线，联合推广世界遗产精品旅游线。提升文化旅游协作水平，共同打造大运河文化带、钱塘江诗路文化带、浙东唐诗之路、南太湖文旅融合带。培育全域旅游目的地，联合开发特色旅游精品线路，通过旅游资源互补、市场共拓、客源互送、品牌共创，共同做强都市休闲、古镇休闲、乡村旅游、滨湖度假、文化体验、生态休闲、红色旅游等，共建"中国乡村旅游示范区"，进行传统村落保护利用，探

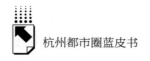

索组建民宿产业发展联盟，推动乡村旅游与文化、康养、体育、教育产业融合发展。

共塑共推区域文化旅游品牌。做精、提升"江南绝色·吴越经典"品牌，进一步整合湖州滨湖旅游、"南孔圣地·衢州有礼"、徽州文化等旅游品牌，持续开展都市圈新春优惠月、都市圈旅游推介会等旅游主题推广活动。筹办好2022年亚运会，进一步提升世界互联网大会、联合国世界地理信息大会、世界浙商大会、云栖大会、中国国际动漫节、世界乡村旅游大会、中国国际茶业博览会、兰亭书法节、嘉兴端午民俗文化节、钱江（海宁）观潮节、中国黄山国际登山大会等会展品牌的地位，通过开设特色分会场、共同办展会等方式，推进文化会展品牌接轨和共推共享。积极开展全方位、多层次的文化交流，依托杭州市"全球创意城市网络""工艺与民间艺术之都"等国际文化交流合作平台，联合打造一批进行对外文化展示和交流的文化产品、文化地标和文化品牌。

5. 共建绿色美丽都市圈

建立绿色生态网络共保格局。建立都市圈生态红线管控机制，加强跨区域生态保护红线有序衔接，共筑皖南—浙西—浙南生态屏障。严格保护跨区域重要生态空间，强化钱塘江流域保护发展，加大对天目山—清凉峰国家级自然保护区保护力度，高质量建设淳安—开化特别生态功能区、杭州大湾区国家湿地公园，优化钱江源国家公园建设，推动千岛湖、天目山争创国家公园。统筹山水林田湖草系统治理，加强湿地保护与修复、矿山生态环境整治与复垦、生态清洁小流域建设、毗邻区域绿道网络贯通，共同建设钱塘江源头山水林田湖草生态修复工程、保护浙北平原水网湿地、建设杭州湾近海生态修复工程、建设湖州—黄浦江的清水走廊。推进松材线虫病联防联治。

深化生态环境治理联防联控。全力打好蓝天、碧水、净土、清废的攻坚战和巩固战。强化流域上下游和跨界水体环境治理，开展"污水零直排区"建设，共同推进钱塘江、浦阳江、太湖、苕溪、京杭运河等流域水环境综合治理，实现劣Ⅴ类水体彻底消除，跨行政区域河流交接断面水质达标。支持湖州建设长三角生态研究中心，构建可复制、可推广的生态文明建设机制和实践模式。协同制定城市空气质量达标时间表，以能源结构调整、工业废气和臭气异味治理、车船尾气治理等为重点联合推进大气联防联控，共同推进建成清新空气示范区。建立涉及耕地和建设用地的土壤污染风险管控和修复名录，力争污染地块安全利用率和受污染耕地安全利用率均在 92% 以上。统筹规划建设固体废物处理处置设施，引导毗邻区域生活垃圾处理设施互为应急备用。

健全生态环境协同共治机制。建立健全流域横向生态保护补偿机制。创新绿色低碳发展模式，推进湖州、衢州"两山"实践示范区建设，建设新安江—千岛湖生态补偿试验区，探索推广实现生态产品价值的有效途径和成功模式，建立市场化、多元化生态补偿机制，打造新安江生态补偿机制"长效版""拓展版""推广版"。支持新时代浙江（安吉）县域通过践行"两山"理念综合改革创新试验区，为全国县域"两山"转化积累经验，提供示范。推广绍兴"无废城市"试点和生态环境损害赔偿制度改革经验。推动区域环保标准一体化，继续完善重大活动空气质量联合保障、环境联合执法、重大工程项目环评共商、跨界环境污染应急联防、跨区域出境断面水质联合考核等机制，推进跨界应急预警监测联动。

6. 共建开放包容都市圈

推进市场一体化建设。探索建立标准统一互认机制，聚焦公共服务、城市管理、全域旅游、供应链、生态环保等领域，先行开展区域统一标准试点，推进地区间标准互认和采信。实施统一的市场准入制度，消除歧视性、隐蔽性的区域市场准入限制，加快清理和废除妨碍统一市场和公平竞争的相关规定和做法。强化区域市场监管联动，突出食品药品、网络市场等重点领域，加快推动市场信息互通、重点领域联管、监管执法联动。探索组建都市圈产权市场发展联盟模式，积极培育区域交易平台，建立健全用水权、排污权、用能权初始分配与跨区域交易制度。

推进信用一体化建设。围绕"信用长三角"建设的总体部署，加快构建都市圈信用"一张网"，依托六市公共信用平台数据归集成果，推动建立跨市信用信息数据横向交换共享机制，加大对市场信用信息的采集力度。加强信用结果应用，在长江三角洲率先形成"失信行为标准互认、信用信息共享互动、惩戒措施路径互通"的跨区域信用联合奖惩模式，在全国范围内率先打造"信用免押金都市圈"。探索开发都市圈公共信用评价产品，进行杭州"信用惠民"模式全域推广，实现更多的信用社会化应用场景落地。深化信用体系建设，助力"最多跑一次"改革，加快实现数据全覆盖、人群全覆盖、应用全覆盖，逐步形成完整信用画像，助力政府精准服务。

助推新兴金融中心建设。协同新金融生态圈，完善金融科技、网络金融安全、网络金融产业、移动支付的新兴金融体系，加快钱塘江金融港湾、杭州国际金融科技中心建设，统筹推进湖州和衢州绿色金改、嘉兴市科技金融创新改革、绍兴上市公司引领转型升级等特色金融发展，提升都市圈金融机构、金融类小镇协同布局和发展能力，推进金融机构跨区域开展资本、业务和管理等方面合作，加快实现个人金融、绿色信贷等金融服务同城化，率先建立金融小镇与产业类小镇联动发展机制，强化金融监管合作，建立金融稳定信息互通共享、金融风险监测预警协作、金融风险联合处置等机制，共同防范和化解区域金融风险。

协同推进高水平开放。建设高水平开放平台，共同深化 eWTP 试验区建设，加快杭州国际组织和总部经济集聚区，湖州、嘉兴高质量外资集聚先行区，环杭州湾检验检测高技术服务业集聚区、国际合作园、海外孵化器等建设，积极争创自贸试验区联动创新区。探索都市圈口岸合作新机制，高质量建设杭州临空经济示范区，推进杭州综合保税区、湖州保税物流中心（B 型）建设，支持嘉兴设立中国（浙江）自贸试验区联动创新区，支持绍兴设立国家级综合保税区。引导都市圈企业抱团"走出去"、共建海外仓、共同搭建经济合作网络共享平台等，联合推动优势产能海外布局。

7. 共建品质生活都市圈

促进公共服务共建共享。加强优质教育资源的合作共享，探索跨区域名校集团化、名校领办、举办分校、教育共同体等合作办学模式，深化校际结对、教科研信息互通、在线优质教育资源共享、中学生跨地市研学、教师交流、教学研讨等合作，推动共建一批教师培养基地。深化医疗资源协作联动，依托优质医疗资源"双下沉"平台，开展医联体、协作医院、专科联盟、重点学科托管、医生互派、异地名医坐诊等合作，探索共建都市圈远程医疗协作网，推进在杭医学院与周边城市建立合作机制，加快实现医疗机构检验检查结果互认、患者信息和卫生信息互通。积极推进公益性文化体育设施相互开放。

推动社会保障联动水平提升。根据国家的医疗保障待遇管理规定和国家、省统一部署，做好参保人员的医疗保障工作，积极推进异地就医门诊及住院医疗费用直接结算，扩大异地定点医疗机构覆盖范围。创新异地就医登记备案方式，探索开展异地备案互认、异地就医直接结算服务监管合作。落实基本养老保险关系转移接续，加强异地居住退休人员养老保险信息交换，稳步推进长期护理保险制度建设工作。推动工伤保险制度交流，实现工伤认定及待遇支付的协查配合，深化失业保险待遇转移衔接协作。

构建同城化公共服务体系。扩大市民卡互联互通覆盖面，逐步实现其在地铁、公交、社保、医保、消费、旅游等多领域的应用。推进都市圈交通服务一码制、一张票、一体化建设。推动政务服务联通互认，实现所有民生事项和企业事项网上办理，扩大都市圈政务服务事项"掌上办理"、民生事项"一证通办"覆盖面。健全跨行政区社会治理体系，协同推进食品安全监管、流动人口管理、社会治安综合治理、治安维稳、平安创建等，提升都市圈精细化治理水平。

参考文献

洪庆华、沈翔主编《杭州都市圈发展报告（2018）——美丽中国·杭州都市圈样板》，社会科学文献出版社，2018。

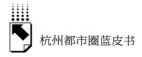

沈翔、戚建国主编《杭州都市圈发展报告（2016）——信息经济与智慧城市发展》，社会科学文献出版社，2016。

《杭州都市圈发展规划（2020—2035 年）编制大纲》，杭州都市圈第十次市长联席会议，2019。

《思想者｜梅新林：长三角一体化上升为国家战略，"新江南"文化版图有了怎样的变化?》，上观新闻，https：//www.shobserver.com/zaker/html/184026.html。

B.2
杭州都市圈2019年发展报告

叶显晶*

摘　要： 2019年，杭州都市圈全力打造长三角南翼核心增长极，持续推进都市圈经济迈向高质量发展，取得了可喜的成绩。经济运行总量持续增加，高质量特征进一步显现，各城市发展动力进一步增强；与此同时，在互联互通、创新活力、产业协同、魅力人文、绿色美丽、开放包容和品质生活都市圈建设上，六城市融合协作进一步增强；最后，针对存在的问题，本报告提出了写好"稳增长""一体化""共繁荣""可持续"文章的对策建议。

关键词： 杭州都市圈　高质量发展　融合协作

2019年，面对复杂严峻的内外部环境，杭州都市圈各城市通力合作，有效应对各种风险挑战，积极融入长三角一体化发展国家战略，全力打造长三角南翼核心增长极，持续推进都市圈经济迈向高质量发展。特别是新一轮规划实施以来，杭州都市圈合力推进共绘新蓝图、共抓大保护、共建大交通、共兴大产业、共促大民生五方面工作，经济社会呈现较好的发展态势。

---

* 叶显晶，杭州市统计局综合统计处副处长。

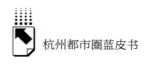
一 经济运行基本情况

（一）经济总量持续增加，产业结构进一步优化

2019 年，杭州都市圈实现生产总值 32038 亿元，增长 7.0%，其中，第一产业、第二产业、第三产业分别实现增加值 937 亿元、13068 亿元和 18032 亿元，增长 2.2%、6.1% 和 8.1%，三次产业增加值之比由上年的 3.1∶41.8∶55.1 调整为 2.9∶40.8∶56.3。截至 2019 年末，杭州都市圈拥有常住人口 2692 万人，增长 2.7%，城镇化率为 70.1%；人均 GDP 达 12.06 万元，折合为 1.75 万美元。其中，杭州实现生产总值 15373 亿元，财政总收入 3650 亿元，拥有常住人口 1036 万人，分别占都市圈的 48.0%、57.9% 和 38.5%（见表 1）。

表 1 2019 年杭州都市圈主要发展指标

	生产总值		财政总收入		常住人口	
	总量（亿元）	增幅（%）	总量（亿元）	增幅（%）	总量（万人）	增幅（%）
杭州都市圈	32038	7.0	6305	5.5	2692	2.7
杭州市	15373	6.8	3650	5.6	1036	5.6
湖州市	3122	7.9	541	10.2	306	1.1
嘉兴市	5370	7.0	945	5.6	480	1.6
绍兴市	5781	7.2	825	1.7	506	0.4
衢州市	1574	6.7	223	8.0	222	0.4
黄山市	818	7.7	120	5.5	142	1.0

资料来源：杭州都市圈各城市 2019 年国民经济和社会发展统计公报。

1. 从产业看，农业生产平稳

2019 年，杭州都市圈实现农林牧渔业增加值 968 亿元，增长 2.4%，其中杭州、湖州、嘉兴和绍兴分别增长 2.1%、3.0%、2.3%、2.4%。工业增加值小幅回落。杭州都市圈实现工业增加值 11332 亿元，增长 6.8%，同比回落 0.8 个百分点。服务业引领增长。杭州都市圈服务业增加值增长

8.1%，高于 GDP 增速 1.1 个百分点，同比提高 0.6 个百分点。

2. 从需求看，有效投资明显增加

杭州都市圈各城市在交通、文化、民生基础设施等领域的合作不断推进，促进投资增长。2019 年，杭州、湖州、嘉兴、绍兴、衢州固定资产投资分别增长 11.6%、11.4%、11.3%、10.2% 和 7.3%，较上年同期分别提高 0.8 个、5.2 个、3.6 个、8.3 个和 3.0 个百分点。

新兴业态快速发展。2019 年，杭州都市圈实现社会消费品零售总额 13148 亿元，增长 9.1%。其中，杭州实现社会消费品零售总额 6215 亿元，占都市圈的 47.3%。新零售方式持续发力，杭州都市圈网络零售额为 10887 亿元，增长 18.3%，其中杭州、湖州、嘉兴、绍兴、衢州网络零售额分别增长 16.0%、28.5%、21.0%、20.0% 和 39.9%。

对外经济逆势回升。2019 年，杭州都市圈实现进出口总额 12254 亿元，增长 5.6%，出口额为 9116 亿元，增长 6.8%，同比提高 0.9 个百分点。杭州都市圈实际利用外资 104.4 亿美元，增长 9.0%，其中杭州、湖州、嘉兴、衢州、黄山分别增长 14.0%、43.1%、9.8%、17.5% 和 7.0%。

（二）经济运行提质增效，高质量特征进一步显现

1. 营商环境不断优化

创业氛围浓厚，2019 年，杭州都市圈新设企业 23 万户，新设个体工商户 40 万户，分别增长 9.7% 和 26.0%。减税效果明显，杭州都市圈实现一般公共预算收入增值税 1146 亿元，同比下降 2.9%；个人所得税专项抵扣政策实施后，杭州都市圈实现个人所得税 260 亿元，同比下降 5.4%。要素支撑有力，杭州都市圈金融机构本外币存款余额为 73718 亿元，贷款余额为 67278 亿元，分别增长 13.7% 和 16.1%。全年供应土地 17.3 万亩。

2. 财政实力更加雄厚

2019 年，杭州都市圈财政总收入为 6305 亿元，其中一般公共预算收入为 3594 亿元，杭州、湖州、嘉兴、衢州一般公共预算收入分别增长 7.7%、10.1%、9.1% 和 7.0%。杭州都市圈一般公共预算支出为 4473

亿元，增长 17.7%。

3. 企业效益稳步提升

2019 年，杭州都市圈规模以上工业企业实现利润总额 2584 亿元，增长 7.6%，同比提高 0.8 个百分点，其中杭州、湖州、绍兴、黄山分别增长 10.7%、13.6%、12.6% 和 16.0%；规模以上服务业企业实现利润总额 2224 亿元，增长 20.4%，其中杭州、湖州、绍兴分别增长 21.5%、12.4% 和 12.5%。

4. 居民收入持续增加

2019 年，杭州都市圈城镇居民人均可支配收入为 61723 元，增长 8.3%；农村居民人均可支配收入为 33332 元，增长 9.4%。城镇居民与农村居民收入比由上年的 1.87：1 缩小到 1.85：1，城乡统筹发展更趋协调。

5. 民生保障深入推进

2019 年，杭州都市圈基本养老保险参保人数为 1957 万人，基本医疗保险参保人数为 2561 万人，分别增长 3.5% 和 2.4%。就业形势稳定。杭州都市圈城镇新增就业人数为 103.3 万人，杭州、湖州、嘉兴、绍兴、衢州、黄山分别新增就业人数为 34.0 万人、15.6 万人、15.9 万人、27.5 万人、7.9 万人和 2.5 万人。各城市城镇登记失业率持续控制在 3% 以内，其中最低的是杭州（1.80%），最高的是黄山（2.64%）。

（三）经济增长各具亮点，发展动力进一步增强

1. 杭州——数字经济蓬勃发展

2019 年，杭州数字经济核心产业实现增加值 3795 亿元，增长 15.1%，高于生产总值增速 8.3 个百分点，增速较上年提高 0.1 个百分点。其中，数字经济核心产业制造业增加值增长 14.8%，高于规模以上工业 9.7 个百分点；数字经济规模以上企业营业收入为 11296 亿元，增长 19.4%。

2. 湖州——服务经济快速增长

2019 年，湖州第三产业增加值增长 8.7%，高于都市圈 0.6 个百分点，高于杭州 0.7 个百分点，增速居全省第 2。

3. 嘉兴——项目带动效果显著

2019年，嘉兴新开工项目共计2092个，其中亿元以上新开工项目投资增长22.2%。全市引进百亿元产业项目13个，已开工5个；引进世界500强外资项目10个、超亿美元项目55个，均居全省第1。

4. 绍兴——传统产业焕发新春

2019年，绍兴规模以上工业增加值为1400亿元，增长8.4%，高于杭州3.3个百分点，其中传统产业经历关、停、并、转等改造提升，行业发展明显提速，逐步转化为增长新动力。十大传统制造业增加值为772亿元，增长9.9%，高于规模以上工业1.5个百分点。

5. 衢州——新兴产业增势良好

2019年，衢州规模以上工业中，文化制造业、节能环保制造业、高技术制造业增加值分别增长17.2%、10.2%、19.9%，均大幅高于规模以上工业增加值增速。

6. 黄山——旅游经济不断升温

随着杭黄高铁的开通，黄山与杭州形成"1.5小时经济圈"，与都市圈其他城市形成"2.5小时经济圈"，黄山旅游市场快速发展。2019年，实现旅游总收入660亿元，增长15.1%，接待游客7402万人次，增长14.1%，快于杭州都市圈2.8个百分点。

二 融合协作开展情况

2019年，杭州都市圈各城市间签订框架协议和合作协议创历年之最。年初，杭州与黄山签署了"1+9"战略合作协议。4月，绍兴市委、市政府在杭州举办了"杭州·绍兴周"系列活动。7月，杭州与湖州、嘉兴、绍兴签署战略合作协议及15个子合作协议，湖州市党政代表团赴嘉兴签署一体化发展战略合作框架协议。8月，黄山市党政代表团分别走访杭州、湖州、嘉兴、绍兴四城市，签订区域一体化发展战略合作协议。10月底，杭州市代表团赴衢州考察，共谋山海协作升级版。

（一）互联互通都市圈

交通运输日益发达。2019 年，杭州都市圈全年货物运输总量为 11.7 亿吨。杭州、湖州、黄山客运量分别为 2.1 亿人次、0.56 亿人次和 0.35 亿人次，增长 3.8%、5.7% 和 7.2%。至年末，萧山国际机场开通航线 301 条，其中国际航线为 63 条，港澳台航线为 6 条。航空客运吞吐量达 4011 万人次，货物吞吐量为 69.0 万吨，分别增长 4.9% 和 7.7%。互联互通机制更趋完善。自都市圈成立以来，累计推进 300 多个跨区域交通重点项目，目前正加快推进杭州绕城西复线、临金高速、千黄高速、杭衢高铁（建衢段）、湖杭铁路、申嘉湖西延、运河二通道、浙北高等级航道网集装箱运输通道工程等重大跨区域交通基础设施建设，有效打通跨区域"断头路"。同时，加快推进杭临绩铁路、沪乍杭铁路、嘉湖城际、杭绍甬智慧高速、杭淳开高速、苏台高速、杭州中环等前期项目。

（二）创新活力都市圈

1. 科研投入力度持续加大

2019 年，杭州都市圈财政用于科学技术的经费为 268 亿元，增长 30.1%，高于财政支出 12.4 个百分点。

2. 创新成果不断涌现

杭州都市圈发明专利授权量达 19283 件，增长 3.2%。杭州、湖州、嘉兴规模以上工业新产品产值分别增长 14.2%、14.8% 和 8.2%。杭州、湖州、嘉兴、衢州、黄山高新技术产业增加值分别增长 8.5%、10.4%、9.8%、7.7% 和 13.9%，增速均高于规模以上工业。

3. 创新合作深入推进

衢州积极推进"一楼一镇两园六飞地"的创新创业平台体系建设，与阿里巴巴签订第三轮合作协议，联手打造未来社区衢州样板，创建新一代人工智能创新联合实验室和大数据应用研究推广中心。

（三）产业协同都市圈

1. 区域合作日益紧密

衢州深化"1+8"区域合作模式，打造杭衢山海协作升级版。安吉创新都市圈"两山"实践，与杭州滨江区开展"飞地"合作，打造区域经济共同体。杭州钱塘新区和海宁市签署了全面战略合作协议，海宁"杭海新区"被纳入钱塘新区战略规划范围，双方将以建设杭嘉一体化合作先行区为基础，打造浙江省跨行政区一体化发展的示范区。

2. 产业共融开创新局面

都市圈园区合作共建模式不断深入，海宁·余杭合作开发区块、江干·安吉合作产业园、滨江"诸暨岛"、衢州海创园等项目顺利推进。黄山建设杭州都市圈生态大花园，积极构建杭州都市圈文化旅游一体化新平台。桐乡市融杭经济区挂牌成立，提升对杭州都市圈产业溢出和资源流动的承载能力。

（四）魅力人文都市圈

1. 打造世界级东方文化旅游目的地

由杭州牵头，与衢州、黄山签约"联合推广世界遗产精品旅游线合作项目"。2019年，杭州都市圈接待游客72825万人次，实现旅游总收入9519亿元。杭州、黄山均有3个5A级景区。

2. 文化教育事业日益兴盛

2019年末，杭州都市圈共有普通高等学校68所，在校学生79万人；普通高中251所，在校学生36万人。杭州、湖州、衢州、黄山分别有博物馆75家、31家、6家和52家。

（五）绿色美丽都市圈

1. 生态环境持续优化

能源利用集约化水平提升，2019年，杭州、绍兴、衢州、黄山单位

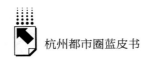

GDP 能耗较上年分别下降 5.04%、6.90%、2.80% 和 1.38%。城市空气质量普遍提高，2019 年，杭州、嘉兴、绍兴空气质量优良天数比例分别提高 4.9 个、3.3 个、2.2 个百分点；湖州、嘉兴、绍兴 PM2.5 浓度同比分别下降 8.6%、5.4% 和 5.0%。

2. 生态共建更趋紧密

开展新安江水系浙皖交界水质保护联合行动。推进交界水域联合垃圾打捞及联合执法。开展饮用水水源地环境保护执法专项行动。推进东苕溪饮用水水源地长期保护工作。杭州市分别与黄山市、衢州市签订了生态环保合作协议。

（六）开放包容都市圈

1. 资源共享获得新实效

推动杭州优质教育资源向都市圈其他城市推广，共建医疗合作机制，推进文化体育设施相互开放。与德清县、建德市合作，拓展杭州公园年票使用范围。实现了杭衢职工疗休养同城化。浙江工业大学莫干山校区正式交接。杭州市大学生就业创业师友计划长三角首个分中心在黄山学院率先授牌成立。实现"长三角一体化服务专窗" 30 个事项"一网通办"。

2. 对外开放推行新举措

2019 年，共组织 447 家都市圈企业参加土耳其、波兰、墨西哥三个贸易博览会，共设 1103 个展位，相比上年，企业增长 60 余家，展位增长近 200 个。目前，波兰展和土耳其展已成为浙江产品拓展共建"一带一路"国家市场的主平台。

（七）品质生活都市圈

1. 人民生活不断改善

2019 年，杭州都市圈经济社会发展成果的普惠性进一步提高，居民消费水平不断提高。杭州都市圈城镇居民人均消费支出为 37996 元，农村居民人均消费支出为 22266 元，分别增长 7.7% 和 9.1%。全社会用电量为 2337

亿千瓦时，增长4.4%。杭州、湖州、嘉兴分别拥有私人汽车216万辆、80万辆和127万辆，增长4.1%、8.9%和11.3%。

2. 医疗水平持续提升

2019年，杭州、湖州、衢州、黄山分别拥有医院343所、70所、90所和33所，拥有执业（助理）医师4.9万人、0.9万人、0.8万人和0.4万人，杭州、湖州医院数同比分别增长8.5%和12.9%。杭州共有注册护士5.5万人，增长10.2%。

三 需关注的问题及对策建议

（一）关注经济增长后劲，写好"稳增长"文章

从宏观经济形势看，内外环境依然复杂严峻，国内经济面临较大的下行压力，制约杭州都市圈经济发展的各类矛盾仍比较突出。2019年，杭州都市圈GDP增速较上年回落，其中杭州作为都市圈的"核极"，经济总量占都市圈经济总量的48.0%，GDP增速低于都市圈平均水平0.2个百分点，增速居六城市第5位，对都市圈经济增长的带动作用减弱。部分城市投资的结构性矛盾依然突出，杭州、绍兴工业投资分别仅增长5.6%和6.7%，黄山工业投资减少2.9%，均明显低于固定资产投资增速。建议如下。

1. 共优产业发展布局

突出创新发展，培育以数字经济为龙头的高端产业集群。对标美国硅谷，在电子信息、高端装备、量子通信、人工智能等领域形成一批具有较强国际竞争力的跨国公司和产业集群。

2. 共建创新驱动平台

探索适合数字经济创新发展的新机制、新模式，积极促进大科学设施共享、科技创新联合攻关，聚焦重点产业和民生领域，完善人才柔性流动制度，持续实施具有典型示范意义的科研合作项目。

3. 共推投资规模稳步扩大

提高有效投资特别是工业投资和项目投资水平，以世界 500 强、国内大企业和优势高科技企业为主攻目标，紧盯接轨上海、对接央企和浙商回归，引进大好高项目。加快 5G 网络建设，打造提供多样化交通方式的多式联运枢纽，加快实现都市圈各城市之间的轨道交通同城化，提高都市圈城市间的紧密度和黏合度。

（二）关注区域协作机制，写好"一体化"文章

当前，杭州都市圈在制度建设、要素流动、产业培育、生态环保等方面的协同推进已经取得长足进步。面对都市圈新一轮发展形势和要求，要在基础设施一体化、城市间产业分工协作、市场统一开放、公共服务共建共享、生态环境共保共治、城乡融合发展、一体化发展机制七大方面继续深入探索，发挥"1＋5"远大于"6"的集群聚合发展效应。建议如下。

1. 以体制机制创新适应高质量"一体化发展"新要求

探索建立跨行政区土地指标流转、项目税收分成、生态环境补偿等机制。强化区域规划的统筹与协调，借助各城市新一轮总体规划编制的机遇，形成区域规划联盟，制定大都市圈空间发展战略并将其作为共同行动指引。打破都市圈内生产要素流动的壁垒，加强社会的分工与合作。建立和完善政府引导与市场主导并重的都市圈推进机制和实施路径，以创新链、产业链、价值链重构优化空间布局。

2. 以公共服务水平提升促进杭州都市圈"同城生活"新跨越

完善杭州都市圈信用专委会，共创社会信用示范圈。积极利用"互联网＋"，推进构建一体化智能交通、环保、教育、医疗、社保体系。推动优质教育资源以合办、设立分支机构或托管等方式向都市圈各城市发展；依托优质医疗资源"双下沉"平台，推进医疗合作机制建设；进一步深化市民卡"一卡通"建设，推进都市圈市民卡跨地区使用。

3. 以跨区合作机制优化为抓手打造都市圈"融合发展"新典范

加快跨地市、跨省份经济腹地的协同化步伐，逐步形成大协作、大集

聚、大流通、大辐射的发展格局，建立跨省份、跨城市泛钱塘江协同机制。大力加强杭州钱塘新区、绍兴滨海新区、海宁尖山新区等各大平台之间衔接、一体化布局，成为杭州湾经济区的智造脊梁。

（三）关注区域统筹发展，写好"共繁荣"文章

杭州都市圈城市间的经济社会发展差异性较大。生产总值最高的地区是最低地区的18.8倍，城镇居民人均收入最高的地区是最低地区的1.8倍，农村居民人均收入最高的地区是最低地区的2.2倍。要积极为经济欠发达地区居民拓宽就业渠道，缩小发达地区和后进地区的差距，实现经济和社会同步发展。建议如下。

1. 强化帮扶和带动机制

统筹区域内各城市协同发展，构建产业互补、资源互用格局，推进资源要素向后发县（市）梯度转移，形成良好的发散和带动机制。

2. 推进新型城镇化

着力推进城乡统筹发展，加快城乡一体化步伐，加强中心镇建设，让更多的社会资本参与新型城镇化建设。

3. 探索利益共享的分配与补偿机制

推动要素合作向制度合作深度转型，都市圈节点县市要破除传统县域经济的依赖和掣肘，按照自身的特点找准定位，制定适宜的发展战略，推动"县域经济"转入"都市圈经济"。

（四）关注绿色生态保护，写好"可持续"文章

纽约成为全球第一个向联合国报告本地可持续发展目标进展的城市。波士顿推出"无废城市"30条，通过"减量和复用""推广堆肥""以更优的方式实现更多的循环再生""激发创新"四大措施推进城市永续发展。杭州都市圈要统一发展理念，划定区域生态红线，把"可持续发展"作为未来发展的重要考量。通过建立区域环境治理与补偿机制，联合开展污染治理、应急处置联动、环境监测、重要信息互联共享等工作，以生态资源本底打造

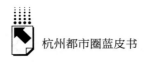

江南水乡湖荡风光标志地。建议如下。

1. 开展公共教育宣传垃圾减量

提供针对垃圾减量的拓展服务和技术支持，进一步实现可复用产品的价值。

2. 拓展居民庭院垃圾处理渠道

开展居民厨余垃圾处理试点，促进堆肥的商业化发展，提高堆肥处理能力，推动住宅堆肥项目走向规模化，进一步扩大商业堆肥业务规模。

3. 普及正确的循环再生知识

扩展并强制执行本地垃圾减量和循环再生的相关要求，在公共设施领域率先示范，通过垃圾收集系统强化减量化目标，通过新建基础设施收集"难回收"垃圾。

4. 丰富城市环境优先型采购实践

设定无废弃物减废目标和指标，倡导进行产品重新设计与回收，制定无废经济发展战略，由社区和企业提供促进垃圾减量、再利用、修复、回收及促进相关外延业务发展的帮助。

城 市 篇

City Reports

B.3

"拥江发展"视野下的杭州
产业协调发展研究

葛彩虹　卢杰骅　吴雪飞*

摘　要： 杭州正从"沿江开发、跨江发展"进入"拥江发展"的新时
代，以"共抓大保护、不搞大开发"为理念，全面推进拥江
发展行动，着眼杭州全市域、聚焦主轴钱塘江，锻造成一江
春水穿城过的绿色高效现代产业带的世界级滨水区域。综观
上游千岛湖，中游新安江、富春江到下游钱塘江段，各流域
段的产业发展基础不同、资源要素禀赋不同、发展诉求不同，
协调好产业发展与生态保护的关系，整体与局部的关系，推

* 葛彩虹，中共杭州市委党校副教授，研究方向为区域产业体系与结构调整。卢杰骅，杭州科
技职业技术学院教务处处长、实训处处长、督导室主任。吴雪飞，杭州市发展和改革委员会
产业发展与消费处处长。感谢蔡善强、李俊、陈斌、来刚、邵全胜、王红春、吴建峰、郑斌、
王剑瑛、潘峥、项伟荣等的帮助和协调。

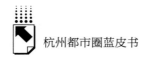

动各区域传统产业结构升级和进行各区域共同发展的产业协调迫在眉睫。通过课题组进行有针对性的实地走访、深入访谈、查阅文献，重点围绕深化生态文明建设、强化市域统筹发展两条逻辑主线，分析杭州市域产业协调的现状和问题，比较研究国内外大江大河流域城市发展经验，提出应突出规划引领，优化产业空间布局；强化市域统筹，建立区域产业协调机制；优化宜居环境，用好风景吸引新经济；强化创新驱动，促进产业平台高质量发展；加大配套保障力度，进一步优化营商环境等启示建议，以期为杭州乃至长三角一体化产业协调发展提供思路。

关键词： 拥江发展　长三角一体化　杭州

横贯杭州市域的钱塘江是浙江和杭州的"母亲河"，也是杭州城市建设、发展和生态文明建设的轴带。杭州城市建设正从"沿江开发、跨江发展"阶段跨越到"拥江发展"阶段，中共杭州市委十二届四次全会提出区域统筹要坚持生态优先，要全面推进拥江发展行动，要聚焦以钱塘江为主轴，要着眼于杭州全市域，以"共抓大保护、不搞大开发"的理念呵护好一江春水、两岸青山，努力把钱塘江沿线建设成世界级滨水区域。

打造绿色高效的现代产业带是杭州市拥江发展"一规六带"行动计划的重要组成部分。从上游千岛湖，中游新安江、富春江到下游钱塘江段，各流域段的产业发展基础、资源要素禀赋、不同的发展诉求，产业发展与生态保护如何协调，整体与局部的关系，推动各区域产业结构升级、共同发展等一系列涉及区域产业协调的关键问题是当下亟待破解和研究的课题。

一 现状和问题

（一）产业结构不甚合理，传统产业比重较高

1. 传统产业在沿江区域仍居主导地位

从杭州市整体情况来看，2019 年，杭州市十七大传统制造业规模以上工业增加值（1530 亿元）占全部规模以上工业增加值（3531 亿元）的 43%。这些传统制造业主要分布在钱塘江沿线区域，且在沿江区（县、市）经济中仍占主导地位。从钱塘江沿线分地区的单位 GDP 能耗和电耗来看，萧山、富阳、建德、大江东、下沙的能耗、电耗水平均高于全市平均水平。从区域产值行业占比统计情况来看，建德、萧山、桐庐、富阳、钱塘新区（即下沙经济开发区和大江东产业集聚区，下同）的主导产业仍然为化工、纺织等高耗能行业，建德前四大行业均为传统产业，合计占比近 60%。

2. 新兴产业上下游发展不平衡

从杭州市整体来看，2018 年，在各类产业增加值中，新兴产业占比提高，高新行业增长速度较快，全市数字经济产值占 GDP 比重已超 25%，对经济增长贡献率超过 50%；2019 年前三季度，杭州数字经济核心产业增加值增长 15.9%，实现 2706 亿元，高于地区生产总值增速 9.2 个百分点，但新兴产业在钱塘江上下游区域的发展非常不平衡。根据杭州战略性新兴产业增加值分布情况，2017 年，滨江区新兴产业增加值占比达到 34.37%，2018 年略有下降，但仍占 27.75%，萧山区 2018 年的占比为 9.21%，而钱塘江中上游的富阳、桐庐、建德、淳安 2017 年的总占比仅为 7.76%，2018 年略有提升，但仍不足 11.5%。另据 2018 年浙江省各区、县（市）数字经济综合评价结果，滨江区依旧排名全省第 1，余杭排名全省第 3，富阳、桐庐、建德、淳安分别排名全省第 20、54、39、53。

3. 产业结构不合理加重生态压力

钱塘江沿线地区当前仍然偏重高污染、高耗能产业，这为全流域的生态

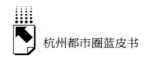

环境保护带来了巨大的压力。从污染源来看，萧山印染化工、建德化学原料和化学制品制造业、大江东畜禽养殖、下沙VOCs（挥发性有机物）等结构性、行业性污染问题仍然比较突出。从流域分布来看，钱塘江上游化工、造纸、印染等重污染企业沿江分布特征明显，钱塘江流域布局性风险较突出，同时随着化工产业转型发展，有机污染的成分更加复杂，沿江饮用水水源地持久性有机污染风险将呈现持续上升态势。

（二）产业规划有待优化，产业发展上下游统筹不够

1. 产业规划的顶层设计有待加强

《杭州市拥江发展战略规划》，生态带、文化带、景观带、交通带、产业带、城市带等"一规六带"的整体工作框架和工作脉络虽已比较清晰，但具体到产业层面，钱塘江全流域视角的产业规划尚未形成，各区段的产业发展定位、产业空间布局、产业发展要素等都仍然缺乏系统性的设计。究其原因，主要为产业发展涉及众多的主管部门，但缺乏强力牵头部门，如从业务归口来看，涉及拥江办、发改委、投资促进局、经信委等多个主管部门；从要素保障和生态视角来看，国土资源局、生态环境局等部门的参与也至关重要，各个部门都有对应的规划设计与制度设定，但不同规划的边界并不清晰。因此，产业布局全市"一盘棋"的顶层设计由谁来牵头，在体制和机制上都有待健全。

2. 产业规划同质化情况较为严重，上下游区域统筹不够

《杭州市拥江发展战略规划》对钱塘江流域各区段的产业定位进行了初步的设定，其中钱塘江段重点打造金融引领和科创引领高地，富春江段依托"人文＋"引领区域创新，新安江段重点发展"生态＋"，但作为一个宏观性的整体规划，其对具体产业发展的指导性不强，难以发挥统筹和引导作用。从各区（县、市）重点产业链的规划情况来看，上下游各区域的产业定位差异化特征并不明显，仍然难以形成合理的产业梯度和紧密的产业链关系。以生物医药产业为例，不论各区（县、市）资源禀赋优劣与差异，不论是否有足够的生物医药企业入驻，不论是否有足够的科学研究院所和专业

人才保障来做强、做大生物医药产业，其在桐庐县、西湖区、高新区、钱塘新区都被确立为重点产业链，它们均未考虑本地区的产业定位，实际上需要从市域统筹的视角进行分析和决策。

（三）产业平台建设、统筹不够，产业集聚作用不够突出

1. 平台的产业层次和发展能级亟待提升

2018 年 6 月，杭州市区两级有各类产业平台 155 个，平台数量不多，平台产业能级不高，大部分产业平台不同程度地存在"散""弱"问题。虽然根据《中共杭州市委　杭州市人民政府关于促进产业平台高质量发展的实施意见》在全市原有产业平台基础上梳理出战略性主平台、主要平台、特色产业园区三个梯度的 35 个产业平台，但市级产业主平台重大产业项目相对偏少，在 2018 年新一轮上报的 152 个工程项目中，信息与实体经济项目有 28 个，且属于杭州市工业制造 2025 和战略性新兴产业的项目更少，新动能培育不足。

2. 平台的产业集聚作用不够突出

相当一部分平台的产业集聚程度不高，产业定位不够清晰，"一区一主业"特征不明显，产业同质化现象较为突出，支撑性大项目不多，产业生态没有形成，缺乏高能级产业承接平台。在产业链协同方面，各类产业平台之间在功能和空间上的相互联系较少，一体化程度偏低。在产业培育方面，各类产业平台尚未形成发展合力，竞争多于合作。整体来看，缺少各类产业平台的统筹谋划，有待进一步增强产业发展合力，迫切需要优势资源的产业整合、产业的错位竞争、产业的差异化发展和便于重塑城市空间增长的新动力。

3. 产业新城尚未形成合力

产业新城是打造拥江发展现代产业带的重要组成部分，也是重要的产业集聚平台。但由于受到开发机制的制约，这些产业新城的开发商各自为政，开发品质不一，整体性不佳，除钱江新城、滨江新城和钱江世纪城外，其余各大新城的功能较为单一。此外，各大新城在功能和空间上的相互联系较

少，一体化程度偏低，尤其是下沙、大江东、萧山科技城、空港新城等沿江板块的联系有待加强。在产业培育方面，各大新城尚未形成发展合力，竞争多于合作，如钱江新城、钱江世纪城与滨江区中心在高端商务服务方面存在竞争；钱塘新区和萧山科技城在高技术产业培育方面竞争较为激烈。

（四）产业协同能力较弱，产业转移合作机制有待健全

1. 市域内产业转移与合作的协调对接机制不健全

一是缺乏统一管理部门和牵头主体。杭州市对重点工业企业产能外移的监测、统计体系尚未建立，主城区产业外迁、区（县）市产业引进信息的共享机制不畅，存在在杭企业探寻发展空间和招商人员频繁"跑项目"并存现象，企业转移信息缺乏统一管理。同时，在产业集群化转移过程中缺乏推进产业有序转移的牵头主体。二是中心城区与区（县）市产业协作水平较低，尚未形成合理的产业梯度和紧密的产业链关系，各区（县）市之间恶性竞争的现象依然存在。三是利益分成制度过于复杂，跨行政区域的产业转移收益分配和成本分担机制有待突破，一些项目存在谈判周期长、利益分成难协调现象，严重影响企业再生产时间，导致部分项目外流。

2. 中上游区（县）市产业承接能力弱

一是受到财税政策等制约，部分县市积极性不够。二是土地及生态制约严重。富阳、临安、建德、桐庐、淳安均为山区，可供大面积成片开发的土地少，并受国家重点生态功能区、钱塘江及千岛湖水源保护地等制约，环保压力较大。三是产业配套能力较弱。人才资源、商务服务、产业配套、城市配套等难以满足主城区转移产业需求。四是东西向交通联系便利化设施不足。下辖区（县）市距中心城区较远，与主城区、重要交通枢纽的联系不够紧密，交通联系方式单一，缺乏高效的交通体系。

3. 面临杭州周边城市竞争压力

杭州都市圈内德清、安吉、海宁、桐乡、诸暨等节点县市发挥空间资源、区位交通等优势，积极承接杭州产业外溢。德清全县引进杭资企业累计600多家，其中超过200家是规模以上企业，高新技术企业约占25%，来自

杭州的科技成果转化率在 60% 以上。湖州省际承接产业转移示范区 63.6% 的项目来自杭州。海宁市长安镇（高新区）70% 的入驻企业为杭迁企业。诸暨临杭产业园的第一批 8 个项目中有 7 个是从杭州引进的。

（五）产业发展诉求差异较大，生态保护认识不同

1. 区域经济发展的巨大差异催生中上游区域强烈的产业发展动能

从市域范围来看，城乡区域统筹发展的水平还不够高，特别是西部钱塘江中上游区县市与下游主城区有较大差距。以淳安县为例：2018 年，淳安县共实现生产总值 243.19 亿元，仅为余杭区的 1/10，人均 GDP 为 68407 元，是杭州市人均 GDP 的 48%；对于城镇常住居民人均可支配收入，淳安县（43611 元）是杭州市（61172 元）的 71.29%；对于农村居民人均可支配收入，淳安县为 19316 元，是杭州市农村居民人均可支配收入 33193 元的 58.19%。从 2018 年人均 GDP 来看，除了上游淳安外，中游新安江、富春江段的建德、桐庐、富阳的人均 GDP 均低于杭州市。这些区县市有强烈的产业发展动能，但现在仍然以传统产业为主，且处于产业转型升级阵痛期与生态保护政策压力叠加期，这进一步掣肘了区域经济发展的步伐。

2. 上下游对产业发展和生态保护的认识与诉求不一

千岛湖配供水工程于 2020 年全面建成通水，千岛湖将成为下游主城区的重要饮用水水源地。在工程开建伊始，关于建立科学合理的千岛湖配水工程水资源生态补偿机制的议题不断。下游主城区渴望优质水源，希望上游区（县、市）加强水源地的生态保护，而上游区（县、市）认为没有产业保障就没有经济发展，区域经济发展的差距会更大，因此合理处理发展与保护关系以及在保护的过程中得到发展成为迫切需要解决的问题。以上游千岛湖段的淳安县为例，目前属于饮用水水源二级保护区范围的陆地占 97.95%，它们按照《中华人民共和国水污染防治法》属于禁止建设区的包含饮用水水源二级保护区，这事实上已经完全限制了淳安的产业发展空间。再以中游富春江段的富阳区为例，扎实地"蹲下去"淘汰落后产能，实现全面转型，特别是坚决淘汰传统造纸业。2018 年，江南新城完成搬迁农户 3947 户，企

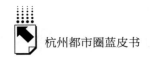

业 327 家，腾出土地 10640 亩，腾退造纸产能 270 万吨。但由于还没有完全摆脱原有的县域经济发展模式，其在布局和加快推进高新产业发展、实现良好姿态的"跳起来"方面还面临许多现实困难。因此，富阳希望在产业转型政策引导、公建配套扶持共享、交通规划布局等方面得到更多市一级政策的倾斜。

二 国内外经验

从国内外大江大河流域城市发展经验来看，步入"拥江发展"阶段的本质是实现跨江河一体化发展、城市集约化转型、提升区域经济发展质量，主要实现路径是技术创新、产业结构升级以及社会进步。为了更好地借鉴国内外同类城市发展经验，课题组通过查阅大量文献，从城市发展水平、产业结构和资源禀赋相似度等视角确定将东京湾区、英国伦敦泰晤士河、旧金山湾区和上海黄浦江作为杭州"拥江发展"的重点比较和借鉴对象。

（一）东京湾区：产业结构优化与发展基于政府强有力的宏观引导和规划布局

以东京为中心、以关东平原为腹地的东京湾区，包含东京、横滨、川崎、千叶、横须贺等几个大中城市，湾区人口数量占日本全国人口数量的30%左右，但东京湾区以占日本国土3.5%的面积创造了1/3的国内生产总值。拥有京滨、京叶两大工业地带的东京湾区，钢铁、石油化工、现代物流、装备制造和高新技术等产业十分发达。其发展特点可以归纳为以下三点。

1. 政府强有力的宏观引导是湾区产业优化发展的方向

从1959年开始，日本为优化东京湾区的发展，前后5次制定基本规划并出台一系列法律和法规，明确规定各地区职能定位和空间布局，并通过立法将权力下放到各个地区，逐步推动制造业产业转移和高端服务业集聚发展，不断优化城市配套建设，加快东京湾区形成产业错位、联动、衔接的都市圈。同时，为加强都市圈内的跨区域协作，从战略角度谋划、实施一系列包括建立交通、环境、信息共享平台，进行产业一体化和行政体系改革等方面的政策措施，引导整个湾区建设和发展。

2. 创新驱动发展战略是推动产业结构优化升级的动力

东京湾沿岸的京滨、京叶工业区是日本经济最发达、工业最密集的区域，起步于传统制造业及其转移，发展至今最重要的原因是高度重视科技创新，体现为营造良好创新氛围，促进高校院所集聚；确立企业科研主体地位，加强对企业研发经费投入的引导和对技术创新能力的培育；进行产学研协同创新环境建设，建立专业产、学、研协作平台，通过大学与企业合作，大学科研成果产业化水平提升。

3. 交通规划与城市规划一体化是加快湾区经济发展的基础

对提高要素流动效率作用重大的是轨道交通网络建设。东京都与周边城市的连接主要依靠轨道交通网络的不断延伸，以实现地区经济一体化目标。新城建设和交通网络的发展促进了东京都人口向周边城市的分流，同时形成以东京都为核心的更为合理、高效的人流、物流、信息流通道。增加居民公共交通出行频次使交通与居住、工作空间紧密连接，从而削弱人口大规模集聚的副作用。

（二）英国伦敦泰晤士河：产业发展与自然生态环境的水乳交融

英国著名的"母亲河"是泰晤士河，发源于英格兰西南部的科茨沃尔德希尔斯，横贯英国首都伦敦与沿河的 10 多座城市，流域面积为 13000 平方公里，伦敦下游河面变为 29 公里的河口，注入北海。在流域特征、生态保护与人文底蕴等方面，钱塘江与泰晤士河最为相似。泰晤士河流域发展特点可以归纳为以下两点。

1. 上下游各区段功能定位明确，产业特色鲜明

泰晤士河虽然不算长，但它流经之处都是英国文化精华所在，同时泰晤士河和钱塘江上游一样，也承载了重要的水源保护地职能，需要协调好产业发展与生态保护的重要关系。泰晤士河的功能规划融入伦敦总体规划，经过多年的规划和培育，沿河流域形成了特色鲜明的区段，分别是上游有着田园

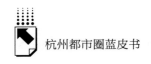

和郊野公园，以牛津为典型的乡村段；中游以伦敦城商业、文化、行政为主的城区段；下游交通繁忙的出海口段。

2. 依托资源禀赋发展生态产业

泰晤士河贯穿整个伦敦城中心，长约 30 公里，宽约 250 米，串联了国会大厦、伦敦塔、圣保罗大教堂、塔桥等，历史、景观、文化与自然生态环境交融其上，同时承载了水源保护地的重要职能。在产业引导上，充分利用资源禀赋，通过文化创意产业对河两岸的老工业区和旧城区进行改造，发展文化创意产业，形成泰晤士河两岸的时尚滨水空间，伦敦眼、新千年广场等新看点。在合理的功能定位和科学的功能保证措施之下，泰晤士河已然成为伦敦景观、环境、交通和经济的重要组成部分，在振兴经济、提高生活质量、倡导可持续发展、促进人人公平的城市发展中起着非常重要的作用。

（三）旧金山湾区：产学研无缝对接的创新网络体系

旧金山湾区位于沙加缅度河下游出海口的旧金山湾四周，是美国加利福尼亚州北部的一个大都会区，面积、人口规模与杭州非常接近。湾区分为旧金山城、东湾、南湾和北湾。其中，南湾是重点发展高新技术产业的硅谷中心地带，旧金山城重点发展金融业、沿海旅游等现代服务业，奥克兰市以港口经济为主，其他地区以农业旅游为主，形成由高新技术产业主导、科技与金融紧密结合、其他服务业配套发展的产业体系。旧金山湾区发展的主要特点可以归纳为以下三点。

1. 校企的良性互动造就高技术产业发展的集群效应

旧金山湾区核心地带的硅谷以斯坦福大学、加州大学伯克利分校等具有雄厚科研力量的顶尖大学和 5 个国家级研究实验室为依托，通过产学研无缝对接、孵化育成、吸收引进等方式，发展、培育创新企业 10000 家以上，龙头骨干企业涵盖谷歌、脸谱、英特尔、苹果公司、思科、英伟达、甲骨文、特斯拉等，形成集科学、研发、生产于一体的高新技术产业集群。

2. 开放包容的人才政策和"两创"环境提升湾区虹吸效应

当今时代最重要的资产是人才，旧金山湾区针对本地人才资源不足的状况，重点从四个方面吸引、培育强有力的人才队伍，增强区域人才吸引力。一是实施宽松的移民政策，硅谷所有的科技初创企业创始团队移民占50%。二是充分增强顶尖发展机构对人才的吸引力，其源源不断地为湾区培养世界一流的人才，并催生出从实验室走向硅谷进而扩展至全球的商业成功模式。三是废止竞业禁止条例，构建富有创造力、人才跨企业流动更加顺畅的人才环境。四是构建和营造舒适的人才生活环境和协同创新的互动氛围，消除其后顾之忧。

3. 各司其职的政府和市场为创新生态系统提供保障效益

旧金山湾区是自下而上自发形成的创新生态体系，市场很少受到管制，资源优化配置的能力得到了极大提升，政府更多扮演的是环境创造者和培育者的角色，致力于推动知识产权等相关法律制定与实施、努力消除贸易壁垒、提升外来文化包容度等。相对成熟的政府和市场平衡为高新技术企业的诞生、发展和成熟提供了良好的营商环境。

（四）上海黄浦江："还江于民"的宜居环境吸引新经济和新产业

上海是我国拥江发展的典型城市，其发展经历了早期沿江、20世纪90年代跨江和2000年后的拥江发展阶段。目前，上海已经形成横跨黄浦江的城市中央商务区和东西向、南北向两条轴线，成功打造了国际化高端现代服务业集聚发展区，构筑了世界一流的文化旅游休闲走廊。黄浦江流域的发展特点有以下三点。

1. 贯彻"还江于民"两岸开发基本宗旨

黄浦江在前期发展基础上，在2000年后定下了"还江于民"的两岸开发基本宗旨，把黄浦江岸线由工业时代的生产岸线逐步转化为老百姓活动的生活岸线。首先是沿江公共环境空间向市民最大限度地开放，提高大众休闲活动和公共活动参与性。"十三五"期间规划新增约350公顷的滨江绿地及公共空间，新增约20公里的亲水岸线，创造舒适宜人、彰显文化品位、注重生态发展的高品质空间环境。其次倡导慢性的欣赏和悠闲活动，提升品

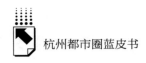

质。以滨江绿地和公共空间为依托，完善人行道、自行车道等公共基础设施，形成具有休闲、观光、健身等复合功能的"绿道"体系，提升滨江慢行空间的品质。

2. 强化市域统筹，提高规划的刚性

强化市域统筹，提高规划的刚性。首先是协同开发机制的完善。2002年1月，上海市成立由市领导任组长、副组长，市发改委等部门和沿江各区共17个单位领导任主要负责人的黄浦江两岸开发工作领导小组。其次是规划政策体系的完善。坚持统一规划、综合平衡、分步实施、协调发展的原则，制定黄浦江两岸开发五年规划、总体规划、控详规划，以及沿江岸线码头利用、综合交通、重点区域空间景观等专项规划。最后是建设标准体系的完善。《上海市黄浦江两岸开发建设管理办法》《黄浦江两岸地区公共空间建设设计导则》《黄浦江两岸滨江公共环境建设标准》等多个规范性或指导性文件的制定，促使建立具有统一标准、统一标识的沿江地区旅游设施以及步行道、跑步道、骑行道等设施。

3. 密集的跨江交通与人性化慢行交通的相互交融

交通构架上具有两岸一体化的组织，一方面，10座跨江大桥、多条跨江隧道以及密集的跨江轨道交通线路相继建成，为两岸社会、经济互动与发展提供了坚实保障。同时对沿江轮渡码头系统布局和功能改造进行完善，提高水陆联运服务水平。另一方面，实行公交优先、慢行优先政策，并系统考虑实现轨道交通、地面公交、水上交通、慢行交通有序衔接，以提升沿江地区交通出行通达性、便捷性和人性化水平，消除近江交通的"断点"与"盲点"。

三　启示和建议

（一）突出规划引领，优化产业空间布局

城市功能分配合理、区位产业优势互补是世界大江大河流域城市的重要

发展经验。以东京湾区为例，扬长避短、合理分工是东京湾区经济带发展的显著特征。东京都市圈从 20 世纪 90 年代开始，在空间结构方面经历了从"一极集中"向"多极多圈"的转变，在产业结构方面实现了由垂直分工向水平分工的转变，从而划定了东京都市圈地域产业分布的基本结构，基本避免了城市功能集聚和产业同质竞争的状况。

参照东京湾区、旧金山湾区、英国伦敦泰晤士河等区域的发展经验，杭州要进一步提高发展规划的总体性和引导性，将拥江产业发展规划融入城市发展总规划，推进上下游各区县市产业协调和合作发展。要从全流域视角打造产业链目录，突出重点，特别是对杭州发展具有战略引领和重要支撑的未来产业链、战略性新兴产业链。同时探索建立"一链一机制"工作机制，整合资源和力量，形成工作推进合力。要通过明确区域功能定位，实行分段指引，差异化定位拥江各大板块的功能使命，合理规划制造业、服务业等产业以及居民职住的发展区位，增强城市发展合力，实现以江为轴的一体化融合发展。同时设置具有引导性的产业、交通和环保指标，规避区域之间的产业同质竞争，通过交通、新城、产业规划等一体化做法，逐步建立区域城市扁平化发展协作机制，从而形成促进区域内部之间产业错位发展、优势互补的良好产业结构。

（二）强化市域统筹，建立区域产业协调机制

国内外大江大河流域通常涵盖多个城市，这是一个城市群的概念，政府通过资源统筹和政策引导发挥非常重要的宏观引领作用。以东京湾区为例，为优化发展格局，东京湾区先后 5 次制定基本规划并出台一系列法律，日本政府利用立法和规划手段对东京都市圈产业结构进行调整。即使是"小政府、大社会"的旧金山湾区也依托"旧金山湾区规划 2040"建立了优秀资源的无缝连接和协同机制。

钱塘江沿线 235 公里经过杭州市多个行政区（县、市），上下游各流域段的产业基础不同、资源禀赋不同、发展诉求不同，事实上，这也涉及一个城市群的概念。借鉴国内外大江大河流域发达城市群的做法，结合杭州发展

现实，在发挥政府职能、强化市域统筹方面，建议工作重点从以下四个领域开展。一是建立市级层面区域产业协调的领导小组或联席会议等机制，出台推进区域产业协调发展的指导意见，明确各责任主体、各区县市的工作方向和任务清单，破解区域产业协调发展难题。二是建立利益共享的政策保障体系，明确产业协调发展内容，尤其是产业转移项目的利益分享范围、分享税种、分享方式等，提高兼并重组、共建园区、总部经济、企业迁建等跨区县市产业项目财税利益分配的规范性和指导性。三是以拥江发展的总体框架为引领，对区域产业协调的角色分工予以明确，对重点产业链各环节的分工协作内容，产业转移输出地、承接地分工协作内容等均予以明确。四是创建区域产业协调的重要载体，围绕拥江发展的重要节点布局，以共建园区产业平台为抓手，加强高能级园区的品牌输出、经验输出和产业输出，促进进行更具针对性和有效性的产业承接和梯度转移。

（三）优化宜居环境，用好风景吸引新经济

城市江河的生态环境对城市发展起着基础支撑作用。在历史上，由于工业发展、人口膨胀、生活废弃物污染，泰晤士河、黄浦江都出现过严重的水质恶化，江河生态系统的破坏一度制约城市的发展。为修复生态环境、振兴城市经济，这些滨水城市的管理者对沿江区域进行重新规划和结构调整，一方面大力治理污染，另一方面积极推动沿岸产业从高污染的重工业向轻工业和新兴产业转型升级，最终重振流域经济。

习近平总书记提出，"绿水青山就是金山银山"。国内外大江大河流域发达城市群的发展经验也充分证明，良好的生态和宜居环境是重要、独特的生产力。钱塘江作为杭州重要的生态走廊，对整个城市生态系统的维护起着举足轻重的作用。"拥江发展"要注意对钱塘江进行合理开发，重视对沿江生态系统的保护，平衡环境保护和经济发展的关系。为此，建议重点工作可以从以下三个方面开展。一是严控生态保护红线，建立产业发展负面清单，加大对高耗能和污染类产业的淘汰力度。同时加大对大江大河流域污染防治和大气环境治理力度，加快形成绿色生态水网。二是加快推动沿岸产业从高

污染的重工业向轻工业和新兴产业转型升级，强化利用既有开发土地空间进行产业革新，着重推进和谐发展。同时可以借鉴东京湾区经验，对旧有的工业区从创意、创新角度进行空间优化再利用。三是借鉴黄浦江两岸全面贯彻"还江于民"的做法，加快绿道建设，推进公共空间开放。同时充分挖掘钱塘江璀璨的物质和非物质历史文化遗存瑰宝，在沿江地区建设历史文化景观长廊，进一步提升和增强文化形象与软实力。

（四）强化创新驱动，促进产业平台高质量发展

从东京湾区、旧金山湾区等发达城市群的发展经验来看，创新驱动是产业结构优化升级的核心动力，这些城市强化创新驱动的着力点主要体现在两个方面：一是创造开放包容的人才政策和创新创业环境；二是打造专业的产、学、研协作平台，实现科研成果的有效转化。

产业平台是杭州市创新驱动发展战略的重要载体，是实现钱塘江全流域高质量可持续发展的主要支撑。为此，杭州应以 235 公里钱塘江为主轴，以制造业、高新技术产业和生产性服务业为主体，以各类开发区、特色小镇、高新园区、科技园区、工业园区和镇村产业区块为基本要素，构建主导产业明确、梯度合理的产业平台体系。此外，应大力支持和推动产业平台构建富有活力和竞争力的双创生态系统，形成主体多元、开放协同创新体系。围绕产业平台主导的需求，建设一批国家、省、市重点实验室，制造业创新中心，企业技术（研究/交流）中心，工程技术（研究）中心，双创示范基地，"互联网＋"双创平台和产业创新服务综合体，加快推动行业重大关键技术研发、交流和产业化。再者，要将产业结构调整作为产业平台高质量发展的主攻方向，组织实施促进传统制造业改造提升专项行动，大力发展以生物医药、先进高端装备制造业等为重点的战略性新兴产业，创建一批市级传统制造业改造试点平台。最后，要提升产业平台的研发投入强度，对不同主导类型的产业平台的 R&D 经费支出占主营业务收入比重、平台内高新技术企业数量、企业有效发明专利授权数量等关键研发指标提出明确的指导性要求。

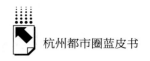
（五）加大配套保障力度，进一步优化营商环境

产业发展离不开优质营商环境，根据世界银行于 2018 年发布的数据，中国营商环境排名从上期的第 78 位跃升至第 46 位，首次进入前 50 位。在粤港澳大湾区研究院对全国直辖市、副省级城市、省会城市共 35 个大中城市研究后发布的《2018 年中国城市营商环境评价报告》中，杭州排在深圳、上海、广州、北京、重庆、成都、南京之后，排名第八，而 2017 年排名第七。

与北上广深等一线城市相比，杭州在软环境、市场环境、商务成本环境、基础设施环境、社会服务环境等营商环境方面还存在明显差距。打造拥江发展现代产业带，需要统筹协调和合理配置上下游各流域段的产业发展要素，需要打造全流域的优质营商环境。为此，需要重点做好现有产业政策的梳理整合，根据需要，制定、出台新的政策，形成含金量较高的政策体系。针对重大产业项目招引，制定个性化政策，出台市级层面"一事一议""一企一策"扶持政策。此外，要加大要素保障力度，对产业链引擎性项目在用地指标、环境容量、能耗、审批服务等方面予以优先保障。树立底线思维，编制供地计划，研究划定全市工业用地红线，按照"总量保护、动态平衡"原则，确保中长期内杭州市工业用地总规模，最大限度保护制造业有地可用。再者，要以"最多跑一次"改革为牵引，进一步优化营商环境，积极为来杭投资企业当好"店小二"，努力营造"尊商、亲商、安商"的发展环境。最后，要高度重视完善的交通体系对区域产业协调发展的推动作用。国内外滨水名城在拥江发展的过程中，通过打造立体化的沿江跨江交通系统，加强两岸经济社会要素的交流，把江河从城市的边缘线转变成城市发展的核心轴，对城市两岸、沿江各区域的均衡协调发展有重要意义。为此，杭州市要提升区县市之间交通联系的强度，尤其重视杭州市域轨道交通网络的西部组团建设，提高城市轻轨、地铁、空港与公路体系网络的便捷程度，为产业发展所需的人流、物流、信息流的流畅运转提供充分保障。把交通与居住、工作紧密连接，增加公共交通的频次，减少因人口、产业集聚而产生交通拥堵等的负面影响。

总之，杭州在确立拥江发展的过程中，恰好迎来国家战略长三角一体化发展的契机，更好地贯彻实施拥江发展和长三角一体化发展国家战略成为杭州全面提升城市综合能级和核心竞争力的关键。产业是城市发展之根，产业协调发展是区域城市可持续发展之后盾，产业先行是长三角一体化高质量发展必经之路。借上海之力，在大杭州、长三角的"长河"中系统、整体、协同、差异性地规划，引导各区域结合自身资源禀赋，借助优势互补的产业无缝衔接、错位发展而又能良好共享跨区域协作和产业联动的成果，逐渐形成规划、产业、政府数据平台、政策措施、行政体制改革方面的一体化。

参考文献

汤长安、张丽家：《产业空间联动与区域经济协调发展研究综述》，《商学研究》2018 年第 1 期。

钟茂初：《绿色发展理念融入区域协调发展战略的对策思考》，《区域经济评论》2018 年第 5 期。

陆敏凤：《世界三大湾区发展经验及对浙江的启示》，《浙江经济》2017 年第 22 期。

刘艳霞：《国内外湾区经济发展研究与启示》，《城市观察》2014 年第 3 期。

李凡、谢加加：《深圳与旧金山湾区经济的比较》，《中国经济特区研究》2015 年第 1 期。

鲁志国、潘凤、闫振坤：《全球湾区经济比较与综合评价研究》，《科技进步与对策》2015 年第 11 期。

贾秀飞、叶鸿蔚：《泰晤士河与秦淮河水环境治理经验探析》，《环境保护科学》2015 年第 4 期。

崔冬初、宋之杰：《京津冀区域经济一体化中存在的问题及对策》，《经济纵横》2012 年第 5 期。

覃成林、熊雪如：《产业有序转移与区域产业协调发展——基于广东产业有序转移的经验》，《地域研究与开发》2012 年第 4 期。

陈文杰：《上海黄浦江两岸综合开发对杭州"拥江发展"的启示》，《政策瞭望》2018 年第 3 期。

赵一德：《高标准实施拥江发展战略　建设世界一流滨水区域》，《杭州》（周刊）2018 年第 5 期。

B.4
湖州全域创建都市圈旅游标杆区研究

胡继妹　刘艳云*

摘　要： 全域旅游已经成为旅游业发展的新趋势。湖州市是首批创建国家全域旅游示范区试点城市，全域创建都市圈旅游标杆区对于带动都市圈旅游发展具有重要的推动作用。本报告以湖州全域旅游创建为研究对象，以创建杭州都市圈全域旅游标杆区的标准来衡量和剖析湖州全域旅游创建存在的问题，并结合杭州都市圈旅游全域发展面临的机遇，从区域工作机制建设、旅游产业转型升级、强化要素支撑、发挥旅游叠加效应等几个方面提出湖州推进全域旅游标杆区建设的举措，即注重借势借力，激发内生力量，增强发展后劲，注重融合创新。

关键词： 全域旅游　标杆区　杭州都市圈　湖州

发展全域旅游是我国经济进入新常态背景下，旅游产业供给侧结构性改革和转型升级的必然要求。杭州都市圈旅游资源丰富、区位交通便利，近年来在地方政府强有力的推动下，旅游经济大力发展并取得明显成效，为国家级全域旅游示范区的创建奠定了重要基础。为进一步提升和增加杭州都市圈在长三角城市群中的地位和分量，杭州都市圈六城市都应把全域创建都市圈旅游标杆区作为融入长三角一体化发展的重要抓手，在助力加快长三角一体化进程上做出应有的贡献。

---

* 胡继妹，中共湖州市委党校副校长、教授，研究方向为区域经济比较与发展。刘艳云，中共湖州市委党校教务处处长、副教授，研究方向为党史党建。

一 湖州全域旅游创建的意义与现状

杭州都市圈历史文化底蕴深厚、全域旅游创建起步早，基础扎实。湖州要在全域创建杭州都市圈旅游标杆区虽具有现实可行性，但也面临诸多问题和挑战，迫切需要在融入长三角一体化过程中扬长避短，全力以赴。

（一）全域旅游的内涵与意义

全域旅游是指在一定区域内，以旅游业为优势产业，通过对区域内经济社会资源尤其是旅游资源、相关产业、生态环境、公共服务、体制机制、政策法规、文明素质等进行全方位、系统化的优化提升，实现区域资源有机整合、产业融合发展、社会共建共享，以旅游业带动和促进经济社会协调发展的一种新的区域协调发展理念和模式。

针对新时代社会主要矛盾的变化，发展全域旅游意义重大，不仅是落实新发展理念的重要体现，也是促进旅游业供给侧结构性改革和转型升级的必然选择，还是推进我国新型城镇化和新农村建设的有效载体和提升我国旅游业国际竞争力的重要手段。对杭州都市圈而言，发展全域旅游的意义如下。

1. 有助于推动都市圈旅游产业转型升级

生活水平的不断提升，尤其是旅游主要消费群体的年轻化、知识结构的高端化，迫切需要旅游产业结构创新和升级。但是，都市圈除杭州外目前仍以农家乐等低附加值旅游业态发展为主。全域旅游以"结构全域优化、产业全域融合"的特点，为都市圈旅游产业供需结构调整提供现实可能。

2. 有助于推动区域内旅游资源统筹规划协调发展

杭州都市圈六个城市旅游资源各具特色，杭州西湖、嘉兴红船、绍兴鲁迅、衢州南孔圣地以及黄山等都名闻天下。湖州也是"五山一水四分田"，

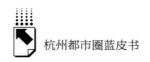
西部是天目山余脉，东部为水乡平原，北倚太湖，"山、水、港、竹、田、鱼"各类资源分布广泛，历史文化资源丰富。但六城市各自空间范围内尤其是都市圈全域范围内对旅游资源的顶层设计、统筹规划、合理开发建设水平仍有待进一步提升。全域旅游具有"资源全域整合"的特点，为都市圈旅游资源的统筹规划、协调发展提供了无限可能。

3. 有助于推动生态优势转化为旅游产业优势从而实现"两山"转化

如果把生态环境优势转化为生态农业、生态工业、生态旅游等生态经济的优势，那么绿水青山就变成了金山银山。杭州都市圈内生态优势明显、"两山"元素丰富，杭州是第一批国家生态文明先行示范区创建城市，湖州是"两山"理念诞生地，衢州是全国首批"两山"实践创新基地，黄山市正在创建国家生态文明建设示范市。要把这些优势和元素转化为"金山银山"，就必须不断优化生态环境，打造生态优势，在持续推进"两山"转化方面不断取得新成效。全域旅游以"环境全域协调推进""全域环境景观化"等特点，为都市圈实现"两山"转化创造了条件。

4. 有助于促进城乡互动发展和共享发展

虽然从整体上看，杭州都市圈农业现代化水平、新农村建设、美丽乡村建设等走在全省乃至全国前列，城乡居民收入比已分别缩小至1.83∶1（杭州）、1.68∶1（嘉兴）、1.78∶1（绍兴）、1.71∶1（湖州）、1.94∶1（衢州）、2.18∶1（黄山），明显低于全国平均水平（2.69∶1），但农村基础设施建设、农民文化素养和文明程度、农村现代产业发展水平、农村公共服务供给状况等仍与城市之间存在一定的差距。全域旅游以"空间全域合理布局""全域统筹规划"的特点，为加大对农村的投入力度、城市文明向农村延伸、公共服务能力提升奠定了重要基础。

（二）湖州全域旅游创建的进展与成效

全域旅游的概念是随着旅游消费成为新时尚、成为经济社会发展的重要支撑力，特别是随着大众旅游消费时代来临，同时又在文化和旅游部较大力度推进的背景下，逐渐被人们所认识和重视的。国家旅游局顺势而为，于2015 年 9 月启动"国家全域旅游示范区"创建工作，颁布《关于开展"国家全域旅游示范区"创建工作的通知》。2016 年，国家旅游局公布了国家全域旅游示范区创建名单，杭州都市圈六个城市全部进入创建名单。2017年，文化部在西安举行第三届全域旅游推进会，会议宣布浙江省为全域旅游示范省创建单位。浙江省为了全面推进全省范围内全域旅游创建，于2018 年发布《浙江省全域旅游发展规划（2018—2022 年）》，自此，浙江省开始全面探索全域旅游创建新路径。湖州也因此加快推进全域旅游发展步伐。

经过三年多的努力，杭州都市圈全域旅游发展呈现点—线—面、县域—市域趋势，整体进度已经走在全国前列且六个城市各具特色。杭州市大胆创新，先行先试，在实践中探索的景区免费、主客共享、产业融合、智慧旅游、公共服务、统筹发展等对其他地区全域旅游创建具有重要的借鉴和推广意义。衢州市把万村景区化和乡村休闲旅游作为全域旅游发展的重要抓手，努力打造"一户一处景、一村一幅画、一镇一天地、一城一风光"的全域大美格局。黄山市以打造"全新黄山、全景黄山、全业黄山、全球黄山"为抓手，全力争当全国全域旅游示范标杆。嘉兴市在嘉善、桐乡的带动下，各县（市、区）开展全域旅游的积极性高涨，市、县、镇、村全面联动，全域旅游发展的格局基本形成。湖州市更是凭借扎实的乡村旅游发展基础，确定了打造一流的国际化山水林田湖草全域旅游示范区和国际生态滨湖旅游之城的目标导向，大力实施以"个十百千万"（即一个国际级旅游度假区、十个国家级旅游目的地、百个现代庄园、千个主题农场、万个民宿客栈）工程为主体的"龙腾计划"，全力推动湖州旅游产业发展。

2019 年 9 月，文化和旅游部正式认定并公布了国家全域旅游示范区名单，浙皖两省共有 5 个县市进入名单，其中属于杭州都市圈的县市（即湖州市安吉县、衢州市江山市、黄山市黟县）的占比达 60%，充分说明杭州都市圈全域旅游创建已经取得明显成效。湖州还先后获批国家级旅游业改革

创新先行区、国家全域旅游示范区、全国旅游标准化示范城市。国家乡村旅游扶贫和发展工程监测中心、国家旅游扶贫培训基地已落户湖州，前者发布的《全国乡村旅游扶贫观测报告》和《全国乡村旅游发展监测报告》，为全国乡村旅游发展展示了"湖州经验"。

二 湖州全域创建都市圈旅游标杆区存在的突出问题

杭州都市圈文化底蕴深厚，旅游资源得天独厚，发展旅游产业的自然和人文条件优越。特别是自2003年开展"千万工程"以来，农村环境和面貌得到极大改善，乡村旅游也因此得到快速发展，以杭州西湖和桐庐、湖州莫干山、嘉兴西塘和乌镇等为代表的民宿旅游已经在全国打响品牌。新加入都市圈的衢州、黄山两市的旅游产业发展基础也都非常扎实，因此，湖州要全域创建都市圈旅游标杆区还面临很多挑战，也存在一些亟待解决的突出问题。

2018年10月31日，中国旅游研究院在北京召开"全域旅游创新示范'杭州样本'"学术研讨会，并将杭州作为旅游业转型升级的典范样本向全国其他城市推广。所以，杭州作为杭州都市圈全域旅游的标杆区当之无愧，湖州全域创建都市圈旅游标杆区，还需以杭州为榜样，学习和借鉴杭州"资源共整、产业共融、主客共享、全民共建"的成功经验，同时结合湖州的实际情况和发展阶段，不断创新举措，早出成效。

近年来，湖州虽然通过全面实施以"个十百千万"工程为主体的"龙腾计划"，深入推进国家全域旅游示范区创建、国家级旅游业改革创新先行区建设和全国旅游标准化示范城市建设，在全地域覆盖、全资源整合、全领域互动、全社会参与等多方面进行了实践探索，取得了明显成效，但用杭州都市圈全域旅游标杆区的标准来衡量，还存在以下突出问题。

（一）资源要素的挖掘整合与发展态势不相匹配

近年来，以乡村旅游为特色的湖州旅游产业呈现火爆态势，在全国乃至全世界知名度和影响力不断提升。旅游总收入从 2012 年的 323.79 亿元增至 2017 年 1000 亿元以上，2018 年，仅景区门票收入就突破 12 亿元。尽管这一新业态激发了土地、资金、劳动力等生产要素的流转、聚集，但全域资源要素的挖掘整合还跟不上整个旅游产业的发展态势，长期下去，可能会形成一种低端路径依赖，与标杆城市杭州相比差距更大。杭州给人留下印象深刻的是"山、水、湖、茶、诗、乐、文、光、影"等，几乎所有资源要素都统筹运用到旅游产业中去，让人流连忘返。而目前来看，湖州还存在很多尚待开发利用的冷资源、闲资源，如水资源及水文化的开发利用展示还很不够。湖州这座城市最大的特色是"依水而建、水绕城走"，湖州的水是线性流动的水、开放的水，这与西湖有很大的不同，西湖的水是内循环的、相对封闭的水。所以，水是湖州这座城市的"魂"，很多历史遗迹、文化传承都与水有密切关系。但目前，水资源与光影技术、影视表现、游船文化等现代技术以及年轻人喜爱的休闲方式相结合的旅游新时尚还没有启动开发建设，湖州的水资源挖掘、整合还大有文章可做。

（二）全域产业共融与发展阶段不相适应

随着大众休闲时代的到来，体验式、参与式、度假式、休闲式等旅游模式越来越受到人们的追捧，释放精神压力、追求高品质生活、享受自然宁静已经成为人们出行的主要目的。仅从湖州民宿旅游消费就可以看出，近几年来，中高端民宿的市场需求并不亚于低端民宿的市场需求，中端民宿每张餐位的年接待旅客频次远高于低端民宿的接待频次，客房价位超千元的高端民宿每张餐位的年接待旅客频次基本与低端民宿相当。因此，单纯的景区景点游玩业态已经远远不能满足新时代人们追求美好生活的需求。杭州在推动旅游业与第一、二、三产业共融共生共兴方面做出示范，实现了旅游业向观光游览、休闲度假、商务会展、文化体验"四位一体"的综合产业转变，延伸、发展出更多旅游新产业、新业态。就目前情况看，湖州旅游业与各产业的融合度还不够高，如茶产业是可以做成连接第一、二、三产业的大产业，既可以种植茶树做农业产业，也可以进行茶叶加工做制造业，还可以以茶为媒介做文化产业，杭州就是以"慢品时光"为主题，对龙坞茶镇进行了精品茶旅路线的开发，游客不仅能欣赏万亩茶园享自然风光，还可以完整地体验采茶、炒茶、品茶等与茶文化相关的活动，这里成了无数游客心向往之的地方。安吉白茶是湖州市安吉县的特产，是国家地理标志产品，全县白茶种植面积达 17 万亩，每年产量约为 1900 吨，产值近 25 亿元，安吉白茶已连续九年跻身全国茶叶类区域公共品牌十强（排第六名），品牌价值达 37.76亿元，但还是停留在以茶叶生产制作的低附加值环节为主，以茶叶为媒介的茶文化延伸产业尚未起步，简单以扩大茶树种植面积为手段增加收入成为当地村民的偏好。

（三）全域共建共享与发展过程不相衔接

全域旅游创建一定是一个全社会参与的过程，无论政府与企业，还是游客与当地居民，当全社会各类主体都来参与旅游业的投资、建设、保护、管理和服务时，全域旅游标杆区的创建工作势必能加速推进。杭州从 2003 年开始探索实施西湖景区免门票制度，杭州西湖约 71 个旅游景点中的 73% 实现免票参观，把西湖还给居民与游客共享，让居民与游客有机融合，这也推动市民自发担任旅游志愿者，目前，西湖志愿者服务总队注册志愿者已经超过 1 万名，实现了百姓生活常态化，游客旅游生活化。2018 年，杭州市西湖风景名胜区管委会专门为双峰插云景观恢复 3 个设计方案举行公展，并通过问卷向市民和游客收集建议和想法，充分调动城市居民维护和建设城市的自觉性和主动性。从我们对湖州调研的情况来看，全社会共建共享方面还有较大的提升空间，如旅游项目的开发建设，比较多的是通过地方政府与开发商之间达成协议，很少针对开发主题、内容、形式等征求当地居民的意见。特别是在乡村旅游项目开发和建设中，村民缺乏应有的专业知识，大多处于失语状态，很难真正成为项目开发和建设的建议者。随着工商资本的大规模引入，一次性承包或租赁乡村旅游资源开展经营活动，往往在旅游企业知名度提升、经济效益增加的同时，带来人流增多、资源和环境破坏等问题，这使旅游投资者与常住居民之间的矛盾增加，不利于旅游产业长远发展。

三 湖州全域创建都市圈旅游标杆区的趋势

杭州都市圈的扩容、长三角旅游一体化建设进程的加快、湖州自身交通条件的改善以及大众休闲旅游时代的到来，都预示着湖州全域创建都市圈旅游标杆区将面临重大机遇。

（一）长三角一体化发展上升为国家战略带来的洼地效应

长三角一体化发展上升为国家战略后，中共中央、国务院于2019年12月专门印发了《长江三角洲区域一体化发展规划纲要》，明确了长三角"一极三区一高地"的战略定位，目前已基本形成"决策层、协调层和执行层"三级运作的全域合作机制，这有利于更好地实现长三角地区资源优化配置。湖州地处长三角地理中心，是沪、杭、宁三大城市的共同腹地，历史文化底蕴深厚。同时，湖州是"两山"理念诞生地，近年来在加快高质量赶超发展过程中始终保持良好态势。2018年，湖州在长三角26个城市中GDP增幅居第6位，地方财政收入增幅居第1位，城乡恩格尔系数分别为29.0%和30.0%，已经进入联合国划分的20%～30%的富足区间。总体上看，湖州经济发展后劲足，城乡协调，社会和谐，生态环境优良，营商综合成本较低，具有承接大城市溢出资源的天然优势。

（二）衢黄两地加入杭州都市圈带来旅游空间场域的扩张

2017年6月，浙江省第十四次党代会提出要"谋划实施'大湾区'建设行动纲要，重点建设杭州湾经济区"。2018年，浙江省发布了《浙江省大湾区建设行动计划》和《浙江省大花园建设行动计划》，全面部署浙江实施大湾区大花园大通道大都市区建设，特别是在计划中，明确提出了加快打造

"诗画浙江"的鲜活样板和实施全域旅游推进工程，并把建设浙皖闽赣国家生态旅游协作区，打造跨省域旅游合作发展联盟作为一项重要任务。同年10月，衢州市、黄山市加入杭州都市圈合作发展协调会。衢州是浙江大花园建设的核心，也是浙西门户，更是浙皖闽赣四省边际中心城市。黄山市与杭州都市圈其他城市自古以来就一衣带水、血脉相连，加入杭州都市圈后，为其探索跨省一体化发展机制提供了可能。可以说，杭州都市圈的扩容，不仅为都市圈旅游空间场域扩张提供了广阔的内陆腹地，"名城名湖名江名山名镇名村"的空间布局与旅游线路设计将更加合理，同时也为发挥大湾区的辐射带动作用预留了空间。

（三）区域交通条件改善带来的旅游市场和开发空间扩大

湖州作为长三角地区的中心腹地，区位交通比较发达。近年来，湖州市深入实施"五年千亿百项"交通大会战，已经初步构建了集铁公水空于一体的现代化交通网络。特别是在高铁方面，已经建成杭宁高铁，在建的有商合杭和湖州至杭州西高铁，即将开建的有沪苏湖高铁。这些高铁建成后，湖州将成为拥有"十字形"高铁的枢纽城市。在不久的将来，湖州市每个区县都将贯通1条高铁、2条以上高速公路、1条以上高等级航道，形成与长三角主要城市同城化的"1小时交通圈"，将更大范围提升长三角地区同城化效应。可以说，高铁的快速发展，使长三角城市群人流、物流效率与质量大幅提高，不仅加强沿线经济和城市群的联系，同时，也带来了旅游市场和开发空间的扩大。

（四）"旅游＋"时代下大众旅游蓬勃发展带来了投资新亮点

当前，我国已经进入大众旅游时代。2019年，我国境内旅游人数已超过60亿人次，旅游成为中国人的生活方式。旅游既是大产业，又是大民生。特别是在"大众创新，万众创业"背景下，旅游业已经上升为服务经济的支柱行业和国民经济的重要行业，旅游业带动其他产业发展的"旅游＋"

格局已经形成,这也吸引了各类社会资本投资休闲度假旅游、乡村旅游、红色旅游、文化旅游、生态旅游、互联网旅游等新产品、新业态。近年来,湖州市及下辖各县区争取旅游专项资金和向上争取资金力度不断加大,全市争取文化和旅游部、省文化和旅游厅各类旅游专项资金 3500 万元,居全省第一,同时,也吸引了各类社会资本,如投资 251 亿元的龙之梦项目被认为是全球最大的主题乐园。可以说,由于蓬勃发展,旅游业将成为湖州未来的主导产业。

四 加快推进湖州全域创建都市圈旅游标杆区的建议

通过调研分析,课题组认为,湖州要立足已有基础,瞄准杭州样板,发挥内在优势,抢抓战略机遇,通过激发内生力量、增强发展后劲、注重融合创新等,全面推进全域旅游标杆区创建。

(一)注重借势借力,加快推动创建都市圈内全域旅游合作交流工作机制

1. 强化机构联动

充分发挥杭州都市圈合作发展协调会办公室职能并建议组建全域旅游专委会。杭州都市圈合作发展协调会办公室自成立以来,在推动杭州都市圈建设,在规划实施项目合作、机制完善、品牌共塑等各个方面都发挥了积极作用,合作机制持续完善,合作领域不断拓宽,进一步增强了都市圈整体的竞争力。建议充分发挥办公室职能,组建一个新的专业委员会,其主要由杭州、嘉兴、湖州、绍兴、衢州、黄山六市文化广电旅游部门的负责人组成,主要工作内容包括制定并组织实施推动都市圈全域旅游的规划、旅游市场开发战略,研究、拟订都市圈全域旅游政策措施,推进都市圈旅游资源共建共享,开展全域旅游领域课题研究等,为旅游产业的发展提供有效支撑。专委会同时设立专家咨询委员会,并形成常态化联席机制,定期加强对各地旅游工作的交流探讨。

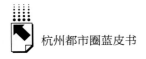
2. 抓好资源统筹整合

统筹谋划都市圈内旅游资源的规划建设。在 2018 年发布的《浙江省大花园建设行动计划》中，明确提出了加快打造"诗画浙江"的鲜活样板，实施全域旅游推进工程，着力打造 10 个差异化、特色化旅游带。其中，湖州作为浙北精品旅游带，要重点打造以南浔为代表的江南水乡集群，安吉、德清美丽乡村度假集群和南太湖滨湖度假集群，建成长三角区域高端休闲旅游度假龙头和标杆。一方面，这为湖州主动融入大湾区大花园建设提供了新的发展机遇；另一方面，这也避免了各地旅游资源同质化竞争，有利于各地特色化、差异化、错位化开发旅游资源。湖州是"两山"理念的诞生地，是美丽乡村的发源地，是南太湖生态涵养地，要坚定不移践行习近平总书记提出的"绿水青山就是金山银山"重要理念和"一定要把南太湖建设好"的指示精神，紧紧围绕全面建成一流国际山水林田湖草全域旅游示范区和现代化国际生态滨湖旅游城市的总目标，以国家全域旅游示范区创建，以国家级旅游业改革创新先行区建设和全国旅游标准化示范城市为总引擎，在乡村旅游产品、管理、品牌和学术上，为全国乃至国际乡村旅游提供"湖州样本"。

3. 加大区域联合营销力度

杭州都市圈成立的目标就是着力突破行政体制壁垒，通过交流合作，形成互利、互补、互惠关系，共同协商解决单个城市难以解决的重大问题，实现共同发展。都市圈六市树立竞合意识，联手规划打造一批精品旅游路线，加大各地旅游品牌的抱团营销推介力度，全面构建旅游市场推广体系，如通过定期举办都市圈六市的旅游工作交流会、举办全域旅游相关主题的高端论坛等，通过一系列的旅游推介活动，提升各地旅游品牌的影响力。要坚持新兴媒体与传统媒体并举，要充分利用信息手段，加快旅游营销模式升级，积极创新活动营销形式，进一步加强对都市圈旅游产品的营销和推广。此外，要加强专业营销，依托专业机构开展都市圈旅游营销活动，在北京、上海、杭州、南京、西安、广州等城市举办都市圈旅游交易会，同时深入挖掘和宣传湖州旅游元素，借力提高湖州旅游知名度。

（二）激发内生力量，加快打造全国生态旅游样板区，推动区域经济转型升级

1. 加快培育三级旅游品牌体系，全面推动区域旅游一体化

要打破行政区域概念，按照大景区建设规划，在全市形成"点、线、面"结合的差异化、特色化、一体化旅游发展格局。"点"就是打造五大平台（旅游度假区、旅游景区、旅游风情小镇、乡村旅游集聚示范区和旅游综合体）；"线"就是建好旅游干道、通景公路、旅游绿道、景内道路、水上专线等交通路线；"面"就是通过"线"把五大平台和域内旅游元素、一村、一镇（乡）、一县和全市"网"成一个大景区，建立"处处是风景、路路是景道、村村是中心"的全域旅游大平台和大格局，推动和引导旅游项目以使空间布局更加合理，承载重大项目的产业平台更加完善，为引入更多旅游"大好高"项目完善大平台体系。

2. 发挥"两山"示范品牌的作用，全面做强两大引领产业

一是乡村旅游。深化乡村旅游改革，加快乡村旅游与新型城镇化的有机结合，创新并推广中国乡村度假"湖州模式"。加快农业、文化、体育、生态、林业与旅游的高度融合，将乡村地区三次产业全面融入旅游产业体系。积极开展乡村旅游标准化试点，加快建设全国领先的乡村旅游集聚示范区，努力使乡村旅游集聚示范区真正成为乡村度假的精品区、美丽乡村的先行区、生态旅游的样板区、乡风文明的示范区，真正打响"乡村旅游第一市"的旅游目的地品牌。二是滨湖度假旅游。推进南太湖 65 公里沿线的一体化发展，坚持生态化、个性化、国际化的发展原则，突出滨湖度假的生活本质，以"太湖元素、创意酒店群、温泉水世界"为主要特色，大力发展精品酒店、主题湿地、游憩商业、创意餐饮、水上旅游、文化旅游、会展旅游、体育旅游、养生养老和水乡庄园等十大旅游业态，协同推进滨湖度假产业又好又快地转型升级，积极打造"滨湖度假首选地"重大特色旅游品牌。同时，强化与江苏、上海等地区的联动，加强环太湖地区旅游资源的协同开发，完善环太湖旅游一卡通、旅游专线等配套设施，将湖州滨湖地区打造为

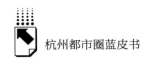

环太湖旅游带的重要枢纽。

3. 构建全域旅游服务体系，全面提升旅游接待和服务能力

立足公共服务、住、行、娱四大系统，全面提升湖州旅游的接待能力和服务水平。推进全市旅游公共服务体系建设。重点加快旅游集散中心、自驾游服务中心、旅游客运中心、票务接待中心、导游服务中心、旅游咨询中心等功能建设和进行高效运营，建立体系完善、规范标准、覆盖面广泛的旅游公共服务体系。推进酒店、民宿服务体系建设，重视引导湖州民宿产业发展，并进一步加强监管，明确责任主体。推进实施文明服务战略，加快对服务专业人才的文明素质培训，推进旅游景区满意度评比，全面提升旅游服务的文明程度。

（三）增强发展后劲，加快突破要素制约，为推进都市圈全域旅游提供坚实保障

1. 进一步强化旅游要素支撑机制，营造良好的旅游业发展环境

一是强化多元资金要素支撑。重视加强对旅游产业的培育和支持，进一步加大对全市旅游基础设施建设、公共服务素质提升、产业发展水平提升、市场宣传营销、人力资源建设等工作的财政扶持力度，探索设立乡村旅游发展专项资金等。积极出台优惠政策，鼓励社会资本参与旅游项目的投资、建设和运营。二是强化旅游用地要素保障。结合旅游业发展需要及旅游发展用地问题，做好与土地利用总体规划、城乡规划、年度供地计划的衔接，对符合相关规划的旅游项目及时安排新增建设用地计划指标。针对不同性质的土地，采取适宜的措施供应旅游项目用地。做好不动产登记等一系列确权工作，依法明晰产权、保护利益，为旅游业发展提供必要的产权保障和融资条件。鼓励利用闲置低效用地发展乡村旅游。三是强化行政审批要素保障。优化管理体制机制，以项目推进为核心调整管理思路，简化审批流程，重大项目要实现专人负责，以为旅游项目快速落地保驾护航。

2. 进一步打通人才资本壁垒，实现区域内旅游人才流动共享

要加大引才育才力度，特别是要通过各种措施吸引高层次研究管理人才和新业态经营人才，让他们参与到旅游产业建设中。要研究出台旅游人才扶

持政策，鼓励推进旅游大众创业、万众创新，积极培育创新型人才、创新型企业，打造旅游创客基地。要充分发挥长三角高校资源优势，一方面及时完善旅游人才信息网络，加快推进长三角区域信息互联互通，解决旅游企业与人才的供需矛盾；另一方面引导旅游企业与相关院校、社会培训机构等进行深入合作，建立区域旅游师资信息库，加强旅游人才信息交流，并借势借力引才育才，开展各类相关业务培训、研讨论坛等，加快形成一支懂行敬业的旅游管理人才专业队伍。

3. 进一步发挥都市圈智创高地优势，实现全域旅游数据资源智慧共享

进一步推进"互联网+"、智慧旅游在智慧服务、智慧管理、智慧营销等方面的应用。一是依托互联网打造在线旅游平台。支持企业发展在线旅游租车和在线度假租赁等新业态，创新发展旅游在线购物和餐饮服务平台。积极推动在线旅游平台企业发展壮大，整合上下游及平行企业资源、要素和技术，推动"旅游+互联网"跨界融合。鼓励社会资本和企业发展乡村旅游电子商务平台，充分利用互联网和移动终端提升管理服务水平，建设一批智慧旅游示范村。积极推动景区、旅行社、旅游饭店和旅游商品企业等开展智慧旅游建设。二是推进"智慧旅游"工程建设。推进都市圈旅游交通路况信息、景区游客流量监控、重点旅游停车位指示牌建设，实现信息的智能化共享。各地在建设智慧旅游大数据平台的基础上实现大数据共享，共同监控和分析旅游产业的运行状况，为科学决策和精准营销提供数据支撑。三是建设线上智慧网络营销体系。要重点发挥自媒体、新媒体营销作用，特别是提高移动端线上营销能力。设计都市圈旅游电子地图，提升游客对都市圈各旅游线路的认知水平。

（四）注重融合创新，充分发挥"旅游+"叠加效应，带动经济、社会、环境协同发展

1. 要拓宽旅游产业链，推进全域产业融合发展

要充分利用"旅游+"模式的拉动力、融合力，不断延伸全域旅游产业链条。一是要加大产业融合力度。积极推进不同旅游业态的交叉融合，探

索跨要素、跨行业、跨区域、跨时空融合旅游资源和延长旅游产业链的新模式，构建丰富旅游供给的立体式网状产业链。二是要加大要素融合力度。要拓宽旅游要素的"外延"，将"商、养、学、闲、情、奇"作为新的旅游要素，积极推进这些新要素与原有的"吃、住、行、游、购、娱"要素进行跨界融合，拉长全域旅游的产业链。要大力发展各要素之间互相配合的项目，打造融合型旅游新产品。三是要加大与其他旅游形式融合力度。要突破传统乡村旅游项目局限，重点围绕休闲度假旅游、体育旅游、医疗旅游、健康养生旅游、研学旅游和写生旅游等领域打造新产品、培育新业态，使游客能够在体验参与中真正感受到湖州山水优势和地方特色。

2. 要进一步管控山水资源，护美"绿水青山"

一是完善旅游开发审核机制。针对一些地区的发展旅游冲动、同质化低端开发，组建由旅游、自然资源和规划、生态环保、农业农村及相关综合执法力量参与的农村旅游项目开发审核小组，在项目类别、项目选址、山水林地资源占用上实行联合审核准入，非经允许不得随意开发，不得破坏山形水体。二是创新旅游企业效益评价机制。借鉴工业企业"亩均"效益评价机制，建立旅游企业"亩均"效益评价，构建民宿、星级饭店、景点景区"效益排行榜"，促进旅游企业节约资源、增加贡献。三是严格落实项目准入门槛。各级各单位应保持发展定力，克服短期行为，坚持宁缺毋滥，加强对旅游项目的招商选资和甄别，切实引进投资实、主业实、业态新的旅游项目。建立完善旅游项目联推机制，通过高密度例会推进，加快问题破解，促进在建项目"双产攻坚"早出效益，使"绿水青山"源源不断地转化为"金山银山"。

3. 要进一步释放旅游经济红利，实现旅游效应富民共享

要把推进湖州全域旅游示范区建设作为实施富民惠民、精准扶贫政策的重要载体，让旅游效益惠及人民群众。要充分发挥本地居民主观能动性，建设志愿服务机制，积极培育发展湖州旅游行业协会，组建专业志愿队，鼓励社区参与常态化，打造"人人都是湖州形象，人人都是湖州导游"的全民兴旅新局面。同时，也要让本地居民能够享受到相关旅游优惠政策，促进本

地旅游消费，如设立湖州景区免费开放日，针对特殊人群实施减免政策，推进采用长三角交通一卡通，鼓励大区域内的旅游交通设施共享；推广旅游年票制，增加联票类型，本地居民可享受折扣优惠，提高居民的本地出游积极性。

参考文献

《杭州都市圈规划发展报告》，《统计科学与实践》2019 年第 6 期。

陈韬、李凯：《杭州都市圈旅游空间结构优化研究》，《经济研究导刊》2011 年第 26 期。

《杭州都市圈发展规划（2020—2035 年）编制大纲》，杭州都市圈第十次市长联席会议，2019。

《湖州市休闲旅游产业发展"十三五"规划》，湖州市发展和改革委员会网站，http：//fgw. huzhou. gov. cn/xxgk/ghjh/ghxx/20171101/i739709. html。

B.5
嘉兴以"沪杭同城"战略参与
长三角一体化研究

唐铁球　林时兴 *

摘　要： 随着长三角一体化发展上升为国家战略，长三角城市群在国家现代化建设大局和全方位开放格局中的战略地位更加凸显。嘉兴市把以"沪杭同城"战略参与长三角一体化发展作为全部工作的统领，这对融入长三角一体化发展具有十分重要的实践意义和参考价值。本报告通过分析嘉兴市以"沪杭同城"战略参与长三角一体化发展的基本情况，研究存在的问题和发展趋势，提出推进完善嘉兴市以"沪杭同城"战略参与长三角一体化发展的对策建议，即深化浙沪两地高层对话，推进一体化示范区建设；做优做强城市功能，打造高级城市平台；发挥G60科创走廊效用，建设高能级科创平台；等等。

关键词： 沪杭同城　长三角一体化　杭州都市圈　嘉兴

2019 年，长三角一体化的发展迎来重大机遇。在长三角一体化发展战略升级为国家战略的环境下，沪苏浙皖的融合互动进一步加深，整个长三角区域变为中国经济发展最强劲、最活跃的增长区。嘉兴市是浙江省接轨长三

* 唐铁球，嘉兴学院长三角一体化发展研究中心执行主任，教授，博士，研究方向为区域经济发展。林时兴，中共嘉兴市委宣传部部务会议成员、嘉兴市社会科学界联合会副主席兼红船精神研究院副院长，研究方向为区域经济发展。

角的桥头堡，在融入长三角区域一体化发展的过程中具有非常重要的地位。近年来，嘉兴市深入实施"沪杭同城"战略，取得了显著成效。在新的历史时期和长三角一体化大发展机遇下，更好地总结已有经验，深入推进"沪杭同城"战略，已成为嘉兴市现实发展和今后很长一个时期的一项重大任务，嘉兴市必须不断创新破难，切实加以有效推进。

一 嘉兴以"沪杭同城"战略参与长三角一体化的背景与意义

（一）长三角一体化发展的总体趋势

长三角一体化发展上升为国家战略，进一步确立了长三角在国家发展大局中的战略引领地位，将更多贯彻国家意志和战略意图。可以预见，其在协调机制、重大政策、重大项目和改革试点等方面将实现重大突破，成为区域融合高质量发展的"试验田"、世界复杂背景下国内稳定发展的"压舱石"、中国经济参与全球竞争与合作的"超级巨轮"，成为服务国家发展大局的重要战略支撑。

在当前经济发展形势下，从国内、国外城市群发展的整体经验来看，长三角地区整体发展的趋势是将积极围绕高质量一体化发展形成"全球一流的世界级城市集群"整体目标，建设形成共商、共赢、共建、共享的区域发展一体化城市群，从而构建基础设施、要素市场、区域规划、产业发展等一体化格局，把长三角城市群建设为中国贯彻高质量发展的示范区、全球资源共享配置的亚洲门户、具有全球综合竞争力的超级世界城市群。

（二）嘉兴市在长三角区域经济发展情况及特色定位

1. 在长三角核心区及浙江省内经济实力均居中游位置

2019 年，嘉兴市生产总值为 5370 亿元，人均 GDP 为 112751 元，居浙江省第 5。工业经济实力排名居中，规模以上工业总产值、工业利润总额均排浙江省第 3 位，排长三角第 10 位。创新投入力度与效益水平居中，2019年，全市规模以上工业企业研发费用为 248.91 亿元，增长 25.1%，高于全

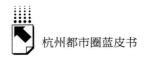

省平均水平 3.0 个百分点；新产品产值率为 41.9%，高于全省平均水平 3.7 个百分点。

2. 产业与经济类型多元，经济形态相对混合均衡

2019 年，嘉兴市规模以上人工智能产业、高技术制造业、数字经济核心制造业、装备制造业、高新技术产业增加值增速均高于规上工业平均水平，分别增长 44.4%、20.7%、17.7%、13.7% 和 9.8%，增幅分别居全省第 2 位、第 1 位、第 1 位、第 1 位和第 3 位。第三产业增加值占地区生产总值的比重提升至 42.8%，制造业以电子信息、纺织服装、智能装备、精细化工等为主，属于浙江省外商投资比较多的城市，市场开放程度较高，民营企业和外资企业协同发展，实体经济形式相对混合均衡。

3. 资源要素的空间分布相对合理，城乡区域发展均衡

嘉兴地处杭嘉湖平原，具有较好的水土资源条件，经济社会发展具有多元性，客观上具备各类生产要素、大规模城市建设与产业发展的现实基础。嘉兴市域经济空间结构相对均衡，各县市（区）经济社会发展水平均相对较高，所辖县市（区）全部入选"全国综合实力百强县"。嘉兴城乡一体化发展引领全国，城乡公共服务均等化、城乡居民收入均衡化、城乡要素配置合理化与城乡产业发展融合化程度较高。

4. 拥有革命摇篮和县域科学发展观示范点，历史和红色文化底蕴深厚

嘉兴是中国革命红船的起航地、红色革命的摇篮，拥有全国首个且唯一的县域科学发展观示范点（嘉善），可见嘉兴具有"坚定理想、百折不挠"的"精神基因"。同时，嘉兴是江南文化发源地，历史文化与旅游资源丰富，红色文化底蕴深厚，拥有一批名胜古迹以及水乡古镇、山海涌潮等著名文化旅游景观，能够为杭州和上海都市圈及长三角提供优质的休闲旅游品与文化消费品。

（三）长三角一体化给嘉兴市带来重大历史机遇

1. 享受长三角区域一体化发展带来的制度红利

一是自由贸易试验区、全面创新改革试验区等创新举措将在长三角区域范围内复制推广，嘉兴面临参与建设自贸区新片区、全面对接"全创改"

政策的机遇。二是把握国家进一步在贸易和投资自由化、便利化等方面赋予长三角新的政策，在税收、金融监管、海关监管、规划及土地管理、涉外法律法规等方面进行制度创新探索。三是抓住长三角区域内部地域界线和"行政分割"打破契机，积极集聚优质产业和要素。

2. 更好地利用上海的辐射带动作用

一是全面对接上海轨道交通网，进一步提升与上海港航、机场协同发展的能力，构建与上海便捷化、低成本的运输和通勤网络。二是凭借商务成本、产业配套等方面的比较优势，积极主动承接上海优质产业和外溢功能，实现和进行相关科技成果产业化与运用推广。三是探索与上海教育、医疗等公共服务设施共建共享机制，促进就业服务与社会保障等协同发展。

3. 更加充分地参与长三角世界级城市群建设

更加充分地参与长三角世界城市群建设，有利于嘉兴补齐短板、消除瓶颈，在制度创新、科技进步、产业升级、城乡统筹、全方位开放、绿色发展等方面实现"再提升"。同时，嘉兴经济社会的高质量发展势必对长三角一体化发展贡献较大，也为体现嘉兴的担当与作为、肩负起国家赋予的重大使命提供了千载难逢的机遇。

4. 深度融入浙江大湾区、大通道、大花园、大都市区建设

首先，落实全省"大通道"建设要求，有利于推进铁路、机场、港口等重大交通基础设施建设，打造长三角核心区枢纽型中心城市。其次，落实全省"大湾区"建设的整体要求，从而拓展嘉兴发展城市空间，形成要素集聚，建成杭州湾北部先进制造业基地。最后，落实全省"大花园"建设要求，有利于嘉兴建设具有国际化品质的江南水乡文化名城，通过生态环境共治联保优化人居环境。

（四）嘉兴市以"沪杭同城"战略参与长三角一体化建设的重大意义

1. 以"沪杭同城"战略参与长三角一体化是贯彻落实习近平总书记重要指示精神的实践

嘉兴市高度重视接轨长三角工作，是浙江省接轨上海的桥头堡，在长三

角一体化上升为国家战略背景下，以"沪杭同城"战略参与长三角一体化发展是深入落实习近平总书记重要精神、实施"八八战略"的应有之义，也是落实习近平总书记关于"推动长三角地区更高质量一体化发展"指示的具体行动。

2. 以"沪杭同城"战略参与长三角一体化是深入贯彻"一带一路"和长江经济带建设的客观要求

嘉兴市位于"一带一路"和长江经济带的重要交会点，是长三角城市群重要交通枢纽，地理位置优越，充分发挥区位比较优势，以"沪杭同城"战略融入长三角区域一体化发展，有利于将区域发展与国家战略有效衔接，有效带动"一带一路"和长江经济带发展，更好服务国家发展大局。

3. 以"沪杭同城"战略参与长三角一体化是推动嘉兴市经济社会高质量发展的现实需要

借助中国国际进口博览会、自贸区扩容、科创板设立等"重磅利好"，以及后续出台的一系列规划、政策和举措，将从根本上改变嘉兴接轨上海、参与长三角一体化缺少高层级政策倾斜和大平台、大项目支撑的局面。同时，一些长时间停留在设想层面的议题有望进入现实操作层面，区域间的行政壁垒、制度藩篱、政策掣肘将加快消除。

二 嘉兴以"沪杭同城"战略参与 长三角一体化的主要成效

（一）区域合作和联动发展释放新动能

1. 明确长三角区域发展首位战略

2010年，《中共嘉兴市委关于制定嘉兴市国民经济和社会发展第十二个五年规划的建议》发布，明确"沪杭同城"战略正式上升为首位战略，确定了"优势互补、资源共享、关联发展"的指导方针。2019年1月，嘉兴市率先成立长三角一体化发展办公室，统筹协调推进全面接轨上海示范区建设和长三角区域,融入长三角更高质量一体化发展。2019 年 8 月,《嘉兴市人民代表大会常务委员会关于推进全面融入长三角一体化发展首位战略实施

打造以一体化推动高质量发展典范的决定》明确了嘉兴市全面融入长三角一体化发展作为嘉兴高质量发展的首位战略,以"做就做最好、争就争一流"的决心积极推进长三角一体化发展。

2. 区域协调合作层级和力度不断提升和加大

2017 年 7 月,上海松江、嘉兴、杭州签订《沪嘉杭 G60 科创走廊建设战略合作协议》,三地在建立要素对接常态化合作机制、打造科创平台载体等方面取得显著成效。目前,G60 科创走廊已经发展到 9 个城市,从城市战略上升为长三角区域战略,在长三角层面统筹规划、共同推进。2019 年 7 月,嘉兴市与杭州市签署《杭州市—嘉兴市长三角一体化战略背景下共建都市区合作框架协议》,双方围绕全面贯彻落实长三角一体化发展国家战略,在四大建设和杭州都市圈发展的前提下,聚焦一体化发展、推动高质量共赢,共同打造杭州都市圈,建设杭州大湾区核心都市区和长三角一体化的金南翼。同时,嘉兴还与上海松江、青浦、金山等地共同实施了三年行动发展计划,成为全国首个跨区域平行行政单位联合发布协同发展行动计划的城市;嘉兴市与金山、青浦、虹桥商务区签订了全面战略框架协议,南湖区与杨浦区、平湖市与闵行区、桐乡市与虹口区分别签订战略合作协议,启动编制"枫泾—新浜—嘉善—新埭城镇圈区域协调规划"。

(二)基础设施互联互通取得新进展

1. 基本确立长三角综合交通枢纽地位

嘉兴市区范围内已经建成 6 条高速公路,已经初步形成"三连三横和三纵"的整体高速公路网络,建设形成沪杭高铁、杭州湾跨海大桥、嘉绍大桥等基础设施,已经初步建成上海、苏州、杭州、湖州、绍兴等地的"1 小时交通圈"。同时,稳步推进沪乍杭铁路、钱江通道北接线二期、杭州湾大桥北接线二期等重大基础工程,推动杭州至海宁城际铁路开工建设,争取杭绍台二期东延到嘉兴高铁南站。嘉兴机场已经被纳入长三角发

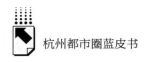

展整体规划，同时积极深化与上海虹桥机场集团的互动，努力形成"建设沪杭配套机场、争取成为沪边第三大机场"。嘉兴在长三角的综合交通枢纽地位基本确立。

2. 疏通融入沪杭发展的交通动脉

到2018年底，嘉兴市已有18条公交线路通往沪杭，嘉兴及所辖县市（区）均开通了到上海、杭州的公交线路或机场直通班车。上海枫泾至嘉善的跨省市公交班线是连接浙江和上海的第一条省际公交化班线；平湖公交实现了与上海虹桥机场、沪杭高铁的"无缝对接"，并开通了平湖经济开发区至高铁嘉善南站公交专线；嘉善到上海的地铁轨道交通规划及上报工作正在有序推进，2017年开通了嘉善归谷园区、科创中心至上海松江9号线通勤巴士，实现与上海地铁站点对点的通勤。

3. 嘉兴港口岸持续扩大开放

嘉兴正在抓紧推进杭平申、湖嘉申二期、乍嘉苏、京杭运河等一批航道项目，构筑了嘉兴通往长三角区域重要城市的"水上路网"。海盐港、乍浦港等港口建设积极推动，已经初步形成较具规模的港口运输网，与周边的上海、杭州、舟山、宁波等港口的协作配套能力进一步提升。沪嘉合资共建的独山港区多用途码头已开通"独山快航"定点班轮，并于2015年升级为每周七班全面对接上海的港口，成为上海港"新的海上集疏运通道"。

（三）区域重点合作平台加快推进

1. 整合推进沪杭园区共建

在省级以上平台开展接轨沪杭"五个一"行动，着力推进重点平台合作。目前，20个省级以上开发区（园区）已经全部与沪杭重点开放创新平合签订合作协议，实现紧密型合作全覆盖。与上海共建张江长三角科技城，为全国首个跨省市合作的科技园区创建了跨区域合作、协同发展的新模式；整合设立杭州都市经济圈（嘉兴）产业合作区，以海宁、桐乡为重点，整合归并海宁连杭经济区、尖山新区和桐乡临杭经济区、桐乡崇福经济区、桐乡高桥新区；平湖已经积极推进"浙沪产业园"建设，加强与上海国家开发区、上海现代产业园等的沟通合作，海宁市已经建成以上海地区漕河泾开发区为主阵地及与漕河泾海宁分区和海宁经开区"三位一体"的整体发展格局。

2. 深化省校合作共建创新载体

大力发展"一园一院一基金"形态，积极引进培育各类创新发展载体，目前，载体共计42家。已经引入浙江省柔性电子发展研究院、军民融合发展院、未来技术研究院等院区，先后与同济大学产品研发中心、同济大学新能源汽车研究院、上海工程大学签署共享共建协议，与爱丁堡大学、浙江大学等大学院区共建高科技、新动能跨国研究开发中心。

（四）公共服务同城共享实现新拓展

1. 教育领域合作不断深入

仅2018年，嘉兴市与长三角城市合作办学项目达到28项，选派教师赴沪杭培训学习5000多人次，占嘉兴市专职教师的比重在35%以上。浙江大学海宁国际学校招生办学，上海交通大学嘉兴南洋职业技术学院、同济大学浙江学院、上海杉达学院嘉善光彪学院、上海外国语大学秀洲外国语学校等合作办学持续稳步推进。浙江财经学院东方学院整体迁至海宁并正式招生；桐乡与浙江传媒学院合作开办浙江传媒学院桐乡校区，与杭州师范大学合作开办杭州师范大学附属桐乡市实验中学等。

2. 医疗卫生合作取得实质进展

嘉兴市大力实施对接沪杭先进医疗计划，近年来，共与沪杭50余家医疗卫生机构建立合作关系，如嘉兴市一院与上海交通大学附属第一人民医院进行交流合作；嘉兴市二院与复旦大学附属华山医院建立了紧密合作关系；嘉兴市妇幼保健院成为同济大学附属第一妇婴保健院紧密协作医院；平湖一院与浙江大学附属邵逸夫医院建立协作关系；海盐县人民医院与浙一医院确立协作关系；嘉兴市中医院成立上海中医药大学附属曙光医院嘉兴分院；海宁市人民医院成立上海长海医院海宁分院；桐乡市中医院成立上海中医药大学附属曙光医院桐乡分院。

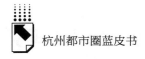

3. 公共服务领域合作深化发展

借助全国跨省异地就医结算平台，已经实现沪嘉医保双向"一卡通"，嘉兴参保人员在上海 490 家定点医院住院实时刷卡结算，上海参保人员在嘉兴 18 家定点医院住院实时刷卡结算；目前已经完成省内医保一卡通行，海宁第三人民医院成为杭州医保定点医院，杭州 18 家医院被确定为海宁医保定点医院。此外，嘉兴市民卡与上海公交卡实现城际互联，嘉善、平湖全域开通上海电信 021 区号电话号码。湘家荡颐养中心专门为入住的沪籍老人开通到上海的班车。

（五）生态保护联动治理有新举措

21 世纪初期，嘉兴市参与建立杭州都市圈环保共保共建机制，联合杭州、湖州、绍兴组建跨区域环境保护合作发展协调机构——杭州都市经济圈环保专业委员会，启动杭州都市圈环境共保合作工作，编制《杭州都市经济圈环境共保规划》，建立联合执法工作机制，全面提升联合执法绩效。嘉兴市参与长三角地区跨界突发环境事件应急联动工作指挥作战系统，与杭州、上海、苏州等地积极开展区域环境保护沟通共建工作，积极搭建环保合作平台，构建环境保护联防治理机制。嘉兴市还与同济大学合作筹建"同济嘉兴环保医院"，其作为公益性的第三方机构，提供生态修复、工程治理、污染预防和客询诊断等服务，着力解决累积性环境问题、流域性和区域性环境问题和突发性环境问题；嘉善、平湖与青浦、金山等构建了跨区域环境污染纠纷处置和应急联动工作机制。

三 嘉兴以"沪杭同城"战略参与长三角一体化面临的主要问题

（一）政策协同一体化发展还存在较大短板

政策接轨即要在市场规则、政府办事规则等方面与上海对标，使企业在嘉兴投资与在上海投资一样，人才在嘉兴创业与在上海创业无差别。从梳理情况看，嘉兴与上海及周边城市的政策性差异和短板有待破解。一是市场准入异地互认机制存在差异，如医疗器械异地互认机制尚未实现，由于医疗器械产品监管的特殊性，从创业到产品上市再到有一定规模需要特别长的周期。一些规模企业从上海、苏州等地转移到外地生产时，由于监管省份不同，它们仍然面临重新注册认证、审评、审批的流程，大大提高了企业成本，增加了转移阻力；浙江对上海医疗企业在本省以外的销售记录不予承认，提高了企业通过注册审批的难度。二是企业资质认定存在差异。高新企业跨省搬迁的只有整体迁移才会互认，这一规定导致上海等地高新技术企业在嘉兴投资设立的生产同一高新技术产品的控股子公司，尚无法被同步认定为高新技术企业。三是人才资质认定存在差异，如上海等地人才在嘉兴需要按照浙江的评价体系进行评定，沪浙评审机制存在一定不同，影响上海高端人才向嘉兴等周边城市流动，没有得到人才资格认定又进一步影响了外地人才参与嘉兴科研项目申报。

（二）产业发展一体化仍然面临较大阻力

一是产业布局的同质化问题较为严重。长三角各城市产业竞争与合作并存，各地基本提出发展新兴产业、高端制造业、服务业，由于产业结构的趋同性，地区之间吸引外资争夺战越来越激烈，反过来，吸引外资大战又使产业结构的趋同性更加严重。在此影响下，长三角区域内城市间内耗增加，竞争程度激烈，引起了资源和要素的浪费。

二是产业发展环境有落差。在管理体制方面，目前，上海大多数开发区采取"管委会＋开发公司"模式，具有扁平、灵活、精简、专业特征。比较而言，嘉兴市开发区机构相对庞大，承担了很多非经济开发职能。在管理专业技能方面，嘉兴与上海尚有一定差距。在产业配套条件方面，嘉兴市高端装备制造业完整的产业链尚未形成，许多零部件的本地配套水平较低，配套生产性服务业发展水平偏低。

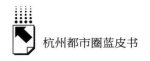

（三）基础设施建设还存在较大发展潜力

规划协同的问题主要表现在两个方面。一是交通基础设施对接问题。当前，长三角区域综合交通规划进入深度对接阶段，涉及的具体项目存在建设时序不一致的现象，如沪嘉城际项目，浙江段正在开展项目可行性研究，但上海段还处在建设规划方案研究阶段，由于双方进展不一致，可能存在不能同步开通运营等问题，需要国家发改委和沪浙两地政府共同推进。二是要素制约的问题。打通省际"断头路"是实现基础设施一体化的重点，目前需打通"断头路"的项目主要集中在规划省道、县乡道路层面，在项目土地审批过程中，如涉及"永久性基本农田"，按照现有的土地政策，只有国道和高速公路项目才能上报审批，涉及省道、县乡道路等的项目目前无上报渠道，这直接影响项目建设。

（四）公共服务距离上海等地还有较大差距

一是高端教育资源供给滞后。目前，嘉兴高端教育建设与沪苏等周边地市相比明显滞后。上海有 24 所国际学校，苏州有 7 所国际学校，嘉兴市已建或在建的只有平湖枫叶国际学校、嘉兴南湖世合学校、北大附属嘉兴实验学校 3 所，尚处于起步阶段，还无法满足海外高层次人才、浙商回归人才等群体子女的就学需求。此外，上海闵行区对国家"千人计划"人才子女选择外籍人员子女就读学校或公办学校国际部就读的，给予一定金额的教育补贴。目前，嘉兴尚无此类政策。二是医疗资源供给不足和服务不完善的现象并存。在医疗资源供给上，特别是在高端医疗资源供给上，嘉兴与上海有较大差距。随着高端外资项目和海外高层次人才的不断引进，嘉兴对高端医疗资源的需求将不断增加，目前，嘉兴缺乏专门针对海外及港澳台人士的外资高端医疗机构。在管理服务方面，由于上海与其他省份的医保异地联网结算工作根据全国异地就医结算平台建设推进情况通盘考虑，短期内，沪嘉两地医保卡互通使用难以实现。

（五）生态环境协同治理尚需进一步深化

一是环境保护法规执行主体不一致。长三角范围内各个行政区是具有非常明确边界的封闭的个体，而整个区域内的生态环境边界相对来说比较模糊。在现行行政体制下，行政区划和生态边界很难达到一致，导致生态环境保护法规因行政区划变化而不同，各地竭力考虑如何把本地区的环境压力降到最低程度，而很少顾及对域外的影响。二是环境法规标准内容存在冲突。各地在制定地方生态环境法规政策时，重点考虑地方发展水平和环境承载能力，导致在建项目环境准入、污染执行标准、环境保护措施、污染物总量控制、行政处罚等方面存在较大差异，发达地区淘汰产业逐渐流入周边区域，污染呈现梯度转移的趋势，不利于区域统筹推进环境治理、共同监管。三是跨区域生态治理统筹机制不健全。区域内生态环境合作目前仅局限于点对点和末端防控，没有实现全方位和全过程联防联治。各地没有建立统一的异地生态补偿机制，环境信息流转不够顺畅。

四　嘉兴以"沪杭同城"战略参与长三角一体化的发展趋势

（一）经济一体化进程加速，城市定位和分工更加明确

2019 年 12 月，《长江三角洲区域一体化发展规划纲要》（以下简称《规划纲要》）发布，以文件形式明确了长三角一体化发展的定位和意义，总体来讲为"一极三区一高地"，要推进长三角区域高质量发展，把整个长三角地区打造为中国经济发展的新兴增长极、全国区域发展的样板、全国领先实现现代化高质量发展的示范区和引领区、新时代中国改革开放的高地。面对长三角一体化发展上升为国家战略，嘉兴市把全面融入长三角一体化发展作为首位战略，明确全新的发展定位：把嘉兴建设成长三角核心区枢纽型中心城市、杭州湾北岸的璀璨明珠、国际化品质的江南水乡文化

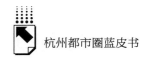

名城、面向未来的创新活力新城，积极发挥嘉兴市接轨长三角一体化桥头堡和浙江省全面创新改革试验区作用，以更加积极昂扬的姿态融入长三角一体化建设中。

（二）深入贯彻市场开放发展政策，充分完善要素流动机制

2014 年，长三角区域内三省一市首次构建了区域一体化发展合作框架，要求加强区域范围内协作沟通，共同打造长三角一体化发展示范区。合作框架还指出，要积极推进对外合作联动，共同促进经济全方位发展；共同营造互联开放的市场环境，共同打造全国先进的营商氛围。为积极推进长三角一体化发展市场环境建设，嘉兴市积极突破行政要素壁垒，打破体制机制枷锁，以市场化发展的要求，营造标准互认、统一有序、要素流动自由的市场氛围，同时通过修订市场法规，建设协同配合的共享平台，促进政府监管执法信息共享与交换。

（三）社会管理和公共服务合作加强，更加突出民生导向

伴随着长三角一体化发展，不同区域间经济、生活、社会发展的联系越来越密切，区域内居民往来紧密，对促进公共服务、区域市场、社会交流等一体化发展的要求越来越强烈。为了突出打造居民生活的城市圈，需要推动长三角区域内民生、社会等资源进一步合理化配置，让居民体会到获得感。嘉兴市将进一步深入推动异地就医结算、公共交通异地扫码互认、民生档案互联互通等民生项目的配套合作，强化合作成果共享。同时，在此基础上，进一步探索建立跨界合作功能区，加强水污染治理、大气污染治理、文化保护，提供医疗服务等，推进跨界区域公共民生服务共享与均等，推动实现高品质生活。

（四）生态环境协同治理加强，环保合作更加密切

2018 年，上海、江苏、浙江、安徽三省一市共同签订《关于建立长三角区域生态环境保护司法协作机制的意见》，共同建立信息共享交流、

日常工作合作等司法配合协作机制，形成生态、环保、司法合作合力，统一构建区域一体化司法协作平台。同时，意见指出，在嘉兴、苏州、青浦地区，打造区域生态绿色发展示范区。嘉兴市抓住此次机遇，把以人为本作为绿色生态发展的前提，积极发展生态产业，加强环境治理，转变经济发展方式，突出发展绿色服务型经济。在深化水污染整治、大气污染防治、土壤环境治理等方面进行区域联控治理，形成区域间生态保护协作机制，根据周边城市的环境资源承受力，统筹协调经济发展和环境治理保护。在生活、环保共同治理、共同保护、共同改善的前提下，携手解决大气污染、水污染、空气污染和土壤污染治理问题，共同创建生态环保的区域治理新模式。

五 嘉兴以"沪杭同城"战略参与
长三角一体化的对策举措

（一）深化浙沪两地高层对话，推进一体化示范区建设

一是强化高层对接。积极建议省级层面、市级层面与上海各级政府领导、有关部门单位负责人等开展对话，就浙沪两地合作和一体化发展项目进行重点协商。力促两地三方领导人建立浙沪协同发展联席会议机制，定期就重大合作问题进行协商，形成有约束力的规范性意见。

二是做好规划对接。围绕上海特大城市非核心功能疏解，加快与上海在产业发展、基础设施、公共服务方面的对接。积极推进苏嘉、嘉湖一体化发展。《2019年浙江省政府工作报告》明确提出推进嘉兴、湖州一体化发展，这对嘉兴来说既是难得的发展新机遇，又是在推进一体化建设中，国家和省两个层面对嘉兴提出的新要求。要积极推动与苏湖两地的互动发展，把推进苏嘉一体化作为嘉兴市对标苏州发展的切入点，特别要把苏州通过引进外资发展的经验作为嘉兴市打造"浙江省高端外资集聚地"的借鉴。同时，积极推进苏嘉湖基础设施一体化建设。加快与苏州、湖州道路交通和信息数据

等领域一体化建设步伐，要更加重视与苏州在信息数据等领域的一体化发展，打通苏嘉两地融合发展的各类"接口"。

三是强调合作共赢。与沪接轨要不断寻找新的合作共赢点，既不能以"挖墙脚"的零和博弈思维来做，也不能要求上海以"帮扶"式输出的办法来实施。要不断创新联合管理机制、收益分配机制，积极争取在合作过程中维护自身权益。同时要重新认识、摆正位置，一方面摒弃"放在篮子里都是菜"的思维；另一方面不能好高骛远，尊重产业梯度转移的客观规律，切实将有发展潜力的、适合嘉兴市发展阶段特征的优质企业引进来。

（二）做优做强城市功能，打造高能级城市平台

对接浙江省大都市区建设，谋划打造以嘉兴高铁南站为核心的现代活力新城和以南湖为核心的高品质城市文化中心，形成"双中心"城市格局。

一是高标准打造高铁新城。对标上海浦东新区、雄安新区规划建设，坚持世界眼光、国际标准，进行高规格的整体设计，真正把它打造成一个对接国际、对标上海、比肩虹桥的高端商务区和高新产业集聚区。同时，对于高铁新城，要确定分阶段建设目标，以"功成不必在我"的姿态，坚持"成熟一片，推进一域""连片开发，整体推进"，力争与长三角一体化示范区的先行启动区同步启动，同步建设，同样管制，同等引领，在建党一百年时初见形象，到新中国成立一百年时基本建成。

二是深层次提升中心城区品质。实施市区"十大标志工程"和"十大专项行动"，强化城市规范化、精细化管理，实现城市形象和品质"一年一个样、三年大变样"，成为长三角区域城市高水平提升的新典范、新样板。对重点建设项目，要确定专班、增加力量，保质保量保速度地加以推进，尤其是对于市区"十大标志工程"，要限时完成，坚决不把"断头路、断头河""筒子楼、城中村""脏乱差、破旧乱"带入建党一百年。

（三）发挥G60科创走廊效用，建设高能级科创平台

一是突出规划引领"龙头"。基于城市区域一体化发展、城市结构发展

网络化等基本要求，积极推进与杭州、上海、苏州等周边城市的深入合作，打造"一核引领、两翼联动"的科技创新发展新格局。"一核"也就是嘉兴是科技创新发展核心区，以科技城、秀洲国家高新区、高校技术产业园三大平台为基础，打造城市区域创新发展高地。大力发展清华长三院、浙江中科院等作用，形成高科技发展的产业集群。"两翼"主要为产业创新带和临杭产业创新带。产业创新带主要包括平湖张江长三角科技城、嘉善科技新城、海盐核电高新产业园等，临杭产业创新带包括海宁国际科技城、乌镇科创集聚园等。

二是积极推动军民融合发展。嘉兴市强化与中电科、航天科工、航天科技、军事科学院等国家军民融合单位的对接，抢抓科研成果转化项目落地嘉兴，如深化与中电科战略合作，围绕一室（数字中国城市实验室）、一镇（桃园数字小镇）、一园（乌镇产业园）、一院（创新研究院）、一校（嘉兴学院）、一基金（产业发展基金）"六个一"项目，签署全方位合作协议。重点推动中电科47个研究所到嘉兴设立研究中心，把嘉兴建成数字产业化、产业数字化的标杆；又如杭州海康威视公司计划于秀洲区桃园数字小镇落地一批高端数字经济项目，预计落地项目超过600个。

三是紧抓体制机制改革"红利"。深度融入杭州、上海、苏州等地的区域创新发展体系，融入沪杭科创成果转化环节，大力发展科创共同体和进行成果转化基地建设，深入推动科技创新券跨区域使用，推动科技资源设施共享共通，推动形成"沪杭研发、嘉兴孵化""沪杭总装、嘉兴配套"产业链条。大力推动"科技创新飞地"合作模式，强化与上海张江高科园、杭州未来科技城等地科技创新平台的合作共建，搭建高水平、高质量发展的区域科创园、产业园等。

（四）提升产业发展能级，打造高层次产业发展平台

一是打造"万亩千亿"大平台。发挥嘉兴区位优势，力争将其纳入上海自贸区或浙江自贸区2.0版拓展区，率先复制推广上海自贸区政策制度创新经验，着力在浙江北部打造一个更好服务省大湾区建设和"一带一路"

国家布局的开放支点。充分发挥嘉兴接轨上海的先发优势，积极对标浙江省大湾区建设要求，围绕打造"万亩空间、千亿产业"，突出抓好21个万亩级大平台建设，加快推进平湖张江长三角科技城、中新嘉善现代产业园等重大合作平台建设，建设一批沪嘉杭共建产业发展平台，大力深化上海和杭州都市圈南北发展、东西共建的平台建设。

二是打造国际产业合作平台。围绕浙江省高质量外资集聚先行区建设，嘉兴市积极推动国际化产业化院区发展，初步形成"一四八"的国家合作平台建设体系，主要包括一家中国与德国中小企业合作院，中国与德国、中国与日本、中国与荷兰、中国与法国四家省政府批复合作园，八家县市区建设的有一定影响力的国际合作园。在中荷（嘉善）国际产业合作园，2018年底，总投资18亿美元的绿色储能锂电池项目落户，是浙江省近年来引进的最大外资项目。截至2019年末，嘉兴12家国际合作园完成了350多个项目，合计投资金额超过75亿美元，形成了飞利浦、日本电产等一大批优秀国际合作项目。嘉兴市将深入推进国际合作产业园、嘉兴综合保税区建设，推进平台整合升级，进一步增强对高质量项目的吸引力和承载力。

（五）大力推进湾北新区建设，打造城市开放大平台

一是强化大湾区整体规划引领。实施大湾区战略是浙江省融入长三角一体化发展的特色举措。嘉兴市出台贯彻全省大湾区建设决策部署实施方案，全面对接浙江省大湾区"一环、一带、一通道"总体布局，重点强化与上海、杭州都市圈同城化建设，全力打造"一核心、三联动、九平台"总体发展格局。"一核心"即为打造形成高能级发展平台，形成高铁新城和高质量发展中心城；"三联动"为临沪产业带、临杭产业带和杭州湾北岸先进制造带；"九平台"为科技城、秀洲高新区、经开区、乍浦经开区、平湖经开区、嘉善经开区、海盐经开区、桐乡经开区和海宁经开区。

二是积极谋划设立"湾北新区"。整合嘉兴市平湖乍浦港区、海盐港区、独山港区和南北湖风景区、尖山新区涉及区域，主要布局建设未来城

市、高端产业、生态休闲等重点功能区，打造全省大湾区建设的北部重要增长极。在该区域建设中日产业合作园，园区方案已经初步明确，相关机构正在与日本有关方面深度对接。

（六）打造立体化交通网络布局，建设综合性交通枢纽

长三角区域一体化首先必须是交通一体化。为更好地实现与沪、杭、苏、甬等周边城市的互联互通，进一步提升嘉兴的区位优势，大力推动交通优先发展，全面推动机场、铁路、水运建设，积极推进沪嘉铁路、浙北航道、嘉兴空港联运等设施建设。

一是打造高铁中心枢纽。重点是科学规划市域轨道交通网络，启动沪嘉城际轨道工程可行性研究编制及各专项评估工作，实现2019年底先行工程开工；全面开工嘉兴南站扩容改建工程，全力争取接入沪杭，打通苏甬、杭绍台二期等铁路网；加快杭海城际铁路建设，力争2020年建成通车；打造以嘉兴南站为中心的半小时高铁圈和一小时通勤网。

二是建设航空物流中心。积极推进军民合用机场改建，深化与上海机场集团、省机场集团合作，建设多式联运的国际空港物流中心，尽快开工建设飞行区工程，力争在2021年上半年建成启用。

三是建设海河联运中心。打造海河联运枢纽。强化与周边舟山港、上海港、杭州港等港口的互联互通，加快建设一批港口码头、高等级航道，重点推进杭平申线、湖嘉申线等改造提升，构建海河联运发展引领区。

（七）打造生态绿色一体化示范区，促进区域环保发展

2019年10月，《国务院关于长三角生态绿色一体化发展示范区总体方案的批复》出台，支持嘉善、上海青浦、苏州吴江试点推进长三角区域生态绿色发展一体化示范区建设。嘉兴市将以此为契机，大力实施沪杭同城战略，对接全省大花园建设，充分发挥嘉兴丰富的江河湖海优势，特别是利用北部超过1万公顷低洼湿地，谋划打造"人与自然和谐共生"的国家级生态湿地公园，形成长三角的生态"绿心"。目前已全面启动湿地公园规划建

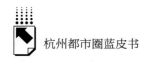

设工作，213 公顷的麟湖湿地公园已创建，成为省级湿地公园，526 公顷的运河湾湿地公园已完成国家级考核验收。

嘉兴市将在湿地公园建设基础上，进一步打通环太湖和环淀山湖两大生态功能区，完善与上海、苏州等地的生态保护开发联动机制，共同改善和提升区域生态环境。同时，积极推进城乡融合发展，创建一批功能复合、智慧互联、绿色低碳的未来社区，打造长三角区域均衡度最高、环境最美的城乡一体化发展先行区。

（八）持续提升公共治理能力，打造营商环境最优市

围绕打造"对标国际、全国一流、长三角最优"营商环境目标，结合嘉兴市开展的"三服务"和"两年"活动，以问题为导向进行新一轮接轨上海"两个无差别"研究，梳理并解决一批政策上的"断头路""拦路虎"问题，深化与上海的政策制度和公共服务对接，持续优化投资软硬件环境，营造规则统一开放、标准互认、要素自由流动的市场环境，推进加快建设统一开放市场，真正让广大投资者感到"投资嘉兴就是投资上海"。

整体上，以推动要素自由流动为重点，积极推进市场准入标准一体化、人才要素流动均等化、公共服务一体化建设，大力创新市场体制机制，争取实现政府办事、市场规则一体化。整合嘉兴全市力量，大力聚焦土地管理、投资管理、市场要素、财税分配、环境保护、信用建设等方方面面，以示范区建设为重点，积极探索破除各种行政壁垒障碍。

参考文献

朱樱：《"十三五"期间嘉兴市与沪杭同城战略研究——以嘉善融入上海首位战略为例》，《中国市场》2016 年第 8 期。

邢磊、肖建：《沪杭同城背景下嘉兴对外科技合作模式与机制研究》，《中国市场》2015 年第 43 期。

唐亚林、于迎：《主动对接式区域合作：长三角区域治理新模式的复合动力与机制

创新》，《理论探讨》2018 年第 1 期。

　　洪银兴、王振、曾刚等：《长三角一体化新趋势》，《上海经济》2018 年第 3 期。

　　李世奇、朱平芳：《长三角一体化评价的指标探索及其新发现》，《南京社会科学》2017 年第 7 期。

　　胡艳、潘婷、张桅：《一体化国家战略下长三角城市群协同创新的经济增长效应研究》，《华东师范大学学报》（哲学社会科学版）2019 年第 5 期。

　　《加快推进和融入长三角一体化发展》，《新华日报》2019 年 3 月 26 日。

B.6
浙江大湾区发展中的绍兴强市战略研究

王瑾　罗志文　赵燕　肖维鸽　张恬*

摘　要：　"浙江大湾区"概念的提出是浙江省围绕进一步融入长三角、接轨大上海的重大举措。绍兴作为湾区成员，与浙江大湾区的发展密不可分，湾区建设给绍兴带来了前所未有的重要发展机遇。本报告通过分析和解读绍兴经济社会发展现状以及目前存在的问题，以期为长三角及大湾区发展背景下的绍兴强市建设提供政策性建议，即重视产业强市战略、创新强市战略、交通强市战略、生态强市战略、文旅强市战略。

关键词：　强市战略　浙江大湾区　长三角　绍兴

从京津冀协同发展到长三角区域经济一体化再到粤港澳大湾区建设规划，党中央着眼于新时代改革开放和现代化建设大局，做出重大部署，通过推进区域经济一体化发展，发挥区域增长极的辐射和带动效应，进而实现资源优化配置，促进我国经济向高质量发展转型。作为长江经济带的重要一环，浙江在多领域持续发力，全方位推动长三角高质量一体化发展。"浙江大湾区"概念的提出是浙江省围绕一体化概念，进一步融入长三角，接轨大上

---

*　王瑾，浙江绍兴文理学院商学院教授，研究方向为区域经济学、国际贸易理论与政策。罗志文，浙江绍兴文理学院商学院讲师，博士，研究方向为区域经济、城乡治理与国土资源管理。赵燕，浙江绍兴文理学院商学院助理研究员，研究方向为区域经济管理。肖维鸽，浙江绍兴文理学院商学院副教授，研究方向为区域经济、贸易。张恬，绍兴市社会科学院经济发展研究室主任，研究方向为区域经济发展。

海的又一重大举措。湾区将以杭州湾经济区为核心进行谋篇布局，力求打造全国现代化建设先行区、全球数字经济创新高地和区域高质量发展新引擎。

作为浙江大湾区中最具活力、创新能力最强的地区之一，绍兴面临前所未有的新机遇和新挑战。在地理位置上，绍兴位于杭州湾"收腹"区位，是连接杭州和宁波的战略节点。按照大湾区规划布局，未来绍兴将以滨海新区为主平台深度融入区域一体化建设。

2019 年，《政府工作报告》中明确将长三角区域一体化发展纳入国家战略层面，推动长江经济带上中下游协调发展。浙江尤其是杭州湾地区是长三角最具活力、创新能力最强的地区之一，抓住杭州大湾区建设的重大机遇，围绕一体化，融入长三角、接轨大上海、拥抱大湾区，实现城市高质量发展，是新形势下强市战略的必然选择。

一 浙江大湾区建设的现实基础

世界范围内的区域一体化运动催生了像城市群、都市圈乃至类似欧盟这种超国家的组织，各种经济体在这场一体化运动中由竞争走向协同、合作和共赢。在经济全球化背景下，各大经济体无一不在致力于推进区域一体化建设，在更大空间范围内实现资源要素的优化配置，提升区域整体竞争力。目前，区域一体化也是我国经济发展的大趋势，从珠三角、长三角、京津冀地区到现在的粤港澳大湾区都是我国推进区域一体化战略的重大举措。

（一）浙江大湾区的发展目标

湾区是一个地理空间名词，指一个海湾或相连的若干个海湾、港湾、邻近岛屿共同组成的区域。世界经济发展至今，"湾区"的概念不再只是地理区位，而成为区域一体化概念的演化，一种更高层级的顶层设计。

浙江省第十四次党代会首次提出"浙江大湾区"（简称大湾区）建设构想，是浙江经济发展的一场重大布局。大湾区总体规划为"一环、一带、一通道"，即环杭州湾经济区、甬台温临港产业带和义甬舟（义乌、宁波、舟山）开放大通道，通过整合延伸产业链实现沿海与内陆的资源联动、协同发展，以杭州湾高质量发展带动省域范围内经济转型升级。大湾区以杭州湾经济发展为核心，以"一港、两极、三廊、四区"规划空间布局，其中"一港"指中国（浙江）自由贸易试验区，"两极"指杭州都市区和宁波都市区，"三廊"指杭州城西科创大走廊、嘉兴 G60 科创大走廊、宁波甬江科创大走廊，"四区"包括杭州江东新区、湖州南太湖新区、绍兴滨海新区及宁波前湾新区，充分发挥不同城市的区位优势，实现老城与新区的优势互补，打造世界级产业集群。

浙江大湾区是在长三角一体化背景下的浙江实践，是打造世界级产业集群、构建多元化国际平台的一次大胆尝试。"大湾区"概念的提出给绍兴这座历史文化名城带来了新的机遇和挑战，为经济转型升级提供了新的空间和平台。

在长三角一体化及粤港澳大湾区的实践背景下，结合浙江经济发展实际情况制定浙江大湾区的建设目标。浙江大湾区的定位为"绿色智慧和谐美丽的世界级现代化大湾区"，力图打造除粤港澳大湾区以外另一个世界级大湾区。湾区定位体现了以人为本、绿色生态、智慧共享、和谐共治的基本理念，在教育、健康、创业、交通、低碳、建筑、服务和治理等领域创新未来人居生活方式，打造新型城市功能单元。

具体目标则是建设"全国现代化建设先行区、全球数字经济创新高地、区域高质量发展新引擎"。在具体实施方面，将聚焦产业、创新、城市、交通、开放、生态六大重点领域，实施六大建设行动，包括现代产业高地建设行动、"互联网＋"科创高地建设行动、现代化国际化城市建设行动、湾区现代交通建设行动、开放高地建设行动和美丽大湾区建设行动。

实施现代产业高地建设行动建设世界级先进制造业集群；加快传统产业优化升级；大力发展高新技术服务业；建设新兴金融中心；建设全球新兴文化与旅游产业基地。

实施"互联网＋"科创高地建设行动，高水平建设国家自主创新示范区；强化人才集聚；建设一批创新应用示范基地；前瞻布局一批具有国际水准的创新载体；培育技术新产品、新业态、新模式。

实施现代化国际化城市建设行动，实施一批现代化城市示范工程；提升城市国际化服务功能；加快完善城市基础设施；完善一体化公共服务体系；加快推进城市治理数字化。

实施湾区现代交通建设行动，打造高水平互联互通交通设施网络；打造世界级港口集群；打造通达全球的世界级机场群；推进湾区智慧化交通建设。

实施开放高地建设行动，高水平建设中国（浙江）自由贸易试验区；建设电子世界贸易平台（eWTP）试验区；培育、建设一批国际货物和服务贸易基地；构筑双向开放、内外联动的园区体系。

实施美丽大湾区建设行动，坚持生态优先，严格管控各类生态功能区；不断推进污染治理与生态修复；实施产业准入负面清单；建设资源节约和环境友好型社会。

（二）浙江大湾区建设的现实背景

浙江大湾区是国家进行区域一体化战略部署的浙江实践，是应对世界经济环境变化的产物。大湾区不仅是一个地域概念，还是一个区域经济体，湾区内城市紧密联系，一荣俱荣，一损俱损。绍兴作为湾区成员，与浙江大湾区发展同样密不可分，湾区建设也给绍兴带来了前所未有的重要发展机遇。

首先，浙江大湾区是浙江省进行区域发展的总体战略，是一个关乎浙江发展的长期战略。湾区是经济要素及优势资源的集聚区，有利于绍兴获取国内国际前沿信息技术，实现经济转型升级，更好地发挥比较优势，实现率先发展。

其次，湾区核心城市的产业国际化、信息化、数字化可以为绍兴智造体系提供产业联动、创新驱动、平台带动的有力支撑。同时，湾区内的成员协作发展，有利于在更高层次上提升绍兴市经济社会发展水平，从而进一步提升绍兴在湾区经济体系中的地位，为绍兴市率先实现现代化提供有力支撑。

最后，在浙江大湾区建设过程中，杭绍甬一体化、同城化等战略为绍兴

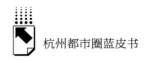
市高品质提升城市能级提供"加速器"。合作机制逐步完善，有利于促进杭绍甬区域与长三角地区融合发展，全面提高开放型经济水平。

（三）长三角背景下的浙江大湾区发展趋势

自中美出现贸易摩擦以来，全球经济动荡已波及每个参与者。为更好地应对国际形势的变化，国家实施了"一带一路"倡议，长江经济带、长三角一体化等一系列区域一体化战略。"四大"建设、杭绍甬一体化、浙江大湾区等概念的提出是浙江省响应国家号召、践行区域一体化战略的缩影。

长三角地区作为全国一体化程度最高的区域，拥有扎实的经济基础和良好的区域发展优势。未来的长三角城市群将在产业链一体化、基础设施一体化、交通设施一体化等方面不断创新和完善，真正成为中国社会经济发展的重要引擎。长三角的发展必然对城市群产生明显拉动效应，带来区域整体效益全面提高。而浙江大湾区是长三角一体化发展战略的重要组成部分，借助长三角一体化发展平台，未来浙江大湾区将以世界性大湾区为建设目标，不断推动大湾区经济高质量发展，以区域先行带动全省经济健康高速发展。

二 浙江大湾区中的绍兴发展现状

绍兴地处长三角经济发展中心地带，推进长三角区域一体化发展是绍兴承担的历史责任，也是绍兴面临的重大机遇。本报告选取长三角中心城市中与绍兴市人口规模相近的四个城市（常州、扬州、安庆、嘉兴）进行对比，通过四个方面的数据比较展现绍兴社会经济发展现状。2018 年绍兴与长三角其他城市主要经济指标见表1。

表1　2018 年绍兴与长三角其他城市主要经济指标

项目		常州	扬州	安庆	嘉兴	绍兴
总量指标	生产总值（亿元）	7050.27	5466.17	1917.59	4871.98	5416.90
	人均生产总值（按常住人口统计）（元）	149277	120944	41088	103858	107853
	工业增加值（亿元）	—	—	—	2387.18	2234.22

续表

	项目	常州	扬州	安庆	嘉兴	绍兴
效益指标	规模以上工业利润总额(亿元)	726.26	424.88	211.4	587.84	396.59
	财政总收入(亿元)	—	—	—	895.29	811.85
民生指标	城镇居民人均可支配收入(元)	54000	41999	31187	57437	59049
	城镇居民人均消费性支出(元)	—	—	—	32366	33319
动力指标	社会消费品零售总额(亿元)	2613.19	1557.03	814.89	1938.59	2007.61
	固定资产投资占总投资的比重(%)	7.5	11.0	12.6	7.7	1.9
	出口额(亿元)	1652.94	562.05	70.52	2017.33	2046.10

资料来源:《常州市统计年鉴》(2019年)、《扬州市统计年鉴》(2019年)、《安庆市统计年鉴》(2019年)、《嘉兴市统计年鉴》(2019年)、《绍兴市统计年鉴》(2019年)。

(一)经济发展总量

《2019年绍兴市政府工作报告》指出,绍兴本年度目标为重返经济综合实力"全国30强",更高水平打造全省高质量发展的重要增长极。经济综合实力体现一个地区的经济发展总体水平。在人口规模相似的五市中,生产总值及人均生产总值差异较大,其中江苏的常州和扬州两市在总量指标上排在前列。绍兴与嘉兴在经济体量上相近,但绍兴在生产总值、人均生产总值方面要略超嘉兴。在经济发展总量方面,绍兴与人口规模相近的常州市相差较大,在产业创新能力、融合程度、企业规模及国际化程度等方面仍存在一些困难与问题,需引起关注。

(二)经济发展效益

在效益指标的对比上,绍兴的表现不尽如人意,规模以上工业利润总额在五市中排在第四位,仅为江苏常州市的54.6%。2018年的财政总收入也少于同省的嘉兴市。工业4.0时代,绍兴面临来自国内外市场的诸多风险和挑战,在产业转型方面,绍兴缺乏后劲,传统产业发展优势明显但后续动力依然不足,实体产业的发展阻滞对财政收入的增长也产生了连带效应。

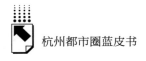

（三）民生发展情况

在民生发展方面，绍兴的表现则可圈可点。2018 年，城镇居民人均可支配收入达 59049 元，同比增长 8.5%，在五市中位列第一。城镇居民人均消费性支出也多于同省的嘉兴市，占收入总额的比例达 56.4%。近几年，绍兴居民收入稳步增长，购买力不断增强，生活水平不断提升。绍兴一直坚持稳中求进的工作总基调，使经济发展的红利惠及人民，做到真正还富于民。

（四）经济发展动力

在经济发展动力方面，2018 年，固定资产投资最少，在一定程度上影响绍兴经济发展。人均收入的增加对社会消费品零售总额的增加起到了促进作用，社会消费品零售总额列五市中的第二位，绍兴在一定程度上靠消费拉动内需增长。通过深耕国际市场，绍兴出口额增速惊人，2018 年，出口额为 2046.1 亿元，远超排在第二位的嘉兴市。在长三角一体化发展背景下，绍兴的外贸出口将进入高速发展阶段。

从以上四个层面的指标对比中可以看出，在长三角中心城市群中，绍兴的经济发展处在"比上不足，比下有余"的境地。但从某些指标上可以看出，绍兴经济整体发展态势良好，在长三角中心城市群中，绍兴的比较优势明显，在区域一体化发展中处于重要的战略位置。

三　绍兴强市发展中面临的问题

大湾区的发展与湾区城市群的发展密切相关，如何连点成线、以线带面是关系区域经济发展的核心问题，而绍兴位于杭州和宁波之间，有着"左右逢源"的地域优势。绍兴这座千年古城应借大湾区发展之东风，在高质量发展的征程上砥砺前行。杭州和宁波作为改革开放先行区一直引领浙江经济的发展方向，接下来，本报告从五个方面将绍兴与杭甬两城进行对比，以期发现问题，找出差距。

（一）产业发展

产业是经济发展的重要引擎，是城市发展的命脉。近年来，绍兴在发展产业方面苦练内功，绍兴三次产业总体呈现"稳中向好"的态势，产业增加值逐年攀升，产业结构日趋合理。但与杭甬两市相比，绍兴产业发展仍存在一定差距。

在经济体量上，绍兴总体的产业发展水平偏低，第一产业的占比相对较高；从表2的数据可以看出，虽然杭绍甬三地在产业结构上具有趋同性，但在产业层次上具有明显差异。杭州已开始向服务业和高端制造业转型，其中，计算机、通信和其他电子设备制造业的产值占制造业总产值的比例已达14.6%。宁波市则聚焦中高端制造业，产值占比最高的是汽车制造业，为15.2%。

表2 2018年杭绍甬地区三次产业增加值绝对值及产业结构

单位：亿元，%

地区	增加值绝对值			产业结构		
	第一产业	第二产业	第三产业	第一产业	第二产业	第三产业
杭州	306	4572	8632	2.27	33.84	63.90
宁波	306	5508	4932	2.85	51.26	45.90
绍兴	196	2612	2609	3.62	48.22	48.16

资料来源：2018年杭州、宁波、绍兴国民经济和社会发展统计公报。

绍兴产业结构为第二与第三产业并重的"二三一"型，制造业仍是绍兴的支柱产业，且绍兴具有以劳动密集型纺织业、化学原料和化学制品制造业、化学纤维制造业、纺织服装业等为主的传统制造业，这四类产业产值占比高达46%。与杭州等国内先进城市相比，绍兴在传统产业发展方面根基深厚，但在产业创新能力和新兴产业发展方面仍存在较大差距。

（二）科技创新

大湾区是科技创新的活跃区，而杭绍甬地区则是科技创新重镇。目前，

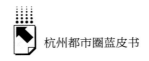

数字经济的发展正如火如荼展开，跨境电商、云计算、工业智造等新技术层出不穷，科技创新带来生产力指数级增长。绍兴在科技创新方面积极主动对接杭州城西科创大走廊、宁波甬江科创大走廊、嘉兴G60科创走廊和上海国际科技创新中心，在更高层次构建与沪、杭、甬优势互补的产业创新体系。

一个城市的输出技术和吸纳技术在一定程度上反映了区域创新的极化和扩散效应。杭绍甬三地中杭州市科创能力最强，杭州在输出和吸纳技术的合同数及成交额上均以明显优势胜出。在此方面，绍兴虽然没有相关数据，但在技术市场层面与杭州存在较大差距，2017年，三市的技术市场交易额分别为222亿元、118.5亿元、15.72亿元，绍兴的交易额仅为杭州交易额的7.08%，技术市场的交易活跃度有待提升。在科技创新成果转化方面，杭绍甬三市指数分别为408.4、263.5、176.85。从以上数据可以看出，绍兴的科技创新成果转化指数最低，科创成果难以落地，创新成果关联性较弱，不利于形成完整的产业链和产业生态。

科技创新需要政策的支持和规模化的资源投入，杭甬两市作为全省高校及科研院所的集中区，拥有各类科研平台及技术研发资源。在规模以上企业的R&D人员、R&D项目及科技机构等方面，绍兴的科技创新能力较低，需要从平台、人员、投入等诸多方面不断完善科技创新体系。

（三）交通网络

交通网络是整个城市经济发展的命脉，同时也是连接大湾区每个组成部分的生命线。"十三五"以来，绍兴市不断推进发展交通建设项目，截至2018年，绍兴交通投资增长速度已处于全省领先地位，在各类交通运输方式建设方面已初步形成了布局完善合理、运载能力充分的交通网络。图1展示了2011～2017年杭绍甬地区高速路网密度情况，可以看出，三市高速路网逐年加密，绍兴与宁波每百平方公里的高速路均已超过5公里。纵向对比显示，在三市中，绍兴高速路网密度最高，反映了绍兴在高速通道建设方面投资强度较高。

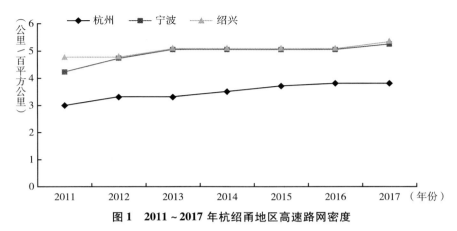

图1　2011～2017年杭绍甬地区高速路网密度

资料来源：杭州、宁波、绍兴统计局统计资料。

密布交织的公路、铁路、水路以及航空线路在服务城际人流和物流方面发挥了巨大作用。在载客流量及货物吞吐量方面，杭甬两市均构建了多层次的交通体系，而绍兴的量级还需进一步提升。

（四）生态环境

2018年，浙江省生态环境公众满意度调查结果显示，近年来，绍兴市全面改善生态环境质量的结果得到了社会公众的认可，总分排名居全省第四。绍兴市在环境监测方面运行良好，已经建立对污染源、建设项目重大变化和重大案件查处等情况的信息共享和沟通机制，并设有环境保护专项资金、建有排污权交易市场，制定了排污环评和排污费收缴制度等。

绿水青山的生态景象需要从根本上解决污染问题，绍兴在节能减排方面依然任重而道远。从表3中的相关指标可以看出，绍兴的单位GDP工业废水排放量、单位GDP工业二氧化硫排放量远超杭甬两市，这反映出绍兴工业在高速发展过程中仍以牺牲生态环境为代价。

绍兴市的PM10平均浓度低于杭甬两市，说明绍兴空气质量比较好，但酸雨发生率高于杭州市和宁波市，这与之前较高的单位GDP耗电量、单位GDP工业二氧化硫排放量有密切联系，空气质量不容乐观。

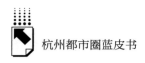

表3　2017年杭绍甬地区生态环境指标

生态环境指标	杭州	宁波	绍兴
单位 GDP 工业废水排放量(万吨)	1.95	1.47	9.20
单位 GDP 工业废水中 COD 排放量(吨)	1.00	0.82	3.70
单位 GDP 工业二氧化硫排放量(吨)	2.10	2.59	3.17
单位 GDP 工业烟(粉)尘排放量(吨)	1.30	2.00	1.88
工业固体废弃物综合利用率(%)	77.06	95.55	91.11
单位 GDP 耗电量(千瓦时)	443.96	594.45	721.21
PM2.5 平均浓度(微克/立方米)	45	37	41
PM10 平均浓度(微克/立方米)	72	82	63
酸雨发生率(%)	62.9	58.1	73.8

资料来源：杭州、宁波、绍兴统计局统计资料。

（五）人文旅游

位于会稽山下、钱塘江畔的古城绍兴，是国务院确定的首批全国历史文化名城之一。绍兴拥有丰厚的古城文化特色和众多的人文景观，悠久的历史文化和水乡特色造就了绍兴独特的古城文化与水乡风俗。同时，运用"互联网＋"思维整合微电影、微博、微信等新媒体资源以进行立体式宣传，极大地提升和增强了绍兴旅游的知名度和品牌影响力。

2017年，绍兴市旅游总收入达1028亿元（见表4），人文旅游及相关产业产品的发展迅速，但与杭州、宁波相比，绍兴旅游发展在体量级上仍存在一定差距。旅游总收入中旅游外汇收入占比较小，反映了绍兴旅游仍缺乏国际知名度。旅游相关配套方面，星级酒店数量偏少，在一定程度上影响了绍兴旅游的吸引力。

表4　2017年杭绍甬地区文旅发展状况

项目	杭州	宁波	绍兴
旅游总收入(亿元)	3041.3	1716.0	1028.00
旅游外汇收入(亿美元)	35.43	10	3.19
国内旅游总收入(亿元)	2802.1	1649.1	1007.00

项目	杭州	宁波	绍兴
游客总量（亿人次）	1.6287	1.1187	0.96
国内游客总量（亿人次）	1.5884	1.1	0.95
星级酒店数量（家）	1302	345	113

资料来源：杭州、宁波、绍兴统计局统计资料。

相关数据显示，绍兴的旅游业营业收入的构成比较单一，景区门票收入的比重在60%以上，绍兴的旅游业还处在以景点为核心的观光型旅游阶段，营收的渠道有待拓宽。

四 浙江大湾区发展中的绍兴强市战略

绍兴利用自有资源，借助独有的区位优势，实现和周边城市之间的优势互补，需要相应的协调机构进行总体规划和布局。本报告从产业协同发展、依靠创新驱动、构建交通网络、发展生态经济、发挥文旅优势等方面探索促进绍兴发展的强市战略。

（一）产业强市战略

湾区的空间载体是城市群，任何一个城市的产业发展都离不开其他城市相关产业的支持与配合，这决定了产业的发展不是由某个城市经济发展决定的，而是由湾区中整个城市群的产业发展决定的。应优化产业结构，筑造现代产业发展高地。未来湾区产业布局将向高端制造业及新兴产业不断延伸，应着力打造"互联网＋"数字经济、智能制造、高端服务业等重点功能区。

通过构建具有国际竞争力的现代产业体系，推进新旧动能转换，实现纺织、化工、金属加工三大重点传统产业转型升级，提升产品附加值，进一步支持高端装备、电子信息、现代医药、新材料四大新兴产业发展。同时构建制造业和服务业协同发展体系，既要保证制造业实体经济稳健增长，又要促进现代服务业高品质转化。

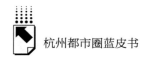

加大绍兴与湾区内其他城市的合作力度，通过"手牵手"联合打造新兴产业示范区，创造湾区产业新动能。推进滨海新区产业平台建设，加快"万亩千亿"新产业平台培育，聚焦关键领域高端产业，吸引更多高端要素集聚，打造高能级战略平台，通过建设若干产业集群加快建立产业强市。

（二）创新强市战略

全面提升科技创新能级，打造科创活力区。以合作共享为核心，以资源系统整合为主线，以体制机制创新为保障，提升区域自主创新能力，共同打造一个功能复合、生态良好、孕育原生创新生态体系。

吸引科技人才留绍，充实科创智库。各大高校及科研院所是创新人才的集聚区，通过政策倾斜加大对相关部门的人才引进支持力度。鼓励政企部门加大与高校院所在重点领域的合作力度，合力攻克核心关键技术。针对不同研发领域，创建人才智库，并充分发挥智囊团的技术支持作用。

创建研发平台，制定创新政策。整合全市科研资源，加强与国内外科研机构的合作，以"研发总部在上海，二级研发和制造基地在绍兴"的模式，引进重大研发制造项目，积极对接科创走廊，深化智能产业发展，寻找绍兴经济发展新增长点。围绕重点领域组建创新中心，联合研发攻关，实现成果共享。通过政策引领营造良好的科创环境，加强对创新创业的支持和激励。

建设科技成果转化培育基地，为科技成果顺利、成功转化提供支撑。促进更多的科技成果转化为现实生产力，完善成果转化的政策引导、投入和激励机制。主动对接三个科创大走廊，在更高层次构建与沪、杭、甬优势互补的产业创新体系，加强创新团体之间的协同合作，形成完整的创新产业链。

（三）交通强市战略

区域经济一体化发展需要地区间、城市间的配合与联动，交通网络是突破区域壁垒、实现生产要素区域间合理分配和流动的通道。在大湾区整体规划布局的基础上，绍兴应立足原有的交通布局，着眼中长期交通立体网络发展规划的建设，逐步推进完成杭绍台高速、杭绍台高铁、金甬铁路等重大项目。

打造品质交通，建设一批品牌交通项目。以交通基础设施一体化为先导，进一步推动交通融杭联甬接沪，加强轨道交通协同规划建设，加快进行 1 小时通勤圈、智慧高速等重点项目建设。围绕联网轨道交通、加密高速通道、完善城际快速路、融入国际空港等要求，大力推进综合交通体系建设。

继续整合公交资源，加速优化公交线网，积极推动公交公司创新发展。通过信息化运用，完善城内公交、客运大巴与城际轨道、地铁线路的无缝对接，打造信息集成数据库，通过数据挖掘及数据分析更好地服务公众出行及物流运输。

（四）生态强市战略

现代生态理念着眼低碳、绿色、清洁、再生、循环等方面，节能减排、低碳出行、资源再利用是未来生态强市建设的重点领域。随着城市化建设的不断推进，绍兴在企业工业固体废物和建筑垃圾源头减量和资源化再利用方面需加大整治力度。严格产业准入制度，淘汰落后产能，调整不符合生态环境功能定位的产业布局，强化环境保护监督执法，严格环境损害惩戒。

上海及杭州在垃圾回收、无害化处理、资源再利用方面已率先示范，未来绍兴应在促进城乡生活垃圾分类收集、储运和集中处理方面，借鉴上海和杭州两市的实践经验，创新资源节约集约利用模式，加强资源利用管理。通过落实相关税收优惠政策，提高资源综合利用水平。优化能源结构，大力推广使用绿色再生材料和清洁能源。

科学治水，全民治水，打造绍兴健康水生态。水环境的保护需要全民参与，全面深入推行河长制，落实属地责任，健全长效机制，鼓励人人参与治水。在治水过程中需重点加强源头保护，对饮用水水源实行强制性保护。不断强化水环境监测，健全水质监测信息发布制度，完善水污染事故预防和应急处理机制。

守护绿水青山，打赢蓝天保卫战。协同应对雾霾天气，建立和完善空气质量监测体系。完善区域大气监控机制，将空气质量监测站全部纳入区域大

气监控网。支持和鼓励使用清洁能源，提高清洁能源交通工具的占比，通过节能减排从源头上降低污染程度是解决问题的根本。

（五）文旅强市战略

绍兴旅游实现品质提升需要与绍兴悠久的历史文化和丰富的水资源优势相关联。在传统旅游项目的基础上开发特色旅游产品，延长产业链，与省内其他城市形成旅游差异化竞争力，构建具有绍兴特色的现代旅游产业体系。

通过互联网推进深度游。旅游与互联网的融合发展已经成为当代新风尚。搭建"互联网＋"旅游平台，通过互联网营销为绍兴人文旅游造势，吸引国内外游客。加强与各大电商平台的长期战略合作，研发个性专属行程定制系统，通过信息主动推送服务系统构建一体化的旅游电商平台。

以推进"五水共治"为抓手，积极开展水环境治理，展现水乡新貌。进一步优化水上环境，以桥文化铺设水乡底蕴，以乌篷船为特色打造"水城旅游"品牌。

适度发展高档酒店，重点发展中档酒店，鼓励发展经济型连锁酒店，积极发展主题特色酒店，创新发展青年旅馆、家庭旅馆、汽车旅馆，大力发展自驾车营地，形成多样化、多层次的旅游住宿设施体系，满足多层次游客的需要。吸引国际品牌酒店入驻，学习和借鉴国外酒店经营理念，提升国际游客来绍旅游的体验水平。

浙江大湾区以环杭州湾区为中心点，发挥中心资源集聚效应和资源溢出效应，通过以点带面辐射周边城市。将"一港、两极、三廊、四区"作为经济发展横轴，以"一带、一通道"作为经济发展双纵轴，形成多方位、多层次的网状空间布局，依托杭州江东新区、湖州南太湖新区、绍兴滨海新区及宁波前湾新区等四大新兴发展轴，辐射带动浙江省内陆区域发展。

绍兴是大湾区经济带上的重要城市节点，大湾区的发展需要绍兴助力，同样绍兴的发展也需要融入湾区建设，借助大平台实现强市目标。任何战略的实施都需要政策制度的保障，制度先行才能促使战略、措施真正落地。政府应尽快出台相关政策，对产业发展、生态建设、交通布局等方面予以支持，从顶层设计方面予以重视，为强市搭建制度屏障。

绍兴虽为古城，但不能因古守旧，更需要以开放的姿态拥抱不断变化的大环境。在守卫绍兴精神的同时，也要吸纳在大湾区协同发展过程中涌入的新事物、新模式，让新旧共存，打造属于绍兴的城市特色。在大湾区发展的背景下，在借势的基础上更重要的是进行自我修炼，绍兴通过设立滨海新区，立足于"发展湾区特色经济，打造北部产业新城"的战略定位，打造"万亩千亿"级的产业平台和新型智造基地。绍兴只有在提升城市实力方面不断探索新路径，才能在强市道路上完成自我的华丽转身。

参考文献

覃成林、柴庆元：《交通网络建设与粤港澳大湾区一体化发展》，《中国软科学》2018 年第 7 期。

曹小曙：《粤港澳大湾区区域经济一体化的理论与实践进展》，《上海交通大学学报》（哲学社会科学版）2019 年第 5 期。

刘瑞翔：《区域经济一体化对资源配置效率的影响研究——来自长三角 26 个城市的证据》，《南京社会科学》2019 年第 10 期。

陈刚：《促进浙江大湾区现代科创中心建设》，《浙江经济》2019 年第 5 期。

郭斯兰、林崇责、钱挺、邱靓：《浙江大湾区数字经济发展多源大数据画像》，《浙江经济》2019 年第 19 期。

B.7
新时代衢州可持续生态人文发展
强市战略研究

沈小龙*

摘　要： 随着衢州加入杭州都市圈，衢州便将融入杭州都市圈与长三角一体化作为城市发展的重要大事来抓。衢州如何"融杭接沪"，已经成为衢州市政府思考的问题。本报告从可持续生态人文发展的现状出发，对生态环境保护压力、优势转化能力、文化发展和创新要素等方面进行分析，最后提出聚焦绿色生态，打造浙江大花园的核心景区；聚焦交通先导，打造都市圈协同发展新平台；聚焦产业创新，加快新旧动能转换；聚焦城市赋能，提高人文发展活力四点加快推进衢州可持续生态人文发展的建议。

关键词： 可持续生态人文发展　杭州都市圈　衢州

　　2018年10月，杭州都市圈第九次市长联席会议批准通过衢州加入杭州都市圈。2018年12月，长三角区域一体化发展正式上升为国家战略。面对长三角一体化发展国家战略和杭州都市圈建设的双重机遇，衢州应牢记习近平总书记对衢州的八个嘱托，深入贯彻省委"大湾区、大花园、大通道、大都市区"建设的战略部署，把握机遇，充分发挥区位优势、生态优势和

---

* 沈小龙，衢州学院讲师，浙江大学外国哲学博士，研究方向为西方哲学、政治学。

人文优势，锚定"活力新衢州、美丽大花园"建设目标任务，坚持协同发展和可持续发展理念，力争打造杭州都市圈的"自然的花园"、"成长的花园"和"心灵的花园"。

一 衢州可持续生态人文发展的现状

面对长三角一体化发展国家战略和杭州都市圈建设齐头并进这一千载难逢的历史机遇，衢州可持续人文发展既有自身优势，也存在诸多挑战。因此一方面要明确优势，充分发挥自身作为"四省通衢、五路总头"的地理区位优势、"东南阙里、南孔圣地"的历史人文优势、"绿水青山、生态屏障"的自然环境优势，切实搭上杭州都市圈高质量一体化发展这趟快车，借势借力集聚更多要素，实现更大提升。另一方面要认清短板，从衢州自身发展态势来看，必须有紧迫感、危机感，既要面对杭州的"虹吸效应"，又要应对周边城市的竞争压力，更要补短板、扬优势、强弱项、激活力，不断提升自身竞争力。具体来说，目前，衢州可持续生态人文发展优势与短板并存、机遇与挑战同在。

（一）大花园建设全面推进，但生态环境保护的压力仍然较大

生态是衢州最大的财富、最大的优势。衢州始终坚持夯实生态本底，护好青山绿水，2018 年全年"五水共治"群众满意度居全省首位，生态环境质量公众满意度居全省第二。

一是高水平推进"五水共治"，水质再创新高。2018 年，全市出境水继续保持Ⅱ类水质；13 个省控地表水监测断面水质达标率为 100%。7 个县级以上集中式饮用水水源地水质达标率为 100%。5 月 13 日，在全省高质量建设美丽浙江暨高水平推进"五水共治"大会上，衢州再次获得 2018 年度浙江省"五水共治"（河长制）工作优秀市"大禹鼎"银鼎，连续第 5 年夺得"大禹鼎"。

二是坚决打好蓝天保卫战，PM2.5 浓度创历史新低。市区 PM2.5 浓度

均值从 2013 年的 68 微克/立方米下降到 2018 年的 33 微克/立方米，首次达到国家空气质量二级标准，降幅排全省第 1。空气质量在全国 169 个重点城市中列第 17 位。

三是探索生态治理新模式，示范试点成效显著。2018 年，衢州市被省政府命名为第二批省级生态文明示范市，开化县被生态环境部授予第二批国家生态文明建设示范县；衢州环保数字化转型—水环境协同管理项目被纳入省政府首批数字化转型重大项目建设地方试点；衢州市试点第三方环保核查新模式、探索建立一体化生态管控平台防治污染获得省领导批示肯定。

衢州市环境保护工作取得了积极成效，但发展与保护的矛盾仍然比较突出，对照更高标准筑牢生态屏障和率先建成美丽富饶大花园的要求，仍存在一些不足。

1. 农村生态环境的可持续保护体系比较脆弱，环境整治后的反弹压力较大

在农业生产中，不科学的土地作业、过度使用化肥、家禽家畜散养等现象依然存在，同时由于农村公共设施匮乏，生活垃圾处置不到位，水污染和土壤污染形势十分严峻。

2. 环境保护基础设施历史积欠多，建设进度滞后

工业园区污水处理厂的规模不能满足现有企业排水量要求，仍有工业园区未能实现"零直排"。城乡生活污水处理设施和生活垃圾处理设施建设滞后，全市 6 个县级以上城市污水处理厂处理能力已经趋于饱和。生活垃圾主要靠填埋处理，市区和龙游、江山等地生活垃圾填埋场已趋于饱和，垃圾填埋场渗滤液处理存在能力不足、处置不规范等问题。

3. 自然资源开发与保护不平衡的问题突出

矿山生态环境保护工作不到位。废弃尾矿生态修复中的过程管理明显缺失，绿色矿山评后跟踪监督和环保措施落实不到位，存在矿山粉尘污染、水土流失、尾矿堆场不规范等问题。水电资源开发对生态环境影响较大，大部分水电站没有建立生态流量管理机制。低丘缓坡开发强度大、生态环保资源投入不到位。乡镇工业集中区和低小散企业污染较严重。

（二）"两山"转换通道正在打开，但优势转化能力有待提高

2017 年，衢州市被环保部列为全国首批十三个"绿水青山就是金山银山"实践创新基地之一，且是全国仅有的两个以地级市为单元命名的"两山"实践创新基地之一。2018 年 7 月 18 日，浙江（衢州）"两山"实践示范区建设规划通过了由中国工程院院士和来自生态环境部科技委员会、国务院发展研究中心资源与环境政策研究所等单位专家组成的专家组的评审，并获得高度肯定，这是全国首个通过评审的"两山"实践规划。随着衢州"两山"实践示范区建设深入推进，衢州逐渐成为全国标杆。

一是坚定生态自信，打好生态牌，把"生态资源"转化为"富民资本"。推进垃圾革命、污水革命、厕所革命，创建省美丽乡村特色精品村 18个。发展循环农业、放心农业，各类休闲观光农业园有 391 个，新增无公害农产品 89 个，成为全国现代生态循环农业试点整建制推进市和浙江省农产品质量安全放心示范市、浙江省家庭农场培育发展试点市，推动农民收入增速持续走在全省前列。

二是深入推进全域旅游示范区创建，大力发展休闲旅游业。2018 年，全市旅游总收入突破 500 亿元大关，达 532.17 亿元，增长 18.41%，增幅居全省前三，旅游业增加值占 GDP 的比重超过 8.2%。开展"全球免费游衢州"系列推介活动，全国森林旅游示范市、中国文化旅游融合创新试验区落户衢州。世界针灸康养大会、亚太汽车拉力赛、全国新年登高健身大会、中国根雕文化艺术节等成功举办。

三是创新编制"两山指数"评价体系。创新设计了"两山"实践示范区评价指标体系，首创"两山指数"，以 18 项指标定量评测"两山"理念的实践进展，为其他地区"两山"实践成果提供科学评价借鉴。探索开展衢州市"绿金指数"评价，利用"GEP/GDP"建立评价体系，以区县为单位开展全市"绿金指数"评价，监督各区域绿水青山与金山银山之间的数量动态变化关系。

衢州在"两山"实践的正确道路上不断前行，但与《浙江（衢州）

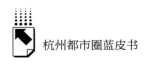
"两山"实践示范区总体方案》的总体目标还有一定距离。

1. 农业现代化程度较低，农业现代产业园建设与发达地区相比仍有差距，农民收入水平不高

以 2018 年浙江省美丽乡村示范乡镇、特色精品村数量为例，衢州分别获评 7 个、18 个，不仅与杭州（11 个、24 个）、宁波（11 个、30 个）、温州（13 个、45 个）等发达地区相比差距明显，也远远落后于金华（11 个、40 个）、丽水（12 个、30 个）等相对欠发达地区。多数农业依然以传统方式耕作，除江山猕猴桃等少数农产品外，尚未形成有种植规模、知名度高的特色农产品品牌。2018 年，农村常住居民人均可支配收入为 22255 元，在全省仅排在丽水之前。

2. 旅游业起步较晚，基础相对薄弱，一直处于"被动跟跑"状态，旅游经济指标常年处于全省后面

衢州拥有江郎山、开化根雕佛国等独具特色的旅游景区，但受制于知名度不高、旅游基础设施较为落后、交通不便等因素，尚未实现对旅游资源的有效开发。以江郎山为例，作为浙江省内第一个世界遗产，其知名度与其真实价值不相匹配，主要原因是在宣传推广上做的工作还不够，酒店住宿、餐饮等旅游配套设施较落后，并且与周边廿八都等景点尚未实现有效联动。

（三）新旧动能加快转换，但新动能培育任重而道远

衢州积极构建全市统一的产业空间布局体系，加快新旧动能转换，推进产业结构调整，2018 年，三次产业增加值之比为 5.5∶45.0∶49.5。

一是大力进行"腾笼换鸟"。针对全市产业结构偏重，重化工业占比接近 70% 的状况，衢州开展污染企业整治、落后产能淘汰、"僵尸企业"出清三大攻坚战，以"壮士断腕"的决心淘汰落后产能，累计关停高能耗、高污染、低产出企业 600 多家，淘汰落后生产线 1000 多条。同时，大力发展绿色循环低碳经济，推进园区循环化改造，成功入选首批国家资源循环利用基地创建名单。通过一系列整治转型举措，全市累计盘活各类存量用地 1.58 万亩，腾出用能空间 100 万吨标准煤以上，转型升级实现从量变到质变。

二是大力推动传统产业"弯道超车"。通过"互联网＋""金融＋""科技＋""标准＋""旅游＋""文化＋""体育＋",加快化工新材料、高端装备制造、高档特种纸等传统优势产业改造提升,提高"长板"水平,再造优势;大力发展绿色循环低碳经济,开展国家低碳城市建设、国家循环经济示范城市等一系列试点,成为全国实现循环经济国家级试点"大满贯"的地级市。2018年,衢州十大传统制造业增加值增速居全省第1,丰富了"绿色GDP"的内涵。

三是全力推动新兴产业"换道超车"。发挥生态优势、挖掘生态潜力、写好生态文章,谋划打造幸福产业、新能源、航空物流"万亩空间、千亿量级"三个产业大平台,积极培育新动能、新经济,大力发展美丽经济幸福产业、数字经济智慧产业,让美丽更智慧、让智慧更美丽。大力培育数字经济智慧产业,与阿里巴巴建立战略合作关系,衢州市城市数据大脑、阿里巴巴衢州客户体验中心等落户衢州市;大力发展美丽经济幸福产业,全面启动"万亩空间、千亿量级"的"一城两湖"幸福产业大平台建设,启动高铁小镇、教育小镇、快乐运动小镇、医养小镇、科创金融小镇、文创文旅小镇、儒学文化小镇等特色小镇群落建设,其中四省边际中心医院等一批重大项目开工建设;谋划建设新能源新材料产业大平台,衢州市成为国内新能源汽车锂电池产业链最完备的地区之一;正在谋划建设航空物流产业大平台,杭衢高铁即将开工,杭衢山海协作不断深化,东融杭州正在加速推进。2018年,衢州实现数字经济核心产业增加值45.7亿元,增长13.4%,增速高于全省平均水平,形成了大数据驱动实体经济转型的衢州样板。

虽然新兴产业等业态为衢州经济注入了新活力,但受制于传统产业结构偏重、空间布局不合理等问题,目前来看,衢州产业转型依然存在较大困难。

1. 新旧动能转换需加快

目前来看,全市经济稳定仍主要看工业,工业回升看传统产业,传统产业回升看重点企业,重点企业发展主要看产品价格上涨情况。2018年,工业增加值增长9.2%,对GDP增长的贡献率达到50.7%,对经济平稳增长

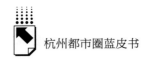

的支撑作用明显，规模以上工业中，十大传统产业增加值占比为 52.8%，增速达 10.3%，拉动作用明显。近年来，新兴产业虽然在兴起，带动了衢州人气，激发了发展活力，但进程仍较缓慢，经济贡献力还未完全体现，依靠传统产业的格局还未改变，新旧动能转换还需加快。

2. 高能耗高排放问题仍较突出

衢州市万元 GDP 综合能耗全省最高，石灰、竹木加工、门业等地方特色产业整体发展水平不高，污染防治水平较低，经济发展质量不高。低小散问题仍然比较突出。主要产业沿江分布，特别是化工企业沿江分布给水环境安全带来一定隐患。

3. 数字经济核心产业偏弱

2018 年，衢州数字经济核心产业增加值占 GDP 的比重为 3.0%。能支撑起产业发展的龙头企业不多，龙头骨干企业效益不明显。在制造业领域，数字经济核心产业主要集中在光伏设备、电线电缆、锂电池和电光源等行业，而通信系统设备制造、智能设备制造、集成电路制造、工业控制系统制造等技术含量较高的制造业企业相对稀缺。在服务业领域，数字经济核心产业主要集中在电信、移动和广电，而在软件开发、数据管理和存储服务、集成电路设计、数字内容服务等具有高技术、高附加值的领域还没有冒尖的企业。

（四）城市能级不断提升，但文化发展和创新要素亟待丰富

2018 年，衢州确立"南孔圣地、衢州有礼"的城市品牌，将衢州最具特色、最富代表性的文化元素巧妙结合，将衢州的历史、现在和未来巧妙结合，不断丰富城市品牌内涵，围绕城市品牌高标准推进城市建设，城市能级和影响力逐渐提升。

一是城市品牌全面打响。推出"南孔圣地、衢州有礼"城市品牌标识、吉祥物和卡通形象，在北京、上海、深圳、成都、武汉成功举办城市品牌发布会，冠名高铁列车，城市宣传片登陆央视，"南孔圣地、衢州有礼"城市品牌获省宣传思想文化工作创新奖。

二是城市品质大为提升。聚焦高铁新城、南孔古城、核心圈层，主攻大征迁、强攻大项目、专攻大创建，全力打造高品质的中心城市。全国文明城市创建如火如荼，礼让斑马线、志愿者服务成为亮丽风景，城市面貌焕然一新。花园城市建设拉开序幕，荣获"国际花园城市"称号，国际可持续发展示范城市创建扎实推进，新型城镇化步伐加快，常住人口连续两年净流入，城镇化率升幅居全省第一。

三是对外交流全面拓展。首届衢州人发展大会架起了"天下衢州人"交流合作的桥梁，点燃衢州乡贤建设家乡的激情；承办长三角协调会市长联席会议，加快衢州融入长三角区域一体化的步伐；举办"一带一路"国际经贸合作活动，加强衢州与共建"一带一路"国家的经贸交流合作。

随着城市面貌的改观、城市品牌的推广以及一系列具有影响力的国内国际会议召开，衢州的城市能级不断提升。但城市影响力的最终来源是文化软实力，在这个意义上，衢州的文化发展和创新要素还有很大提升空间。

1. 城市品牌的内涵需要随着社会实践不断丰富，社会知名度有待进一步提高

城市品牌是衢州文化的核心，但目前的衢州品牌尚不能囊括衢州所有地区、所有层级的文化精髓，在实践中应不断丰富城市品牌内涵，比如将"南孔圣地"儒家文化与衢州各地具有特色的民俗文化相结合，进一步提高"衢州有礼"的品牌厚度。

2. 文化产业相对较弱，文化发展缺乏产业支撑

一个地区的文化必须有相关产业支持才能发扬光大，只有把传统的文化资源通过创意设计转化成现代的文化产品，把现代的设计理念植入传统的文化符号中，变成商品，如将南孔故事融入电视电影作品，通过文化产业和文化商品实现文化传播，才能提升文化能级。衢州目前缺少特色主导文化产业，缺少专业文化旅游园区，缺少文化产业龙头企业等，换句话说，缺少文化输出的产业支撑。

3. 文化辨识度不高，同质化现象严重，创新要素严重匮乏

以水亭门历史文化街区为例，南宋时，这里的发展处于鼎盛时期，有

"五色人家，十八宗祠"的美称。但我们看到的水亭门历史文化街区全部是现代商业业态，与全国其他古城"千篇一律"。除了经过整修的老建筑外，无法体现历史文化内涵，无法呈现建筑背后的人文历史故事，也没有与之相关的文创产品。这也从侧面说明文化创新人才引培动力不足，无法为文化创新提供智力支持。

二　衢州可持续生态人文发展的趋势

衢州可持续生态人文发展应以习近平新时代中国特色社会主义思想为指导，遵循习近平总书记对衢州的八个嘱托，深入贯彻省委"大湾区、大花园、大通道、大都市区"建设的战略部署，牢牢把握长三角一体化发展国家战略和加入杭州都市圈的双重历史机遇，充分发挥区位优势、生态优势和人文优势，锚定"活力新衢州、美丽大花园"建设目标任务，坚持协同发展和可持续发展理念，按照打造"大湾区的战略节点、大花园的核心景区、大通道的浙西门户、大都市区的绿色卫城"四大战略定位，奋力续写"八八战略"的衢州篇章。

（一）功能定位

围绕打响"南孔圣地、衢州有礼"城市品牌，全力建设"中国营商环境最优城市、中国基层治理最优城市、国际花园城市、南孔圣地礼仪城市"，推进产城人文融合发展，为杭州都市圈贡献具有鲜明人文特色的衢州元素。

1. 中国营商环境最优城市

以"最多跑一次"改革为统领，持续撬动各方面、各领域，使改革走在前列，努力打造中国营商环境最优城市。在 2018 年 8 月发布的全国首个营商环境试评价中，衢州位列北京、厦门、上海之后，在 22 个试评价城市中排名第 4，在全国参评地级市中排名第一。

2. 中国基层治理最优城市

大力弘扬新时代"枫桥经验",不断强化顶层设计、系统设计、制度设计,做实做细做深做优党建统领基层治理这篇大文章,努力打造中国基层治理最优城市。

3. 国际花园城市

回应百姓对未来美好生活的向往,深化城市规划,推进城建项目,提升管理水平,坚持产城人文融合发展,城市繁华和乡村秀美相得益彰,努力打造国际花园城市。在第 18 届"国际花园城市"评选中,衢州以总分第一的成绩荣膺"国际花园城市"称号,这不仅是衢州建市以来的首个国际性荣誉,也让衢州成为全省首个获此殊荣的地级市。

4. 南孔圣地礼仪城市

认真贯彻落实习近平总书记在浙江工作时提出的"让南孔文化重重落地"重要指示精神,充分挖掘衢州历史人文优势,结合创建全国文明城市,全力打响"南孔圣地、衢州有礼"城市品牌,打造"一座最有礼的城市"。在 2018 年"全国文明城市"提名城市年度测评中,衢州在 113 个提名地级市中以 92.31 的得分,位列第 8。

(二)实践路径

按照可持续发展理念和生态文明建设要求,以大花园建设为统领,打造三大花园,全面推进"两山"实践创新基地建设。

1. 着力打造"自然的花园,建设花园式环境"

"自然的花园"就是要持续优化生态环境,改善城乡面貌,提升城市和乡村的宜居水平。在城市中,唱好核心圈层·城市阳台、高铁新城·未来社区、南孔古城·历史街区"三城记":在核心圈层重点实施信安湖活力岛、鹿鸣半岛酒店综合体等基础设施和公共服务设施项目,重民生、强配套,加快城市赋能;在高铁新城重点按照七星小镇布局,贯彻自然生态、低碳环保、运动休闲、智慧治理的可持续发展特色理念,打造美好生活的高品质新社区、产业创新服务的综合体大平台、带动区域发展的新引擎。在南孔古城重点实施十大工程，衔接古街风貌，串联古城文化脉络，推进古城有机更新，完善古城基础设施。在乡村，加强规划布局、政策资源、工作保障"三个统筹"，做好党建、农房、集聚、资源、改革、产业、治理"七篇文章"，推动乡村振兴"产业、人才、文化、生态、组织"全面同步振兴，实现基层党建全领域增强、全区域提升。

2. 着力打造"成长的花园，发展花园式产业"

"成长的花园"就是以绿色发展为导向，以产业升级和优化营商环境为抓手，聚焦高质量、竞争力、现代化，着力打开美丽生态向美丽经济转化的通道。在产业升级上，加快推进传统产业"弯道超车"、新兴产业"换道超车"，突出产业为王、优势再造、动能培育，大力发展美丽经济幸福产业、数字经济智慧产业"两大战略性主导产业"。在优化营商环境上，继续巩固领跑地位，对标国际标准、国内领先的做法，围绕"审批事项最少、办事效率最高、投资环境最优、企业获得感最强"的要求，针对企业开办、施工许可、房地产交易、用水用电用气、获得信贷等重点环节开展一系列便利化活动，全力建设"无证明办事之城""掌上办事之城""信用示范之城"，以最优营商环境激发全社会投资创业热情。

3. 着力打造"心灵的花园，实现花园式治理"

"心灵的花园"就是要通过城市文明建设和基层治理让老百姓有更多获得感、幸福感和安全感，实现社会全面进步、人的全面发展。在城市文明建设上，坚持开展全民礼仪教育和培训，引导市民养成良好习惯，丰富全体市民的文化生活，提升市民的审美情趣、文化品位和文明素质，提升市民对城市文化的认同感、自豪感、归属感，增强"南孔圣地、衢州有礼"城市品牌的吸引力、凝聚力和影响力。在基层治理上，坚持以人民为中心，以党建为统领，密切党群"鱼水关系"，紧紧抓住"网格＋网络"新时代社会治理创新的关键，推动与规范社会秩序、法律法规、服务民众生活相关的管理资源下沉到底，借助技术支撑优势，搭建信息集成平台、联动指挥平台，形成系统集成、整体联动的基层治理体系，解决服务群众"最后一纳米"的问题。

三 加快推进衢州可持续生态人文发展的对策

（一）聚焦绿色生态，打造浙江大花园的核心景区

切实扛起钱塘江源头责任担当，加强生态保护和建设，夯实生态本底本色，更好筑牢浙江生态屏障。加快构筑"国家公园＋美丽城市＋美丽乡村＋美丽田园"空间形态，让衢州由"大森林""大水缸"变为"大花园""后花园"。积极开展国家运动健康城市和国家全域旅游示范区创建，努力推动浙皖闽赣生态旅游协作区上升为国家战略，最终建成"诗画浙江"最佳旅游目的地和世界一流生态旅游目的地。

1. 坚决打好污染防治攻坚战，着力增强生态竞争力

实施最严格的资源节约和环境保护制度，以最好的自然生态集聚最优的资源要素，打赢治水长效战。持续深化"五水共治"，坚持和完善河（湖）长制，开工建设市污水厂扩建（三期）工程，大力开展"污水零直排区"和美丽河湖创建，确保水环境质量稳中有升，打赢治气攻坚战。突出重点行业污染源整治，抓好挥发性有机物治理和工业废气清洁排放改造。强化扬尘管控，推行绿色施工，市区 PM2.5 浓度控制在 35 微克/立方米以下，打赢治土（治废）持久战。提升危废处置能力，强化固废规范化管理，狠抓污染场地治理修复，严厉打击倾倒废液废渣等违法行为。突出矿山生态环境保护与治理，确保绿色矿山建成率达到85%，矿山粉尘防治达标率为100%。统筹推进山水林田湖草系统治理。抓好生态保护修复工程试点，推进百项千亿防洪排涝、衢江治理二期等工程建设，加快开化水库、寺桥水库项目前期工作。全面进行垃圾分类处理，稳步推进垃圾焚烧发电项目建设运行。

2. 积极推进"两山"实践，把旅游业作为"两山"转化的新通道，大力发展全域旅游，打好"生态牌"，念好"生态经"

构建"一核四区"的旅游休闲空间格局。促进主城休闲旅游发展，以

衢州信安湖、古城为核心，联动北部的两溪流域、南部的烂柯山—乌溪江区域，打造"都市旅游休闲核心"，辐射带动全市旅游业整体发展，建设江郎山世遗品牌休闲区、开化生态休闲区、龙游文化休闲区、常山地质文化休闲区四大旅游片区。通过陆路、水路、慢行系统等串联旅游景区、休闲度假区、旅游集聚区、旅游村镇等，增强各级旅游网络辐射功能，构建旅游全域覆盖的空间新格局。推进旅游厕所革命，提升景区建设水平，完善景区交通、餐饮、住宿、购物、娱乐等相关配套设施，促进旅游与农业、文化、体育、互联网、康养融合发展。

（二）聚焦交通先导，打造都市圈协同发展新平台

依托东出西进、北上南下，辐射浙皖闽赣四省的交通便利条件，加快构筑智能高效的现代综合交通网络和物流体系，重点规划建设八个方向"米"字形铁路架构、浙西航空物流枢纽等交通基础设施，全面打通北上南下西进的跨区域大通道，全面接轨杭州都市圈创新大通道、开放大通道、海洋经济大通道和生态旅游大通道，打造都市圈协同发展新平台。

1. 打开杭衢高铁有形的大通道，持续推进交通建设，形成外联内畅、智能高效的现代综合交通物流体系

加快铁路网建设，推进杭衢高铁全面开工，加快完成衢宁铁路主体工程，开展衢丽铁路、衢黄铁路、杭深高铁近海内陆线项目前期工作。加快高速公路网建设，推进杭金衢高速拓宽工程，推进甬金衢上高速、杭淳开高速项目。加快港口水运网建设，推进常山江航运开发工程，深化江山江航运、浙赣运河项目。提升衢州机场运营能力，争取开通去往更多主要城市的航线。加快市域路网建设，全线贯通美丽沿江公路，加快 351 国道衢州段、320 国道柯城航埠—常山草坪段改建等，加快 205 国道开化段建设、320 国道龙游段改建，高标准建设"四好农村路"。构建物流大通道，加快衢江港区、龙游港区及配套体系建设，打造四省边际多式联运枢纽，统筹优化市区物流园区布局，全面完成物流大道东西延伸段工程，攻坚、推进浙西航空物流枢纽项目。

2. 打开杭衢创新合作无形的大通道，打造山海协作升级版，写好"融杭接沪"大文章，构建对内对外开放新格局

加速实现杭衢同城一体化，深度融入杭州都市圈。积极参与杭州都市圈新一轮发展规划修编，全面推动杭衢"1＋8"结对体系和"2＋33"合作体系落地见效；加快海创园二期建设，提升"飞地"精细化运营水平，构建一体高效的创新生态；推动科技、人才、旅游、农业、教育、卫生、体育、招商等全领域战略合作和政策衔接，促进要素资源的自由流动和优化配置，战略融入长三角一体化。积极探索"接沪"合作新机制，加快融入 G60 科创走廊；拓展与长三角兄弟城市的交流合作，借力义甬舟开放大通道，深化衢甬、衢绍战略协作；学习和借鉴自贸区试点成功经验，推进贸易便利化，支持企业"走出去"。

（三）聚焦产业创新，加快新旧动能转换

在产业创新上，既要打破拖累经济发展的产业生态的"坛坛罐罐"，又要打破制约经济发展的政务生态的"坛坛罐罐"。发力供给侧结构性改革，围绕产业转型、绿色发展，淘汰落后产能，处置"僵尸企业"，加强环境整治，拓展发展新空间。以"最多跑一次"改革为"牛鼻子"，持续进行全方位、各领域、深层次改革，推动政府职能深刻转变，打造现代新型高效政府，为产业创新提供制度保障和政策保障。

1. 大力推进产业创新，集聚高质量发展新动能

在动能培育上，把实体经济作为区域发展的立身之本。依托传统工业优势，大力实施新制造业计划，推动传统制造业转型升级，促进先进制造业发展，推动制造业向数字化、网络化、智能化迭代，当好"浙江制造"高质量发展生力军。打造美丽经济幸福产业，依托衢州优越的生态本底，着力打开美丽资源变美丽经济的转化通道，大力发展旅游、文化、体育、健康、养老等幸福产业，把美丽经济培育成发展新引擎。打造数字经济智慧产业，围绕数字经济"一号工程"，顺应"互联网＋"发展趋势，着力构建创新生态体系，大力发展数字经济，大力引进数字经济领域的领军企业，培育数字经

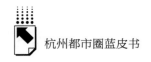
济发展新引擎。充分发挥东南数字经济研究院、专家委员会、产业基金等支撑作用，实施数字经济五年倍增计划，努力打造"全国数字经济第一城副中心城市"和"四省边际数字经济发展高地"，为高质量发展和可持续发展注入新动能。

2. 纵深推进"最多跑一次"改革，全力打造中国营商环境最优城市

聚焦个人全生命周期，深入推进民生领域便利化改革。全面清理各类证明事项，持续打造"无证明办事之城"和"掌上办事之城"，实现所有民生事项"一证通办"。聚焦项目全生命周期，推进投资项目在线审批监管平台3.0版省级试点建设，实现一般企业投资项目竣工验收前审批"最多90天"。深化工程建设项目审批制度改革试点，大力推进"标准地+承诺制"改革，省级以上平台"标准地"供地率达到100%。聚焦企业全生命周期，针对生产、经营、退出等环节中的痛点、难点和堵点，进一步减事项、减环节、减材料、减次数、减时间、减费用，深化商事登记制度改革，企业开办全流程1日完成，继续压减企业用电、用水、用气、信贷、纳税办理时限，推广水电气联办模式，完善企业破产、注销服务机制，推动营商环境建设进一步做深做实。开展信用体系"531X"工程省级建设试点，以政府信用为表率，以企业信用为重点，以个人信用为基础，全面推进政府和社会协同信用建设，使信用成为激发市场活力、提升治理能力的重要基石，全力打造"信用衢州"升级版。

（四）聚焦城市赋能，提高人文发展活力

建设高品质活力之城，持续提升城市能级。以衢丽花园城市群建设为契机，着力优功能、提品质、聚人气，不断完善城市配套基础设施，增强宜居体验，让城市更具颜值、更富活力。以城市品牌打造引领文明城市创建，以文明城市创建助推城市品牌打造，充分挖掘历史文化财富，发展大文化事业和大文创产业，不断提高和增强"南孔圣地、衢州有礼"城市品牌的知名度和影响力。

1. 优化城市空间布局，实现城市建设现代化

把城市当成一个有机生命体，在规划建设、改造修复、业态完善过程

中，注入衢州特有的文化基因、文化符号，使古城与新城相交相融，使人与自然及建筑和谐共生、共荣共存，留住城市的根与魂。蹄疾步稳推进高铁新城开发，做优做精城市设计，做深做透项目前期，编制最优方案、引进最优主体，高水平建设高铁西站、"四网"工程、人才社区等重大项目。扎实推进南孔古城5A级景区创建工作，启动古城双修历史街区风貌衔接、东门遗址公园、南湖广场改造等工程。强化水亭门、北门历史街区运营和业态打造，同步抓好古城文化复兴和产业振兴。加快推进核心圈层开发建设，全面开工鹿鸣半岛酒店综合体、信安湖活力岛等项目，打造集聚能量的"台风眼"。

2. 提升基层治理能力，实现社会治理现代化

围绕社区全生活链服务需求，探索建设"衢州版"未来社区，打造涉及高品质生活的新型城市功能单元。实施城市、乡镇、园区"有机更新行动"，推进空间重构、产业重整、环境重生。常态长效开展全国文明城市创建，把城市精细化管理作为重中之重，突出标准化引领、网格化支撑、智能化服务，聚焦群众关心的老旧小区改造、餐饮油烟、建筑工地、道路管养、犬类管理、绿化亮化、标牌广告等问题，在细微处用心、细节上用力，充分彰显城市品质要素。倡导人人都是营商环境、人人争做有礼主体，真正把"有礼"变成大环境、大生态，变成生产力、竞争力；坚持把"礼"贯穿党建统领基层治理的方方面面，尊礼学礼守礼用礼，推进自治法治德治"三治融合"，完善基层治理体系和提高治理能力现代化水平。

3. 强化传统文化研究，实现传统文化现代化

抓好儒学文化研究传播，以儒学文化论坛为主平台，从更高层次、更宽视野、更新角度积极探索儒学文化的现代意义，深入挖掘和弘扬南孔文化崇学尚礼、义利并举、知行合一、经世致用的核心内涵，让南孔文化从典籍中走出来，从学术中走出来，努力在推动优秀文化创造性转化、创新性发展上走出一条新路子。

4. 激发文化创造活力，实现文化事业现代化

坚持"事业＋产业"，既补足文化事业短板，满足群众需求，又补齐文

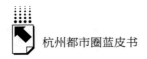

化产业短板，促进经济发展。增加公共文化服务供给，打造一批高质量、高
水平、高档次的公共文化阵地，创作一批反映儒学文化、体现较高水准、具
有全国影响的文艺作品。做好"文化+"的文章，围绕打造产业链、生态
圈，大力推进文化产业化、产业文化化，让文化变得更具象、更生动，让产
业变得更有内涵、更有魅力。

参考文献

李小圆：《以"最多跑一次"改革撬动政府体制改革的全面深化——以浙江衢州市
的探索为例》，《湖南省社会主义学院学报》2018 年第 4 期。

《践行"八个嘱托" 奋力续写"八八战略"新篇章》，《浙江日报》2019 年 9 月
19 日。

徐文光：《奋力书写衢州高质量发展的新篇章》，《今日浙江》2019 年第 1 期。

宋娟：《"南孔圣地 衢州有礼"城市品牌与地域文化融合的策略研究》，《品牌研
究》2019 年第 11 期。

《衢州：践行"两山"理念 打造美丽花园》，《中国环境报》2018 年 6 月 26 日。

B.8
黄山市全面融入杭州都市圈发展报告

胡 方 温正中*

摘 要: 2018年底加入杭州都市圈以来，黄山积极主动携手杭州都市圈兄弟城市，谋合作、促发展、谱新章，共同打造新时代区域合作发展的新样板。经过2019年的发展，黄山市生态安全屏障作用越发显著，文化旅游示范效应越发凸显，绿色产业合作发展持续推进，健康宜居样板渐趋成形，都市圈西进南拓战略支点日趋夯实。根据发展的需要还应该在规划方面集思广益，在实践上要集中精力找到黄山的优势，在生态环境方面尽快建立有效的市场机制，在人事政策方面建立有效的淘汰机制，建立重点项目的跟踪评价制度，加快民生领域的大数据建设。

关键词: 生态共护 交通一体化 杭州都市圈 黄山

  古之徽州，与浙江地区山水相连、人文相通。徽杭古道与新安江遍布着两地古老居民互通交流的足迹。1979年，邓小平同志在黄山视察时发表了著名的"黄山谈话"，对推动中国现代旅游业发展产生了深远影响，既拉开了黄山高质量发展的大幕，也深刻影响着杭州等地的改革发展。历经改革开

---

* 胡方，黄山学院经济管理学院副教授，经济研究所执行所长，管理学博士，研究方向为公司治理、会计、审计理论与实务、区域经济。温正中，黄山市发展和改革委员会综合科科员，研究方向为区域经济。

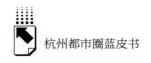

放的洗礼，新时代紧抓机遇的杭州市已经是中国数字经济第一城。而紧邻浙江的黄山人，40多年来砥砺前行，艰苦奋斗，新时代的黄山已是中国旅游的一张亮丽名片。

区域一体化发展是城市发展的必经阶段，在长三角区域一体化发展上升为国家战略的大背景下，杭州都市圈的外扩成为经济发展的必然趋势，也是杭州产业升级改造和价值链重组的实际需要，带给杭黄两地再续前缘的发展良机。2018年10月25日，在杭州都市圈第九次市长联席会议上，黄山市与衢州市携手加入杭州都市圈，黄山市成为杭州都市圈中唯一的省外城市。黄山与杭州由"邻居"变成了"亲戚"。

加入杭州都市圈以来，黄山积极主动携手杭州都市圈兄弟城市，谋合作、促发展、谱新章，共同打造新时代区域合作发展的新样板。

一　黄山市全面融入杭州都市圈现状

（一）规划政策推动高位接轨

2019年是黄山市"融杭"工作的开局之年、推进之年、突破之年。1月4日，杭州市党政代表团访问黄山，双方正式签署"1+9"战略合作协议，合作内容涵盖环保、旅游、经济信息化、农业、开发区、交通、商务、公共服务等多个方面。随后，黄山与嘉兴、绍兴、湖州陆续签订战略合作协议，与杭州都市圈城市形成"1+9+3"战略合作协议体系。黄山市出台《关于全面融入杭州都市圈的实施意见》《黄山市全面融入杭州都市圈2019年工作要点》，并将"融杭"工作纳入2019年市政府50项重点工作中，从政策层面高位推进"融杭"工作清单化、项目化、责任化。

2019年，黄山市积极参与新一轮杭州都市圈规划编制工作，围绕杭州都市圈"世界级大湾区核心增长极，具有较高国际知名度的大杭州都市圈"总体定位，加快参与杭州都市圈联动发展，努力打造杭州都市圈的生态安全屏障、文化旅游示范区、绿色产业新地、健康宜居样板和西进南拓战略支点。在具体规划项目上，与杭州等市积极对接，创新新安江流域生态补偿机制，协同开展杭黄绿色产业带研究，加快推进新安江—千岛湖生态补偿试验区、杭黄国际黄金旅游线、杭临绩（黄）高铁、黄（衢）金高铁等重大项目谋划建设。

在长三角一体化方面，积极落实国家规划纲要和安徽省行动计划，认真进行黄山市融入长三角区域一体化发展战略研究，编制完成《黄山市落实长三角区域一体化发展国家战略实施方案》。结合杭州都市圈新一轮规划和黄山"十四五"规划前期研究，对标借鉴杭州等市发展先进经验，经与杭州市共同努力争取，新安江—千岛湖生态补偿试验区、杭黄国际黄金旅游线等重大合作事项被写入《长江三角洲区域一体化发展规划纲要》。

（二）交通互联实现重大突破

2018年12月25日，杭黄高铁顺利通车，两地居民的通行时间缩短至1.5小时，沿途7个5A级景区也顺利串珠成线。积极落实国家规划，顺利推进杭临绩（黄）铁路项目前期工作，前期规划文本已由皖浙两省发改委上报至国家发改委，目前正在积极争取将杭临绩（黄）高铁纳入《长三角城际铁路网规划》。黄（衢）金高铁已被纳入《浙江省铁路网规划（2011—2030）》。

黄山市多次与国家发改委、国家民航局、民航华东局以及省发改委、省交通运输厅（省民航办）汇报对接，争取屯溪国际机场迁建项目被纳入《长三角民航协同发展战略规划》等国家相关规划，积极推动屯溪国际机场与萧山机场、衢州机场联动，共同构建长三角世界级机场群。

在公路接轨上，黄千高速公路建设加速推进，2019年前三季度完成投资5.05亿元，预计通车后杭州到黄山的车程可缩短1小时。主动谋划推动黄山交通道路与杭州都市圈其他城市接轨，加快交界区域干线公路建设，打通黄山与杭州都市圈其他城市间的"断头路""盲肠路"。目前，G205五里亭至桃林段改建项目一期工程已基本完成，二期工程完成80%，歙县三阳

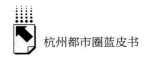
镇—淳安县清凉峰镇的试点公交已顺利开通。新安江干线航道综合开发利用项目前期工作正在持续推动中。

（三）产业合作推进协同发展

产业协作方面。分类谋划产业对接合作企业（项目）113 个，其中配套协作意向企业有 87 个，拟增资扩股项目有 8 个，"腾笼换鸟"项目有 18 个，向杭州市产业协会、企业进行推介。先后举办两次产业精准合作对接活动，黄山已有 11 家企业与杭州 15 家企业达成合作意向，另有 7 家企业与杭州 10 家企业达成初步合作意向。向杭州市学习由行业协会协调管理行业事务的先进做法，协调黄山市化工行业协会积极"融杭"，黄山市汽车及智能装备制造行业协会已正式成立，协调绿色食品龙头骨干企业筹备组建行业协会。

园区共建方面。黄山高新技术产业开发区与钱塘新区（杭州经开区）签署《关于共建合作协议》，排定 2019 年共建合作"10 条清单"，并与杭州城建院、浙大城镇化研究院开展战略合作，在城市规划、城市管理等方面开展深入交流，不断提升园区管理水平。黄山青云新经济产业园项目正式落户黄山高新区，着力打造企业区域总部、云集供应链、文创、创新型现代服务业等新产业业态，建成投产后预计三年内聚集 100 家新型企业、1000 名互联网人才，创造 10 亿元产值。薪福多网络、杭州宏逸等 14 个项目达成投资意向，7 个项目正式落地，几禾科技、豪韵医疗等项目已投产运营。黄山现代服务业产业园管委会与杭州玉皇山南基金小镇达成战略合作共识，园区内黄山金融小镇建设加快推进，成功引入国储浙商等 20 家金融服务类企业。徽州区、黄山区、休宁县、祁门县经济开发区分别与萧山区经济技术开发区、富阳区经济开发区、临安区青山湖科技城、上城区电子机械功能区签订合作协议，积极谋求项目合作，共促产业发展，推动园区建设。

农业方面。借助杭州市电商发展经验，成功组建黄山供销特色农副产品电商产业园，结合电商扶贫，指导各区县积极开展多种形式的电商培训，培训次数累计已超 3000 人次。黄山首家"无人超市"与天猫小店已建成并营业。先后组织 20 余家企业赴杭州参加杭州市·都市圈优质农产品迎新春大联展、特色畜产品产供销对接会、中国杭州国际茶业博览会等展示推介活动，并与杭州市积极谋划开展首届杭黄跨区域农超对接会，黄山市将组织 40 余家龙头企业、农村专业合作社和种植大户参加，杭州市将邀请 50 家以上杭州都市圈大型商场超市、餐饮企业、采购商到会洽谈采购农特产品，完善跨区域产销衔接流通体系。

科创方面。围绕汽车电子、绿色食品、新材料三大主导产业与杭州都市圈高校科研院所联合开展一系列政产学研用对接活动，发布浙江大学科技成果 34 项。组织 11 家绿色食品企业前往浙江大学开展精准对接活动；组织部分区县科技部门主要负责人和企业赴浙江大学开展"融杭"浙大行活动；组织 40 余家汽车电子产业企业参加汽车电子产业产学研用对接活动，邀请浙江大学现场推介汽车电子产业科技成果 28 项。邀请浙江大学化学工程与生物工程学院和农业与生物技术学院茶学教授集中走访黄山市工业及茶产业企业，对接技术需求。浙江大学、杭州电子科技大学来黄山开展科技成果路演，黄山 40 余家汽车电子产业企业参会。会上，浙江大学带来了科技成果 28 项；杭州电子科技大学带来了"数字化精准科技服务平台"等最新成果；会后，申格电子、振州电子等企业在对接区域与两所高校专家展开交流，部分项目正在深入对接。

（四）旅游文化交流有力推进

主动衔接杭州旅游西进规划，高标准谋划、高质量推进杭黄国际黄金旅游线建设，着力构建"名城名山名江名湖名镇名村"等旅游线路，以皖浙 1 号旅游风景道"陆线"和新安江百里大画廊"水线"建设为重点，打造"中国东部自驾游天堂"品牌。联合杭州市积极参与或开展杭州都市圈新春旅游产品惠民大联展、进行"名山名城，相约黄山"杭黄高铁旅游联合推广、赴京津冀地区开展巡回促销等旅游推介活动。杭州、黄山携手衢州，签订联合推广世界遗产精品旅游线合作项目的协议。黄山市积极赴长三角地区参加 2019 年皖南国际文化旅游示范区（核心区）旅游推介会、2019 上海世界旅游博览会长三角一体化联合展会、苏州国际旅展等相关活动。2019 年前三季度，共接待长三角地区游客 3232.32 万人次，增长 14.6%，其中杭州都市圈游客为 451 万人次，增长 15.2%。一年来，黄山市深入挖掘整合旅游、文化、生态优势资源，积极对接苏浙沪、京津冀等地，将研学、文化、教育三者有机结合，与杭州市互送研学旅游产品，打造研学新业态产品，制定出台《黄山市研学旅行规范管理暂行办法》，2019 年前三季度共接待研学学生 320 万人次，同比增长 101%。

7 月 31 日，以"新时代　新文旅　新田园"为主题的 2019 杭州都市圈（黄山）乡村文旅发展大会在黄山市徽州区隆重举行。杭州都市圈六市政府领导、文旅部门负责人和特色乡村代表、旅游企业代表、专家学者、相关媒体代表等 200 余人齐聚一堂。会上，杭州、湖州、嘉兴、绍兴、衢州、黄山六市联合发布"品质乡村旅游"宣言，提出完善乡村旅游基础设施、打造乡村旅游特色品牌、提升乡村旅游智力支撑、加强杭州都市圈城市协作，共同打造"中国乡村旅游示范区"。同时，长三角旅游全媒体联盟为黄山市三区四县授予"长三角优质乡村文旅目的地"牌匾。

（五）生态共护打造绿色样板

近年来，杭黄两市持续加大对上争取力度，共同加强全国首个跨省流域生态保护补偿机制——新安江流域生态补偿机制建设，试点工作写入习近平总书记在《求是》杂志发表的重要文章《推动形成优势互补高质量发展的区域经济布局》中，"新安江模式"入选中组部改革发展稳定攻坚克难生态文明建设案例、2015 年全国十大改革案例、全国"改革开放 40 年地方改革创新 40 案例"、安徽省改革开放 40 周年重点领域改革八大品牌，亮相"砥砺奋进的五年"大型成就展。

2012 年 9 月，新安江流域生态补偿机制首轮试点正式开展，设置补偿机制基金每年为 5 亿元（中央出资 3 亿元、皖浙两省各出资 1 亿元），试点资金专门用于新安江流域产业结构调整和产业布局优化、流域综合治理、水环境保护和水污染治理、生态保护等方面。2016 年 12 月，新安江流域生态补偿机制第二轮试点正式开展。设置补偿基金每年 7 亿元（中央出资 3 亿元、皖浙两省各出资 2 亿元），测算补偿指数（P），核算补偿资金，并实行分档补助。针对第三轮试点，经过多轮会商，皖浙两省财政、环保部门及黄山市政府就新安江生态补偿协议和实施方案达成一致意见，皖浙两省于2018 年 10 月中旬正式签订协议。本轮协议实施时间为 2018~2020 年，两省每年各出资 2 亿元共同设立新安江流域上下游横向生态补偿资金，延续流域跨省界断面水质考核。

新安江流域生态补偿试点机制实施以来，新安江流域总体水质为优并稳定向好，跨省界断面水质达到地表水环境质量Ⅱ类标准，每年向千岛湖输送60 多亿立方米干净水，千岛湖水质同步改善。经原环保部环规院评估，新安江生态系统服务价值达 246.5 亿元，水生态服务价值为 64.5 亿元。第二轮试点以来，全市生产总值连续跨上 500 亿元、600 亿元两个台阶，财政收入突破百亿元关口，人均主要指标居全省中上水平。试点的成功实践撬动了全流域生态文明建设，探索了绿水青山转化为金山银山的有效途径，成为践行习近平总书记"两山"理论的先行示范，为全国生态文明体制改革创立了"新安江模式"。

（六）公共服务一体化成效初显

对标借鉴杭州都市圈其他城市先进经验，积极在医疗、教育、体育、养老、社区治理等民生服务领域搭建交流平台。杭州都市圈内异地就医住院实现直接结算，2019 年前三季度，在杭州都市圈实现异地就医住院直接结算838 人次，较 2018 年增长 69.64%。全市 15 家二级以上医院（含 2 家三级医院、13 家二级医院）接入跨省异地就医结算平台，覆盖全市所有区县。

歙县作为黄山"融杭"的桥头堡，在医保方面积极发挥"敢为人先"精神。歙县医保局立足狮石乡地理位置偏僻、群众在本市就医路程较远的实际，与淳安县第二人民医院签订定点医疗服务协议，开通异地就医即时结算业务。狮石乡群众到淳安看病执行当地基本医保目录，报销比例按照黄山市内二级医院标准执行，同时贫困人口"351"政策也参照市级 5000 元的兜

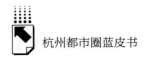

底标准执行。开通两个月，狮石乡就有 32 人次在淳安县第二人民医院享受到这项医保惠民政策，医疗总费用为 44200 元，基金补偿为 27700 元，实际补偿比例达到 62.7％，切实为该乡群众看病就医解决了烦恼、带来了方便和实惠，让基层百姓体会到"融杭"带来的实实在在的好处。

在养老服务和社区建设方面，黄山市大力发展嵌入式养老模式，黄山圣天地颐养公馆、黄山市老年公寓分别与杭州市金色年华金家岭退休生活中心、杭州市第三社会福利院结为友好单位。巩固城乡养老服务"三级中心"建设成果，借鉴杭州市成功经验，在市内 8 个乡镇（街道）试点建设示范性居家养老服务中心。积极推进杭黄两地智慧型社区联建，杭黄两地 20 个社区将开展为期 3 年的城乡社区结对共建活动。为建立与全面建成小康社会目标相适应的残疾儿童康复救助体系，黄山市成功引进杭州市上城区贝蓓儿童康复指导中心，其在黄山市开办残疾儿童定点康复机构，并向机构购买残疾儿童康复训练服务，已有 43 名儿童参加贫困残疾人康复民生工程残疾儿童康复项目的报名评估。

二 黄山市全面融入杭州都市圈过程中面临的问题

黄山市"融杭"已经取得一些成就，但在具体工作中还存在一些不足之处，遇到了一些实际困难，主要有以下五个方面。

（一）战略认识有待进一步统一深化

黄山市作为都市圈的新成员，在战略层面要跳出黄山看黄山，进一步思考在长三角地区、杭州都市圈的地位和定位，思考如何发挥黄山特色优势，不断提升区域品牌影响力。要弄清黄山市在各地比较中的"长板"与"短板"，抓住都市圈产业体系重构过程中潜在的发展机遇，认真谋划经济发展的新着力点和新增长点，着力提高市民的幸福感和获得感。

黄山融入杭州都市圈的宣传和动员相对局限于政府有关部门，企业与群众的参与度还不够高，真正贴近民生的"融杭"工作还有较大的发展空间。

在政府层面，各区县及园区尚未形成协调一致且分工互补的战略认识。比如，没有真正抓住杭州产业价值链重新布局的契机，没有深入思考怎样利用黄山的资源优势来主动对接都市圈的产业布局。黄山各产业园区和开发园区与杭州都市圈相关园区进行了初步的有效连接，但合作仅停留在纸面，园区的发展规划与区域合作机遇的有机结合不够，在资源分配和人才交流方面尚未进行足够的有实质性的合作，都是战略意识不够强、谋划程度不够深的体现。

（二）经济基础相对薄弱，人口问题较为突出

2018 年，黄山市生产总值为 677.9 亿元，财政收入为 113.9 亿元。从人均指标看，黄山市人均 GDP 为 4.89 万元。在杭州都市圈中，黄山市经济发展不平衡不充分的问题较突出，工业基础薄弱、城市基础设施配套规划落后于经济发展的需要、区域内旅游交通建设不适应旅游业发展、旅游业发展同质化现象严重、景点智能化服务水平较低、古村落开发商业化程度过高等问题仍然存在。

人口、资源、环境、经济发展和社会进步构成城市发展的五个基本系统，其中人口是最活跃、最关键的因素，是城市性质和城市功能的载体。进一步促进城市人口集聚和升级，决定了城市的经济动力。黄山市经济社会发展中更为凸显的就是城市人口问题。人口是发展之基，黄山市的人口问题，一方面在于黄山是一座人口输出型城市，户籍人口超过常住人口，群众受教育水平不高，老龄化问题较严重。更多的本地人选择去苏浙沪地区打工，而不是留下来建设家乡。城市现有居民素质提高和未来人才队伍建设还需要更明确的规划和更广泛的动员教育，城市人口规模、文化结构、年龄结构等都有待进一步改善。另一方面，黄山群众"靠山吃山"和"小富即安"的思想仍然存在，相对贫穷限制了群众的想象力与创造力。黄山的百姓更需要发扬新时代"徽骆驼"精神，走出大山，看看外面的世界。在思想上向发达地区看齐，积极培养创新思维；在行动上与发达地区交流，努力学习先进地区经验。

（三）杭黄两地存在行政阻隔，体制机制创新不足

黄山市与杭州都市圈其他城市不在同一个省级行政区划内，在政治环境、政策环境、经济发展水平、基础设施建设等方面均存在较大差异。《长江三角洲区域一体化发展规划纲要》已正式公布，但黄山市并不在长三角规划范围的中心区，能够争取到的相关政策和资金也相对有限。

行政阻隔产生的问题很多，比如，行政管理人员过于本地化且老龄化，干部年龄断层明显，老干部缺少锐意进取的勇气，年轻干部缺少足够的经验阅历。为提高干部工作能力，黄山市计划委派青年干部赴杭州挂职锻炼，但该项工作的推进受行政阻隔影响较大，目前处于停滞状态，使两地干部难以得到学习交流的机会，也使黄山青年干部少了一次学习提升的良机。

进一步解决都市圈内行政阻隔问题，急需杭州等市与黄山市携手积极向上争取政策支持，加快体制机制创新。从体制机制创新的必要性来看，黄山市的优势资源需要进一步梳理摸排，要厘清优势，抓住重点，进一步细化具体工作，使在跨行政区域情况下寻求合作时，更便于在宏观上对接、在细节上入手，由上到下、由浅入深逐步探索出高质高效的跨区域合作新模式。

（四）主导产业发展的内生动力不足

黄山市主导产业的定位与发展，一方面立足黄山市现有产业基础和资源优势，另一方面立足杭州都市圈乃至长三角地区整体发展需求。黄山市主导产业在持续发展的过程中也面临不少问题，如市场机制不够完善、产业配套服务能力滞后、各行业未能很好对接学习国内先进企业、企业工作机制创新没有及时适应市场变化等。从根本上说，这些问题都是由本地产业的内生动力不足导致的。

从黄山市内各开发园区和产业园区的发展情况看，园区的主导产业发展及与都市圈园区的协作发展还需要更具体、更实际的举措，在财政税收、市场力量、利润空间等方面都要做好科学的测算，园区定位与入驻企业的成本效益需要更为详细的数据支持，本土企业与外来企业的交流合作及产业链的培育保护更需要详细的规划支撑。

从行业协会的发展情况来看，在一个地方的产业发展过程中，行业协会具有不可替代的专业性，政府部门不可能替代行业协会来协调统一市场的认识。目前，黄山市部分行业协会已开始学习杭州市经验，开展一系列活动，但各行业协会内部的管理体系仍有待健全完善，具体工作内容仍有待进一步探索。

从政府层面来看，对产业发展的认识局限于传统模式，对数字经济等新的产业模式，以及产业协作发展带来的机遇还需做更多的研究。政府在产业的内生培育和招商引资方面需要更加有效的政策措施，黄山市的产业布局和发展需要从都市圈角度进一步创新认识，杭州都市圈只是黄山市发展的外部环境，真实的经济动力必须依靠黄山本地的民众和企业，只有放眼都市圈的建设并找准产业发展定位，充分激发企业内生动力，才能实实在在推动黄山产业与杭州都市圈联动发展。

（五）人才政策与区域经济发展不相匹配

近两年，为更好紧抓长三角一体化发展机遇，进一步促进地方经济社会高质量发展，杭州、绍兴、嘉兴、湖州等城市加大实施人才政策力度，积极引进国内外重点高校人才，相比之下，黄山市人才工作存在诸多困难，工作成效与经济社会发展需求存在较大差距。从内部因素看，黄山市经济发展水平不高，人才政策待遇水平较低，对人才的吸引力不够。从外部因素看，黄山市面临长三角发达地区的竞争，很难有好的引才成效，随着黄山市到长三角时空距离的缩短，由于长三角资本和产业的虹吸效应，黄山市人才流失情况将更为严重，人才引进和招商引资工作也将面临更大困境。

三　黄山市全面融入杭州都市圈趋势分析

面对上述困难与挑战，黄山市在全面融入杭州都市圈的道路上砥砺前

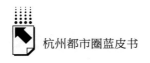

行，为未来黄山市的高质量发展与都市圈内部的协同发展创造了良好条件，具备有利趋势。

（一）生态安全屏障作用越发显著

目前，杭黄两市正深入进行第三轮新安江流域上下游横向生态补偿试点，协同推进新安江—千岛湖国家生态补偿机制试验区创建，打造跨省流域生态文明共建共享先行区域。探索生态产品价值实现机制，推动生态产业化、产业生态化。探索重要湿地、林地等生态补偿制度。探索流域生态补偿机制立法，通过法律法规推动生态补偿制度化、法制化和常态化，积极开展联动执法，创新跨区域联合监管模式，全面提高新安江流域的生态保护和民生改善能力。以皖南—浙西山区为重点，全面开展水污染治理协作，联合开展大气污染防治，积极推进生态系统保护与修复，加快进行山水林田湖草一体化治理，共同推动松材线虫病防治、森林防火，共筑长三角绿色生态屏障。

（二）文化旅游示范效应越发凸显

杭黄双方正紧紧把握"后峰会、亚运会"黄金发展期，发挥杭州在都市圈的中心辐射作用，共同塑造两市国际旅游目的地形象。从近期游客统计数据看，文化旅游示范效应逐步凸显，尤其是杭黄高铁通车后，长三角地区和杭州都市圈地区来黄游客明显增加。目前，黄山市正积极发挥文化、旅游、生态"三位一体"优势，持续完善相关旅游普惠政策，加强旅游基础设施建设，围绕游客多样化需求研发差异化商品。联合杭州等都市圈城市积极培育沿线旅游新产品、新业态，加强旅游营销推广工作，联手打造世界一流旅游目的地。

（三）绿色产业合作发展持续推进

作为杭州都市圈生态源头之一，黄山市必然优先发展绿色产业。杭黄两市正积极谋划杭黄绿色产业带，黄山将主动融入杭州数字经济、新能源汽车、高端装备等创新产业集群，积极承接杭州转移产业，鼓励本地企业与杭州企业建立产业联盟，推进分工合作，提升产业层次，积极争取杭州在黄山设立若干个以细分产业（如汽车零部件、电子信息、绿色食品、现代金融、文化创意、数字经济等）为合作重点的"飞地园区"（孵化器、众创空间），以承接杭州重点产业的溢出，加快黄山市产业链条延伸和产业集聚，全面构建绿色食品、休闲旅游、文化创意、大健康、汽车电子、数字经济、绿色包装七大绿色生态产业集群。

（四）健康宜居样板渐趋成形

黄山市正加快建设皖南现代化区域性中心城市，丰富城市内涵，完善城市功能，提升城市能级，优化城市品质，不断增强城市综合承载力。城市污水和垃圾处理能力不断提升，强化工业点污染防治，集中整治"散乱污"企业，实施产业准入负面清单制度，坚决不上一个污染项目。绿色循环经济园区和生活区正在加快建设。在农村建立"生态美"超市，增强村民环保意识，增加农村垃圾处理投入，持续推进厕所改造、污水和生活垃圾处理。医疗卫生方面，积极发挥新安医学、祁门御医等特色健康资源优势，主动对接杭州都市圈，引进民营医养机构，大力发展医疗医药、养老养生、康体健体等大健康产业。目前，黄山市地表水达标率、饮用水水源地水质达标率均为100%，2018年，空气质量指数在全国168个重点城市中位居第2，正逐步打造杭州都市圈康养福地和慢享生活的第二居住地。

（五）西进南拓战略支点日趋夯实

黄山市正全面推进建设"一港两轨六铁九路"架构的皖浙赣区域综合交通枢纽，加快与杭州都市圈基础设施互联互通。随着杭黄高铁的开通及黄千高速、杭临绩（黄）高铁、黄（衢）金高铁项目的积极推进，黄山市逐渐成为杭州都市圈西部的交通枢纽，杭州、嘉兴、湖州等是西进江西、湖南等的必经之地。一方面黄山市与杭州都市圈其他城市通过建立高铁和高速公路实现同城化连接；另一方面加紧建立黄山物流园，以便将来为长三角货物

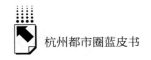

西进提供中转服务。杭黄之间的新安江水陆交通设施建设也正在积极推进中，其将成为杭州都市圈旅游西进的新亮点。

四　黄山市全面融入杭州都市圈的对策建议

加快"融杭"既要体现在思想更解放、观念更新颖、理念更先进等方面，又要体现到工作思路更开阔、发展举措更务实上。围绕黄山市全面融入杭州都市圈的未来工作，有以下几点建议。

（一）规划方面集思广益

城市规划方面需要继续积极参与长三角一体化发展规划安徽实施方案编制，深入开展杭州都市圈一体化发展战略研究，对接都市圈新一轮总体规划和相关专项规划编制工作，为了将新安江—千岛湖生态补偿试验区、杭黄国际旅游示范区等相关内容纳入长三角区域一体化发展规划安徽实施方案、杭州都市圈新一轮总体规划，黄山市需要广泛咨询安徽省和杭州市的专家学者，只有实现真正的共赢，才能实在地合作。为此，建议尽快成立专门的智库，先分类别征求意见再集中讨论通过，可以建立五个层次的智库，即安徽省、杭州市、黄山市、当地民众、其他，将各种规划提前调研讨论并尽可能模拟实际情况进行实验研究。智库专家通过定期考评和社会监督相结合的方式，以项目和事件推动工作开展，实施成本补偿加奖励的协同人才激励计划，向社会公开智库运行机制及相关信息，最终携手推进杭黄绿色产业带发展。

（二）实践中集中精力找到优势

首先，尽快集中精力找到黄山的优势，切忌空谈文化和自然资源的优势，必须从长三角一体化和全国经济发展的视角谋划黄山的特色优势，利用智库专家和民间的智慧集思广益，确定自然生态和人文社会的最优发展途径。其次，抓紧制定黄山未来十年产业规划，基于杭州都市圈和长三角的发展趋势精确预测绿水青山变金山银山的时间表及转换条件，鼓励开办环境保护企业，拓展自然资源利用效率效益考评时间和空间范围。编制黄山现存自然资源资产负债表、产业发展生态环境变动预测表。再次，借助驻杭招商小分队、杭州市工程咨询中心黄山分中心等"桥梁"，依托市县开发区、产业园、特色小镇、浙江大学黄山技术转移中心等平台，进一步强化产业协作，深化政产学研合作创新，在动态调整中推进黄山企业进入浙江大型企业产业链。最后，鼓励本地企业加入杭州都市圈企业协会，黄山通过建立市级行业协会并定期对接行业发展信息，聘请专家指导编制行业协会、产业园财政税收贡献时间表与产业经济大数据报表，分析并预测黄山经济社会与杭州都市圈及长三角各主要城市的紧密度和其对它们的依赖程度。

（三）生态环境方面尽快建立有效的市场机制

根据新安江流域治理的实践筹划设立生态产业基金，将新安江绿水青山动态量化为金山银山。政府推动实施新安江流域生态补偿"十大工程"，以工程项目为基础推进生态建设和推动市场化进程，建立垃圾分类处理新模式，探索进行垃圾拍卖的技术和市场两个层次的试验，前者以生态环保技术展览会为主，后者则尝试建立闭环式生态社区（垃圾不外流），以深化流域综合治理，确保碧波长流、江河长清。环保部门会同自然资源部门及财税部门积极探索自然资源资产负债表更新以及进行水权、用能权、排污权、碳排放权等交易市场政策机制创新。利用全流域的智能监测系统加强对环保大数据的开发利用，带动新安江流域水环境自动监测设备、数据产品的市场开发。在省级生态补偿机制基础上，协同创建新安江—千岛湖生态补偿试验区，重点在于实现环保数据的产品化，进行市场化开发利用。建议人员统一管理、环境监测统一口径、生态经济一体化，多渠道筹建流域生态基金会，统筹安排管理费用的支出，严格按照要求建立科学的评价体系。

（四）人事政策方面建立有效的淘汰机制

建立杭州都市圈统一的人才选用机制，黄山市各区县和市级部门主要负责人的考评、选用应以问题和任务为导向，选聘时应让其明确上任后需要解

决的问题，并要求其自行分解任务以便顺利解决问题，考评时对照任务清单逐项评价，最后进行综合评价并将结果公布于众。对于不能完成任务的一律淘汰、转岗并降级使用，空缺岗位实行全国公开招聘，对领导岗位责任实施一定范围的追踪评价机制，确保选出德才兼备的人才，同时保护既有人才免于被诬陷。改革人事薪酬制度，引入市场机制，发挥各级各类人才的智慧，利用大数据技术跟踪评价工作时间消耗情况及其效率，鼓励相关人员学习和转岗以便人尽其才。充分利用和发挥企业人才资源和国际旅游城市优势，实施"燕过拔毛"的策略，建立黄山游客贡献表，拓展生态和文化旅游的宣传途径，在部分景点对接信用管理部门，禁止失德失信之人游览。

（五）建立重点项目的跟踪评价制度

重点项目实施项目组负责到底的制度，即直接负责人不能变，事件实际经手人的责任也不可转嫁，另外建立两层跟踪评价体系：第一层为独立第三方评价，第二层为项目直接受益方评价。具体评价内容包括财务、环境、技术、社会文化等方面，针对不同的重点项目，根据实际需要并对照项目规划预先制定。由此，建议抓住乡村建设和传统文化产业化的有利时机，积极联合杭州都市圈其他地市申报重大建设项目，成立专门机构，谋划并精确预测项目市场前景和社会经济效果，将本地的财政经济社会发展作为核心，同时，在一定时间范围内引入 PPP 建设模式，并给予社会资本一定合理的利润，以未来财政税收和一定范围的垄断利润为保障。围绕打造杭黄国际旅游示范区，发挥浙西旅游常态化协作机制作用，积极举办或参与境内外宣传推介活动，共同推广杭黄世界遗产游、名山名城名江名湖名村游、皖浙山水画廊游等精品线路。

（六）加快民生领域的大数据建设

学习和借鉴杭州都市圈先进经验，全面推进黄山市的医疗教育、智慧城市、社区治理、智慧养老、公共服务等领域高质量建设。为推进黄山市"城市大脑"建设工作，加快成立黄山 IT 行业协会和数字经济实验室，将问题分解为若干个项目并由实验室先行研究，然后提供普及化的市场方案。利用签订杭黄两市信用合作协议的契机，加快建立杭州都市圈信用合作体系，旅游景点配合实施失信禁入政策，并逐步实行景区文明行为积分制度和不文明行为警告制。加紧推进社保卡"一卡通"项目建设，在实现与杭州都市圈各城市间市民卡网络共通、数据共享、成果共认之后成立黄山运营维护机构或委托公司跟踪维护。

参考文献

洪庆华、沈翔主编《杭州都市圈发展报告（2018）——美丽中国·杭州都 市圈样板》，社会科学文献出版社，2018。

黄山市政协：《完善"试点"打造全国"样板"》，《江淮时报》2019 年 6 月 21 日。

长江水利网，http：//www.cjw.gov.cn。

中安在线黄山频道，http：//hs.anhuinews.com。

专 题 篇

Special Reports

B.9
以协同创新引领杭州都市圈发展

顾骅珊　娄在凤＊

摘　要：　作为长三角"金南翼",杭州都市圈具有构建协同创新引领区的现实基础。从综合实力看,转型升级成效显著;从产业结构看,梯度布局基本形成;从改革创新看,引领作用初步显现;从合作融合看,共建共享成果明显。协同创新引领区建设还存在统筹融合弱、核心城市辐射能力弱、发展瓶颈约束强等问题。当前,中国区域经济发展模式正从"都市圈经济"时代向"城市群经济"及"湾区经济"时代过渡,杭州都市圈也存在圈内城市之间的加速同城化、与浙江省大湾区建设深入协同、与长三角城市群一体化发展联动共赢等趋势。为此,本报告提出以

＊ 顾骅珊,嘉兴学院商学院副院长,经济学教授,硕士生导师,研究方向为制度创新理论、区域经济学。娄在凤,嘉兴职业技术学院副教授,研究方向为区域经济。

培育协同创新链、共构创业创新体系、构筑重大支撑平台三大路径为依托；以互补共赢为原则，做好对接上海科创中心建设；以技术创新为靶心，促进创新链与产业链对接；以体制机制为根本，畅通科创资源流通渠道等方面的对策建议。

关键词： 协同创新　创业创新体系　杭州都市圈

杭州都市圈位于长江三角洲经济圈的南翼，2007年以杭州为中心，以嘉兴、湖州、绍兴三市为副中心。在2016年《长江三角洲城市群发展规划》发布后，杭州都市圈被列入长三角城市群"一核五圈四带"中的"五圈"之一，自此，杭州都市圈成为国家战略。2018年10月，杭州都市圈首次扩容，从此打开了西进南拓大通道；同年12月，在杭州都市圈合作发展协调会上，浙江衢州市、安徽黄山市正式加入杭州都市圈。杭州都市圈综合竞争力位居我国六大都市圈之首，为跨区域合作提供了宝贵的"杭州经验"。目前杭州都市圈正积极融入长三角一体化发展国家战略，目标是建设成世界第六大城市群重要板块。

一　杭州都市圈构建协同创新引领区的现实基础

（一）从综合实力看，转型升级成效显著

以杭州都市圈的启动年数据做对比分析，2007年，六市（杭州、嘉兴、湖州、绍兴、衢州、黄山）的生产总值为9243亿元，到2018年，杭州都市圈六市实现生产总值28665.42亿元，年均增长9.89%。2018年，杭州都市圈累计实现财政总收入5976亿元，增长15.3%（见表1）。都市

圈内核心圈的表现更为突出，2018 年，核心圈（杭州、嘉兴、湖州和绍兴）四市常住人口数量占浙江省人口总量的 25.4%，生产总值在全省的占比达到 35.1%。

表1　2018 年杭州都市圈城市主要指标

杭州都市圈城市	生产总值（亿元）	人均 GDP（万元）	工业增加值（亿元）	第三产业产值（亿元）	进出口总额（亿美元）
杭州	13509.00	14.02	4160.13	8631.71	735.26
湖州	2719.00	9.03	1152.53	1317.75	251.02
嘉兴	4871.98	10.39	2387.18	2132.46	427.72
绍兴	5416.96	10.79	2234.22	2608.98	339.94
衢州	1470.58	6.69	553.16	727.97	53.06
黄山	677.90	4.89	181.66	384.42	9.51

资料来源：《浙江省统计年鉴》（2019 年）、《安徽省统计年鉴》（2019 年）。

（二）从产业结构看，梯度布局基本形成

总体来看，杭州都市圈以第三产业为主，三次产业协同发展的格局基本形成。2018 年，三次产业增加值同比分别增长 2.0%、7.1%、7.5%，第三产业成为促进都市圈经济发展的强大动力；综观近几年的数据变化，杭州都市圈第三产业增加值占比在 2013 年首超第二产业，到 2015 年，第三产业增加值占比首超 50%，都市圈内各城市第三产业增加值占比及从业人员数相对第二产业来说，得到大幅度提升。从城市发展布局看，作为核心城市的杭州的第三产业增加值占比和发展速度均居首位，杭州第三产业的高速发展主要得益于数字经济的发展，杭州的服务业发展优势突出；第三产业增加值占比居第二位的是黄山市，黄山市第三产业的快速发展主要得益于旅游业的发展；衢州市第三产业增加值占比居第三位，但是衢州生产总值相对较低。杭州都市圈建设以来，各城市工业增加值占比均有所下降，但是湖州、嘉兴、绍兴工业增加值的占

比仍然在40%以上，尤其是嘉兴，工业制造业产值占比近50%，嘉兴产业结构中第三产业优势并不明显。2007～2018年杭州都市圈城市主要结构指标变化情况见表2。

表2　2007～2018年杭州都市圈城市主要结构指标变化情况

单位：%，个百分点

杭州都市圈城市	生产总值增长率	第二产业增加值占比增长情况	第三产业增加值占比增长情况	第二产业就业人数增长率	第三产业就业人数增长率
杭州	229.48	－ 14.38	18.05	－ 0.42	92.37
湖州	204.82	－ 9.40	13.52	18.08	12.16
嘉兴	207.32	－ 5.07	9.80	－ 0.3	87.18
绍兴	174.68	－ 13.5	14.2	8.02	46.68
衢州	207.3	－ 6.2	13.5	5.84	33.86
黄山	215.09	－ 0.86	8.86	38.46	104.04

资料来源：《浙江省统计年鉴》（2008～2019年）、《安徽省统计年鉴》（2008～2019年）。

（三）从改革创新看，引领作用初步显现

杭州都市圈进行建设以来，创新成果不断涌现，一批国家级试点和重点项目在都市圈内相继推出。比如，核心圈层内的杭州市建立了全国首个跨境电子商务综合试验区，它是全国首批社会信用体系建设示范城市，同时又是全国首批"双创"示范基地；绍兴成为国家级社会管理和公共服务综合标准化试点；湖州成为国家科技创新服务体系建设试点、国家绿色制造示范城市等；嘉兴成为首批国家新型城镇化综合试点地区、国家信息经济试点城市、国家低碳城市试点、国家服务型制造示范城市等。都市圈的创新能级在不断提升，部分产业已进入全球价值链中高端。2018年，杭州都市圈共有国家高新技术企业4530家，用于科学技术的财政支出为206亿元，同比增长25.4%，全年专利授权量达14万件，各城市新产品产值率超过30%，高新技术产业增加值占规模以上工业增加值的比重达到52.5%。

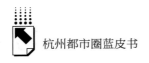

（四）从合作融合看，共建共享成果明显

一是创新载体共建日趋深化。杭州都市圈创新载体合作模式不断深入，海宁·余杭合作开发区块、江干·安吉合作产业园、滨江"诸暨岛"、衢州海创园等项目顺利推进。海宁"杭海新区"被纳入钱塘新区战略规划范围，以打造浙江省跨行政区一体化发展的示范区。产学研合作模式不断深入，协同发展取得累累硕果。以都市圈内的核心圈四市（杭州、嘉兴、湖州和绍兴）为例，2007～2017年，已累计启动280多个合作项目。二是基础设施日趋完善。推进临金高速、千黄高速、杭衢高铁（建衢段）、湖杭铁路、申嘉湖西延等重大跨区域交通基础设施建设，协同推进交通项目260多个，打通"断头路"35条，全面实现"市市通高铁、县县通高速、镇镇通干线、村村通班车"。三是民生共享有实效。2018年，杭嘉湖绍四个城市城镇居民人均可支配收入和农村居民人均可支配收入分别为59183元、33194元，是2006年的3.2倍和3.8倍，城乡居民人均可支配收入比较2006年缩小38%，达到1.79∶1，公交一体化、医保联网结算、市民卡合作深入推进建设。四是生态环保一体化加快推进。通过开展"五气共治""五水共治"等，生态指标有了明显改善。2018年，杭州、嘉兴、湖州、绍兴的PM2.5平均浓度较2013年分别下降39.8%、41.7%、51.0%和36.7%。

二 协同创新引领区建设中的问题

（一）统筹融合弱，整体协同需要进一步推进

目前，各城市间的行政壁垒还未完全消除，杭州都市圈集约发展的基础尚未形成。产业分工仍以市县两级为协调主体，生产要素在都市圈内的配置仍由行政推动主导，没有形成中心城市与周边城市互为依托的发展格局。主要表现如下。一是产业布局缺乏顶层规划。各市之间的人才和资本等技术要素争夺、产业同质化竞争、生态环保标准不一致等问题依然突出，基础设施

方面跨区域的协同规划和建设偏少，要素流通渠道不畅，尤其是重大产业的统筹布局、重大生态环境保护合理差异性、社会治理政策总体一致性等方面，亟待省级、市级层面加强统筹协调。二是产业类合作项目推进乏力，协同发展质量偏低。以杭州都市圈核心圈四市为例，2018 年，全省规模以上工业亩均税收为 28 万元，但是除了杭州市亩均税收水平远高于全省平均水平外，湖州、嘉兴、绍兴三个副中心城市亩均税收水平均低于全省平均水平。核心城市虹吸效应明显，产业合作项目价值链分工协作体系不合理。三是缺乏有效的协调机制。虽然由市党政代表团互访主导等的区域内部合作协调多，2019 年，杭州都市圈各城市间签订框架协议和合作协议创历年之最，但省级层面和节点县市参与较少，山海协作、跨省协作较少；都市圈合作项目仍以由政府财政投入主导的交通共联等市政项目为主，产业共融推进措施不多，社会资金投入尤其少。

（二）核心城市辐射能力弱，合作需要进一步深化

按照国际惯例，都市圈核心城市一定是第三产业高度发展的城市，一般来说，都市圈核心城市第三产业增加值占比在 80% 左右。但是杭州作为杭州都市圈的中心城市，2018 年，第三产业增加值占比为 63.9%，与都市圈核心城市的要求有一定差距。根据中国城市科技创新发展指数排名，2019 年，杭州科技创新发展指数为 0.4934，低于南京和上海，在长三角区域高端要素集聚、对外开放、科技创新等方面有较强竞争力；此外，核心城市与都市圈周边城市在发展水平上应保持合理的具有较小差距的梯度，2018 年，杭州人均 GDP 是三个副中心城市的 1.3 倍及以上，是衢州、黄山的 2 倍以上，差距偏大。

（三）发展瓶颈约束强，体制机制需要进一步突破

杭州都市圈在发展空间、资源能耗、环境指标、资金、人才等方面面临的要素制约越来越突出，经济增长速度被迫放缓。尤其是由于受宏观经济环境的影响，2015～2018 年，杭州都市圈 GDP 增速放缓态势明显。制造业增

长乏力，传统产业大而不强问题突出，2018 年，杭州都市圈十大传统制造业增加值为 3063 亿元，增长 5.4%，占规模以上工业增加值的比重为 40.3%，增速比规模以上工业低 2.1 个百分点。单位能耗下降空间日趋缩小，2018 年，杭州单位 GDP 能耗比 2006 年下降 60.2%，嘉兴下降 50.5%，湖州下降 55.8%，绍兴下降 55.4%，用能总量制约日趋严峻，能源双控对经济增长制约比较明显。急需建立生产要素跨区域无障碍流通机制，通过整合资源，统筹杭州都市圈内的用地、用能、排放指标，"融资难"、"用工难" 和 "创新难" 等问题已成为当下迫切需要解决的重要问题。

三 协同创新引领区建设的发展趋势及有效路径探索

2018 年 10 月，杭州都市圈第九次市长联席会议召开，正式启动了杭州都市圈新一轮规划。规划要求统筹建设互联互通的基础设施网络，不断提高城市和产业能级，共育具有国际竞争力的现代产业集群，共塑历史与现代融汇的人文魅力圈，提升杭州都市圈的综合实力，全力打造世界级大湾区核心增长极和具有较高国际知名度的大都市圈。随着长三角一体化发展国家战略的深入实施，一体化发展已成为未来区域合作的重点。2019 年 2 月公布的《国家发展改革委关于培育发展现代化都市圈的指导意见》（发改规划〔2019〕328 号）指出，到 2022 年，都市圈同城化取得明显进展；到 2035 年，现代化都市圈格局更加成熟，形成若干具有全球影响力的都市圈。杭州都市圈一定要抓住这样的历史机遇，认真分析面临的形势，找到协同创新引领区建设的实现路径。

（一）发展趋势

当前，随着中国经济从 "高速增长" 向 "高质量发展" 转变，相应地，区域经济发展模式从 "都市圈经济" 向 "城市群经济" 和 "湾区经济" 转变，杭州都市圈城市转型升级面临不同路径选择，其发展趋势表现在以下三个方面。

1. 杭州都市圈内部城市加速同城化

这个同城化趋势主要体现在基础设施互联互通、市场统一开放、产业协同发展、公共服务共建共享、生态环境联防联控等方面。在产业协作方面，杭州都市圈围绕创新链、价值链构筑产业链，在经济圈内统筹布局。目前，杭州都市圈紧密层（德清、安吉、海宁、诸暨等）承接了大量从杭州转移出去的制造业，同时也积极利用中心城市的高端创新资源，将研发设计等智力密集型环节放在杭州，将人力密集型的制造环节放在本土（衢州海创园、诸暨岛和莫干·智谷等）。同时，杭州大力发展数字经济，成为全国数字经济第一城。杭州都市圈已经基本实现了"推动中心城市产业高端化发展，夯实中小城市制造业基础"目标。在联合招商、共同开发、利税共享的产业合作发展机制方面积累了一定经验，比如，嘉兴市的海宁拿出毗邻余杭区的土地与余杭区共同开发建设配套设施的模式就值得分享。

2. 杭州都市圈发展与浙江省大湾区建设深入协同

2018 年，浙江省提出《浙江省大湾区建设行动计划》。"环杭州湾经济区"是浙江省大湾区建设的重点，杭州都市圈是"环杭州湾经济区"的核心之一，为浙江省大湾区的纵深发展提供了广阔的内陆腹地，"三廊"中有"二廊"在杭州都市圈范围内，"四新区"中有三个新区在杭州都市圈范围内，杭州都市圈是浙江省大湾区打造"全球数字经济创新高地"和"区域高质量发展新引擎"的先行军、体制改革的试验区，为探索跨省级行政区的一体化发展机制提供了机遇和经验。浙江省大湾区通过引导"三廊"和"四新区"的协同发展，促进杭州都市圈和宁波都市圈联动发展，杭州都市圈可以充分利用舟山港的巨大优势，进一步发挥杭州都市圈的辐射带动作用。

3. 杭州都市圈发展与长三角城市群一体化发展联动共赢

2016 年，《长江三角洲城市群发展规划》明确提出，顺应时代潮流，服务国家现代化建设大局，从战略高度优化提升长三角城市群，打造改革新高地、争当开放新尖兵、带头发展新经济、构筑生态环境新支撑、创造联动发展新模式，建设面向全球、辐射亚太、引领全国的世界级城市群。长三角城市群中杭州、南京、合肥三个中心城市体量相当。南京高校资源丰富，科技发展水平居全国前列，合肥科研基础实力较强，连续两年进入"外籍人才眼中最具吸引力的十大城市"前三名，发展潜力较大。苏锡常都市圈和杭州都市圈经济体量相当。上海目前正在创建全球科技创新中心，在建设过程中，"溢出效应"和"虹吸效应"并存，杭州都市圈城市要更好地服务于长三角一体化发展国家战略，要在顶层设计的引导下实现协调联动发展，尤其是加快协同创新引领区建设，更高效地合力承接上海外溢的高端创新要素，嘉兴以及 G60 科创走廊既是长三角一体化发展的先行先试区，也是杭州都市圈"接沪"的重要枢纽，是杭州都市圈发展与长三角城市群一体化发展联动共赢的关键所在。

（二）路径探索

1. 以三大引领培育协同创新链

以空间整合引领。一是突出杭州集聚辐射能力。发挥杭州的主体作用，增强集聚辐射能力，统筹都市圈优势资源，带动都市圈整体发展。二是培育副中心配套服务能力。提升湖州、嘉兴、绍兴、衢州、黄山五市生产和服务功能，整合产业空间，承接杭州中心城市产业溢出，向节点城市进行产业辐射，建设合理梯度的都市经济圈空间结构体系。

以高质量发展引领。一是实现经济增长方式有力转变。推动经济增长向集约型、创新驱动型转变。构建协同创新共同体，推进之江实验室、西湖大学、浙江清华长三角研究院、南太湖科创中心等建设，加快超重力离心模拟与实验装置、未来网络计算科研实验平台等重大科技基础设施（装置）建设。进行杭州都市圈科技创新联合攻关，联合突破一批"卡脖子"核心技术，联合开展一批前瞻性基础研究，联合实现一批引领性原创成果落地。二是培育经济和产业的新增长点。共同做强数字经济产业集群，全面打造数字经济"一号工程"，在云计算、大数据、物联网、人工智能等领域形成一批创新成果和行业解决方案，推动集成电路、软件和信息服务业、网络通信、元器件及材料等基础产业迈向全球价值链中高端，积极布局区块链、虚拟现实、量子信息、柔性电子等前沿领域。

以协同发展引领。一是推进市场一体化建设。探索建立标准统一互认机制，实施统一的市场准入制度，聚焦公共服务、城市管理、全域旅游、供应链、生态环保等领域，先行开展区域统一标准试点，推进地区间标准互认和采信。二是推进信用一体化建设。加快构建都市圈信用"一张网"，推动建立跨市信用信息数据横向交换共享机制，加大对市场信用信息的采集力度。加强信用结果应用，在全国范围内率先打造"信用免押金都市圈"，深化信用助力"最多跑一次"改革，逐步形成完整信用画像，助力政府精准服务。三是协同推进高水平开放。建设高水平开放平台，共同深化 eWTP 试验区建设，积极争创自贸试验区联动创新区。引导都市圈企业抱团"走出去"，联合推动优势产能海外布局。

2. 以三大深化共构创业创新体系

深化产业协同。推进城市间产业分工协作，推动中心城市产业高端化发展，夯实中小城市制造业基础。聚焦新一代信息技术、高端装备制造、汽车与新能源汽车、节能环保与新材料、生物医药和高性能医疗器械等领域，高起点谋划"万亩千亿"新产业平台。

深化要素保障。整合杭州与副中心城市的要素资源，加强都市圈资金、数据和人才流通，大力实施基础设施互联互通工程，推进 5G、新一代信息基础设施布局，打造区域内经济、人文、生态、生活融合体系。杭州要加强对兄弟城市的全方位支撑，建立生产要素跨区域无障碍流通机制。

深化城乡统筹。一是要促进公共服务共建共享。加强优质教育资源的合作共享，探索跨区域合作办学，深化医疗资源协作联动，提升中心城镇社会服务水平。二是加强中心城镇建设。坚持新型城镇化，优化产业园区布局，做强特色产业，优化城镇功能区、生活社区，培育新兴产业，强化旅游休闲产业，夯实城镇产业基础。

3. 以四轴建设构筑重大支撑平台

科技创新轴。以杭州城西科创大走廊和嘉兴 G60 科创走廊为主轴，

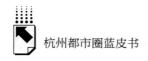

推动杭州国家自主创新示范区、未来科技城、青山湖科技城、紫金港科技城、湖州科技城、嘉兴科技城、绍兴科技城建设，打造省域科技创新引擎。

国际金融科技中心。以钱塘江金融港湾建设为主轴，推动钱江新城、钱江世纪城、绍兴镜湖新区等中央商务区建设，打造国际金融科技中心。

全国数字文化产业高地。以大运河文化带、之江文化产业带、绍兴文化创意走廊为主轴，推动之江文化城、奥体博览城、钱塘智慧城、绍兴水乡文化风情区建设。

世界级先进制造业集群。以沿湾智造大走廊为主轴，加快江东新区、滨海新区、南太湖新区、杭州高新区、萧山临江高新区、海宁杭海新区建设，打造4个世界级先进制造业集群。

四　协同创新引领区建设的对策建议

（一）以互补共赢为原则，做好对接上海科创中心建设

1. 共建长三角协同创新共同体

可适当借鉴长三角一体化区域内实施的"三级运作"（"三级"为决策层、协调层和执行层）区域合作机制，加强顶层设计和区域合作。杭州都市圈借助每年召开的市长联席会议，成立相应机构，主动对接"长三角区域合作办公室"和"上海推进科创中心建设办公室"，制定有针对性的行动方案，落实长三角区域省级、市级的各项协议、规划和政策，共建长三角协同创新共同体。加强杭州都市圈内各城市与上海党政高层互访、政府部门交流合作，丰富对接形式和内容，在活动中寻求突破。

2. 构建上海科创中心杭州都市圈承载区框架体系

着力推动"三廊四新区"重大战略平台建设，包括杭州城西科创大走廊、宁波甬江科创大走廊、嘉兴G60科创走廊、杭州江东新区、宁波前湾新区、湖州南太湖新区、绍兴滨海新区。同时，积极推动中新嘉善现代产业

园、上海张江长三角科技城、宁波杭州湾新区浙沪合作示范区等平台开展跨省市合作。

3. 支持浙沪共建自贸港

发挥舟山港基础能力强、功能布局优、发展空间大，离岛港口岸线资源丰富的优势，特别是大宗商品方面的绝对优势，支持区域港口创建"一港多区"自由贸易港，聚力打造亚太重要国际门户，以联动建设上海自由贸易区和浙江舟山自由贸易区为着力点，纵深推进浙沪小洋山区域合作。

（二）以技术创新为靶心，促进创新链与产业链对接

1. 加强与上海基础创新领域的战略协同，高起点筑牢创新根基

积极参与并共同组建长三角智库联盟，将其打造成涉及国内外区域一体化的高端学术交流、联合研究、咨政建言、引导舆论的核心平台，成为国内外高端智库联合体，为各研究机构搭建信息、资源和成果共享的平台，提高长三角高质量一体化发展的研究水平。定期举办杭州湾都市圈发展论坛，邀请国内外相关领域知名专家，每年围绕一个或若干个都市圈经济或区域一体化发展主题，有针对性地为区域决策和规划制定提供科学的解决方案。

2. 推进产业研究平台、载体等合作取得新突破

激励更多上海的科技成果在杭州都市圈城市转化，在杭州都市圈城市之间通过大量实地和网络调查，梳理各大产业发展面临的技术难题及成果需求，建立项目需求库，再通过项目招投标方式，有针对性地组织上海及其他地方的专家团队围绕成果需求，进行共同研发或进行现有科研成果的技术转让。建议共建国家大数据综合试验区，共同建设一体化的数字基础设施，积极推动长三角数据中心和存量资源在浙江布局，争取行业性工业云平台和工业互联网创新平台在浙江布局建设，率先开展5G、物联网等新一代信息技术应用示范试点，加快培育车联网、智慧健康、在线教育等新业态，杭州都市圈城市要形成共同培育世界级数字经济产业集群的意识，携手把杭州都市圈打造成全球数字经济发展高地。

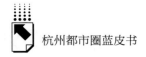
3. 创建沿湾智造大平台

着力打造杭州数字安防、大湾区现代纺织、宁波—舟山绿色石化、大湾区汽车制造 4 个世界级先进制造业集群，加快建设之江实验室、阿里达摩院、西湖高等研究院、杭州湾汽车研发中心、长三角氢能源动力研发及应用中心等高能级创新载体，加快建设"万亩千亿"大平台，推动杭州、宁波、嘉兴、绍兴等的国家级、省级新型工业化产业示范基地卓越提升，推动建设一批重特大产业项目，打造全省制造业高质量发展的重要引擎、大湾区大花园大通道大都市区建设的重要支撑。

（三）以体制机制为根本，畅通科创资源流通渠道

1. 协调建立公平竞争的营商环境

规范招商引资竞争机制，从更高层面协调杭州都市圈内各城市招商引资的竞争规则，实行相对统一的土地、税收、产业引导基金等政策。特别是探索建立区域互利共赢的税收利益分享机制和征管协调机制，加强区域内税收优惠政策的协调，减少税收政策洼地，形成有利于企业和生产要素自由流动和配置的良好环境，促进公平竞争。深入推进区域"放管服"改革，制定区域共同遵守的市场准入标准，探索建立杭州都市圈内法律相互认可的政府审批机制，确保杭州都市圈内企业准入通道畅通，要素资源共享，最终实现营商环境最优。

2. 共同推动进行区域立法和制定行为准则

一是推动区域立法，建议由全国人大或国务院制定、发布长三角区域合作方面的条例或规定，结合杭州都市圈城市相关政府或机构的权责让渡与优化，以保障立法的合法性、严肃性和持续性；二是在杭州都市圈内实现污染联防联治和进行生态建设，结合平安长三角、信用长三角、智慧长三角建设，研究制定一批具有共同行为准则或导则的倡议，明确相关区域合作机构和杭州都市圈内政府的应急责任和义务；三是积极发挥杭州都市圈区域性行业协会等中介机构的作用，建立都市圈内城市间的联合商会和主要行业协会，并利用行业自律的方法来协调解决各方可能存在的矛盾。

3. 推动建设若干重大基础设施

抓住长三角世界级港口群协调发展的机遇，对标全球先进区域，明确长三角港口群的分工定位，实现杭州都市圈内的城市差异化发展，共同推进长三角港口一体化和上海国际航运中心一体两翼协调发展。支持推进"城市大脑"建设，力争把杭州都市圈打造成全国数字治理系统解决方案输出地，实现治安防控、城管、房管等应用领域数字治理全覆盖。推动都市圈城市群人文交流，在激励力度、薪酬机制、评价标准、生活环境等方面向上海"看齐"，把人才"引进来"。同时坚持人才"走出去"，选取都市圈内领先新兴产业、尖端技术，在上海高端资源集聚区设立创业园区（孵化器、相关平台），就地吸引创新资源，适时引导回流，进一步树立"不求拥有只求所用"的合作理念。此外，要建设创新文化，推动全社会形成鼓励创新、宽容失败、敢于冒险的价值观，使城市创新氛围日益浓厚。

参考文献

《杭州都市圈规划发展报告》，《统计科学与实践》2019 年第 6 期。

韩芳：《未来十年，杭州都市圈发展取决于"三个关系"》，《杭州》（周刊）2019 年第 Z1 期。

郑丽：《高质量推进杭州都市圈提升发展》，《浙江经济》2018 年第 4 期。

高骞、吴也白、王沛：《构筑上海服务长三角一体化发展国家战略的新优势》，《科学发展》2019 年第 10 期。

林宏：《世界都市圈发展的借鉴与启示》，《统计科学与实践》2017 年第 1 期。

周江勇：《全力打造全国数字经济第一城》，《杭州》（周刊）2018 年第 39 期。

接栋正：《高铁时代的都市圈建设——区域空间重塑、城市转型及治理创新》，《管理学刊》2016 年第 1 期。

B.10
应用创新与生态构建双轮驱动杭州
都市圈数字经济高质量发展

刘洋 唐任伍 黎川*

摘 要： 当今世界，数字经济蓬勃发展，我国已成为全球第二大数字经济体。本报告阐述了数字经济的基本内涵，分析了杭州都市圈相关城市数字经济发展现状、杭州都市圈数字经济协同一体化建立"领跑胜势"面临的主要挑战，提出了应用创新与生态构建双轮驱动杭州都市圈数字经济发展的对策建议，如打造世界级数字都市圈营商环境，构建包容审慎、科学有效的监管体系，打造全国领先的数字产业集聚区和要素资源集散地，等等。

关键词： 数字经济 应用创新 生态构建 高质量发展 杭州都市圈

当今世界，科技革命和产业变革正在深刻改变人类生产生活方式，互联网、大数据、人工智能、云计算、区块链、物联网等现代信息技术不断创新，数字经济迅猛发展。党的十八大以来，以习近平同志为核心的党中央高度重视发展数字经济，在创新、协调、绿色、开放、共享的新发展理念指引

---

* 刘洋，北京师范大学政府管理研究院、浙江师范大学经济与管理学院、温州大学金融研究院等的研究员，中国区块链与产业金融研究院院长，中国国际经济合作学会数字经济工作委员会专家委员会主任，研究方向为数字经济、金融科技、产业经济。唐任伍，北京师范大学政府管理研究院院长，教授，博士生导师，浙江师范大学经济与管理学院院长，研究方向为政府管理、社会治理、国际经济。黎川，中国国际经济合作学会数字经济工作委员会研究员，研究方向为数字经济。

下，我国数字产业化、产业数字化、城市数字化加速推进，数字经济和实体经济深度融合，"数字中国"、共享经济活力四射，做大做强数字经济的发展方向深入人心，据中国信息通信研究院发布的《中国数字经济发展与就业白皮书（2019年）》，2018年，我国数字经济增加值超过31万亿元，占GDP比重达到34.8%，为经济高质量发展提供了重要支撑，为世界经济复苏发展贡献了中国方案。

数字经济是指以数字科技、数字知识、数字人才、数字信息为核心要素，以移动互联网、宽带网等现代信息网络为主要载体，以数据通信技术高效使用为促进效率提升和以经济社会数字化转型升级为重要目标的一系列经济活动，既包括网络、信息终端等互联网经济，又包括各行业、各领域的数字化、网络化、智能化应用、服务。从全球范围看，在新技术变革驱动下，人类已从信息时代、互联网时代开始全面进入数字时代。数字经济迅速成为世界各国经济中投资最多、创新最活跃、增长速度最快的领域，其特征表现为以数字技术为根本动力，数据成为生产要素，万物互联和"智能＋"无处不在；以数字化为生态逻辑，产品形态、业务流程、产业业态、商业模式、生产方式、组织方式、治理机制等方面较传统经济发生了颠覆性变革。

目前，全球数字经济有两大类型。一是以原始创新引领的美国模式。美国在技术创新、信息网络基础设施、创业创新环境等方面有显著优势，传统行业也在积极利用数字科技进行业务创新和互联网赋能。二是以技术应用和生态构建引领的中国模式。中国已成为仅次于美国的世界第二大数字经济体，计算机出货量、手机出货量、网民数量、电商交易额、移动互联网、双创、移动支付、5G、量子通信、云计算等细分领域世界排名第一。用户、场景、交易等应用规模化、细分化、生态化、国际化是中国数字经济的显著特点。

打造全球数字经济发展高地是长三角进入区域一体化发展时期的重要发展目标。阿里研究院与21世纪经济研究院共同发布的《2019长三角数字经济指数报告》显示，2018年，长三角数字经济规模为8.63万亿元，占全国数字经济总量的28%，超过珠三角地区与京津冀地区的总和，其已经成为全国数字经济最活跃、体量最大、占比最高的地区。2018 年，浙江省委省政府把数字经济作为"一号工程"，制订并实施数字经济五年倍增计划，当年杭州提出打造全国数字经济第一城，争取在数字经济前沿基础和关键核心技术创新、重点产业领域数字化转型、社会治理数字化应用等方面领跑全国乃至领跑全球，为数字中国建设当好先锋，提供样本。2018 年，杭州、嘉兴数字经济总量分别位列长三角城市群第一和第八。杭州都市圈城市 2018 年数字经济核心产业增加值及同比增速见表 1。

可以说，随着杭州都市圈上升为国家战略，定位为世界级大湾区核心增长极，杭州都市圈数字经济发展将由"杭州独大、各自发展"升级为开放、共享、共建、共赢的"杭州引领、融合协同"一体化创新发展，有关城市在数字技术研发应用、数字基础设施建设、数字经济与实体经济融合、数字经济一体化发展等方面进一步拥有广泛合作领域和深度合作空间。

表 1　杭州都市圈城市 2018 年数字经济核心产业增加值及同比增速

单位：亿元，%

序号	城市	数字经济核心产业增加值	同比增速
1	杭州	3320	15
2	湖州	190	12
3	嘉兴	347.19	13.5
4	绍兴	144.9	16.1
5	衢州	22.23	7
6	黄山	—	—

资料来源：根据相关城市《政府工作报告》等公开资料整理得到。

一　杭州引领：打造数字经济第一城

杭州是中国最早拥抱数字经济的城市，最先全面实现公交"扫码乘车"、电子社保卡全流程就医，中国第一个"城市大脑"在杭州得到应用，第一个跨境电子商务综合试验区花落杭州。办事"最多跑一次"，医院"最多付一次",景区"多留一小时",数字化便捷服务让杭州市民和全世界游客切实感受到在杭州生活得更美好,也带来更好的消费体验。

根据相关第三方调查数据,杭州与北京、旧金山、上海、伦敦、纽约、深圳等城市进入世界数字经济第一梯队,被媒体誉为"移动支付之城""无现金城市""最智慧城市",近年来,数字经济对杭州经济增长的贡献率超过50%,2018年,杭州人才净流入率(13.6%)居全国第一,数字普惠金融发展指数列全国所有城市第一位,"城市大脑"入选四大国家级人工智能创新平台。一批数字经济龙头企业、高成长性独角兽企业在杭州孕育发展,全市163家上市企业中数字经济领域企业占据半壁江山,92家独角兽和准独角兽企业几乎全部来自数字经济领域,例如,阿里巴巴成为全球市值最高的电子商务企业,蚂蚁金服在金融科技全球百强榜排名第一,恒生电子在保险、基金、银行、证券等IT服务市场占有率连续多年保持全国第一。

总的来看,杭州数字经济发力应用创新和生态构建两个方面,尤其是数字产业化、产业数字化、城市数字化"三化融合"成为杭州特色和杭州亮点。

(一)"一超多强+小微企业群"构筑全数字科技产业链

其一,围绕"互联网+"、信息化、电子商务、互联网科技、数字科技带来广泛用户应用需求,把数字要素资源变成产业新蓝海,推动传统产业数字化改造升级,加强城市数字化治理,以技术普惠优势迅速在C端(个人用户)做大业务规模和应用场景,同时加速B端(商业机构)和G端(政府部门)数字化升级。

其二,结合数字科技企业自身不同业务板块做大做强和协作共进多元化发展趋势,以及产业链融合整合的需求,将数字科技赋能B端和服务于跨行业、跨区域的"数字科技+平台经济"构建,形成规模化和高价值(高估值)的平台数字经济体系。目前,杭州已基本形成层次丰富、协同互补的"一超多强+小微企业群"全数字科技产业链。第一梯队是以阿里巴巴、蚂蚁金服为代表的全球一流数字科技平台企业;第二梯队是高成长性、高估

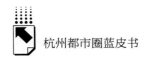

值（市值）、高活跃度的大中型数字科技企业，其中不乏上市公司、细分领域领军企业和隐形冠军，如恒生电子、新华三、海康威视、信雅达、51 信用卡、安恒信息等；第三梯队是众多小微高成长性数字科技企业。

其三，杭州不少数字科技企业创始人、高管团队、核心技术团队来自阿里系、浙大系、海归系、浙商系等"新四军"，背景渊源深，人脉互通性强，使杭州数字科技企业之间、数字科技企业与实体经济企业之间业务合作、相互投资、交叉持股等"合纵连横"频发，促进资金、项目、人才、政策等高端要素资源融合集聚，创业创新的"星星之火"呈现"燎原之势"。

以阿里巴巴为例，阿里巴巴在电子商务"让天下没有难做的生意"，实现年交易额 5 万亿元，有 5 亿名活跃用户、1000 万家淘宝店和 5 万家天猫商家等。电子商务等消费服务带来支付、征信、贷款、理财、商超等线上线下新零售、新金融服务需求，经营用户资源、流量资源为其他机构带来营销价值，凭借用户和业务体量、C 端成熟模式和先发优势，成就"大平台＋小企业＋创业者＋消费者""自由连接＋利益共同"平台数字经济巨无霸企业。阿里巴巴通过在生态体系内外不断拓展应用场景，围绕用户生活服务完成了"云—管—端"蜕变和完整布局，可以说，一家企业改变了我们的生活。

蚂蚁金服是阿里巴巴发起设立的金融科技集团，不仅拥有大数据、云计算、人工智能、生物识别等金融科技的全球最大规模场景及应用，也为平台上的合作金融机构提供大数据、云计算等技术输出服务，也就是为金融科技赋能。同时，蚂蚁金服及关联企业拥有第三方支付、互联网银行、互联网保险、基金等金融牌照，可以认为蚂蚁金服是一家混业经营的平台金融科技集团，是仅次于阿里巴巴、腾讯的国内第三大互联网公司。

（二）加速产业数字化与城市数字化

其一，拥抱数字化已是众多杭州传统企业的共识，互联网、云计算、大数据、人工智能等新技术全面渗透各个行业，推动传统行业实现跨界融合创新。而随着机器换人、企业上云、智能制造、数字化改造等一系列行动的有序推进，数字车间、无人车间等"未来工厂"数字制造蓝图一步步勾勒出来。

2019 年，杭州深入实施制造业数字化改造专项行动，推进百家重点企业数字化攻关、千家规模以上企业数字化改造、万家中小企业数字化普及，确保年内规模以上工业企业数字化改造覆盖率由 57% 提高到 70% 以上。目前，老板电器、大胜达包装、兆丰机电、伊芙丽等传统企业的智能化工厂全面实现了智能化生产、可视化管理、数字化决策、智能化物流等数字化改造，并向全链路数据化、智能化，平台型数字智造企业升级。

其二，杭州把"城市大脑"作为现代社会治理体系建设和数字经济高质量发展的重要工具，统筹推动各行业、各领域数字化转型，让杭州更加宜居、宜业、宜商、宜游。杭州"城市大脑"由杭州市政府相关部门和阿里巴巴合力打造，据公开资料，每天有来自杭州市 70 余个部门和大量当地企业的动态数据汇入"城市大脑"，日均新增数据在 8000 万条以上，包括交通、警务、城管、卫生、文旅等 11 大系统、48 个应用场景。杭州数字经济发展情况与欧美发达国家数字经济领先城市发展情况比较见表 2。

表 2　杭州数字经济发展情况与欧美发达国家数字经济领先城市发展情况比较

序号	区域	主要特点	不足和挑战
1	杭州	1. 在应用创新和生态构建两个方面发力，尤其重视数字产业化、产业数字化、城市数字化"三化融合" 2. 电商、互联网公司、数字科技公司、传统行业企业、互联网金融机构、科创企业等多元市场主体积极打造不同模式的数字经济 3. 利用核心企业业务流量、数据、资本、信用、技术等要素资源打造数字经济生态，以聚合服务 C 端长尾用户、产业链上下游客户为核心，应用场景、用户数、业务规模庞大，业务拓展、混业经营、跨界整合频繁 4. 数字科技赋能传统领域业务、机构，以促其提质增效，应对市场竞争和国际化等挑战 5. 数字科技对城市基础设施、治理体系进行系统改造	1. 原始创新相对不足，部分数字科技企业优胜劣汰仅限于业务规模、资源整合，这造成部分企业规模与效益倒挂 2. 一些核心企业占有过多资源和利益，"一家独大"，挤占生态体系其他成员权益 3. 一些数字科技企业的技术开发应用处于灰色地带，无法保障用户和其他利益相关者的数据、隐私等核心利益，甚至将其平台演变为只为核心企业服务的闭环 4. 规范、监管往往滞后于数字科技应用创新，如对互联网金融进行监管、对知识产权进行保护的难度依然较高

续表

序号	区域	主要特点	不足和挑战
2	欧美发达国家数字经济领先城市	1. 原创技术在数字经济领域的应用落地较多,主要用于提升数字企业、传统企业运营效率和安全性,具有一定先导先发优势 2. 高新技术、知识产权及数字科技应用场景等方面已形成较为完善的监管框架 3. 主要围绕产品服务体系优化升级进行数字科技应用和生态构建,集中化程度较高 4. 大中小企业的数字化改造较为普及	1. 探索、试验、试点、推广成为数字科技应用按部就班的监管与产业化协调融合路径,稳健有余,效率不足 2. 数字科技的应用场景、用户数、业务规模、数据规模较杭州偏少、小,其商业模式、技术解决方案难以向发展中国家和地区输出,国际化发展面临挑战 3. 受限于监管,数字经济平台企业的横向、纵向整合不足,其向数字经济生态升级相对困难

资料来源:笔者根据相关资料整理得到。

二　应用引领:杭州都市圈其他城市数字经济发展实践

近年来,杭州都市圈形成了扶持发展数字经济、抢占数字经济制高点的热潮,相关城市及其所在省份均将数字经济作为重大工作部署并着力推进,数字产业规模快速扩张,数字经济和传统产业加速融合,数字平台、产业集聚、企业实力稳步提升,杭州都市圈、长三角一体化发展战略等国家战略和高铁、飞机、高速公路等交通路网的完善促进城市之间协同合作,数字经济一体化合作共赢不断提速。

(一)嘉兴:世界互联网大会加速数字经济新高地建设

2014 年以来,嘉兴乌镇已连续举办六届世界互联网大会,极大地促进了嘉兴数字经济新高地建设。例如,据《乌镇镇国民经济和社会发展统计公报》,乌镇的生产总值从 2014 年的 28.4 亿元增长到 2018 年的 64.57 亿元,与互联网、数字经济相关的企业从 10 多家增长为 900 余家,越来越多的数字经济创业者被乌镇良好的环境吸引。在乌镇引领性示范推动下,嘉兴陆续获批"宽带中国"示范城市、国家信息经济试点城市、国家乌镇互联网创新发展试验区，数字经济发展稳居浙江省前列（2018年总量排全省第四，占比排全省第二）。

嘉兴成立了由市长任组长的全市数字经济强市建设领导小组，形成"1+1+7"（1个领导小组、1个领导小组办公室、7个专项工作组）工作机制，将数字经济作为经济发展新动能和双创主战场，出台专项政策，明确任务指标和重点任务项目，加大考核力度，举全市之力发展数字经济。据媒体报道，2018年，嘉兴数字经济核心产业完成增加值347.2亿元，拥有10个省级数字经济产业平台基地，数字经济指数、信息化指数、两化融合指数均列全省第三位。

其一，产业数字化。嘉兴把传统产业智能化改造作为重点，推动制造业与数字科技融合发展，大力推进企业上网上云，鼓励重点企业、龙头企业建设工业互联网、大数据平台。截至2019年6月，全市上云企业数量达23142家，乌镇通信网络水平居国内乡镇第一位，51家企业被评为省级制造业与互联网融合发展示范试点单位，其数量列全省第一。

其二，数字产业化。嘉兴加快微电机、电子元器件、智能硬件、智能家居等传统优势数字产业扩容增效，扶持5G、人工智能、北斗导航、集成电路等数字新兴产业快速发展，数字制造业呈现产业化、集群化、多元化、规模化、创新化态势，形成海宁泛半导体、南湖智能终端、桐乡乌镇信息通信、经开区智能家电、海盐智能家居等数字产业集聚区。

（二）湖州：以制造业数字化转型为数字经济发展主攻领域

近年来，湖州制定出台《湖州市加快数字经济发展实施方案》《加快发展工业互联网促进制造业数字转型的实施办法》《湖州市深度推进企业上云五年行动计划》等专项政策，确立数字经济"一地（全国数字化引领的绿色智造样板地）、一城（全国智慧休闲名城）、三中心（全国地理信息产业创新中心、长三角新能源智能网联汽车智造中心、全省集成电路新兴中心）"建设定位，深入推进企业个性化定制、协同化制造、服务化制造、工业物联网、工业电商、工业云平台等制造业数字化转型。据媒体报道，到

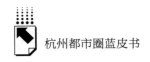
2019 年 9 月，全市企业数字化设计工具普及率为 98%，SCM（供应链管理系统）普及率为 90%，MES（制造管理系统）普及率为 79%，ERP（企业资源管理系统）普及率为 98%，装备数控化率为 61.12%。

同时，围绕制造业数字化转型产生的数字产业新业态，湖州谋划构建"4+1+X"数字产业化体系，其中"4"为新能源智能汽车产业、地理信息产业、集成电路和高端元器件产业、大数据云计算等数字科技产业，"1"为电子信息机电制造业，"X"为符合全市要素禀赋条件的新业态新模式。

（三）绍兴：推广"企业数字化制造、行业平台化服务"智能制造新昌模式

2017 年，绍兴市新昌县率先在轴承行业中小微企业中启动实施智能制造"百企提升"行动，通过"企业数字化制造 + 企业与轴承云网络化的互联 + 平台对智造企业的大数据服务"等统筹发展方式，成批推进智能制造，初步形成轴承行业工业互联网智能化改造新昌模式。

2018 年以来，《绍兴市深化推进"企业上云"三年行动计划（2018—2020 年）》《绍兴市数字经济五年倍增计划》等专项政策出台，积极推广传统产业数字化新昌模式，优化工业互联网平台体系，提高传统产业智能化、数字化改造水平，构建"一区域一平台、一行业一朵云"发展框架，加快推进 5G 工业应用，加速推进工业技术软件化，打造国家级工业互联网创新应用示范区。同时，把集成电路产业作为发展数字经济、转换发展动能的突破口，入选首批省"万亩千亿"新产业平台培育对象，打造湾区集成电路产业"芯"高地、长三角集成电路产业制造基地、半导体应用创新中心。

（四）衢州：以政府数字化转型撬动经济社会数字化转型

衢州素有"四省通衢、五路总头"之称，围绕打造"全国数字经济第一城副中心城市"和"四省边际数字经济发展高地"，以打造杭衢山海协作升级版为契机，全方位对接、融入杭州；以"美丽 + 智慧"为主线，承接创新要素，以政府数字化转型撬动经济社会数字化转型，加快成为杭州数字

经济创新成果转化基地，积极培育美丽经济幸福智慧产业。

2017年，衢州市与阿里巴巴开启全面深度合作，致力于打造浙江首个与阿里巴巴深度合作示范市。2018年6月，衢州成为浙江省首批政府数字化转型试点市、全国首批"雪亮工程"试点城市。同时，加强新材料、新能源、先进装备制造、高档特种纸、高端生物医药等新兴产业数字化运用，对化工、钢铁、建材、造纸、装备制造等重点传统行业进行绿色化、智能化、高端化改造，推动传统制造业向"智造业"转变。

（五）黄山：加快新型智慧城市建设

近年来，黄山市通过新型智慧城市建设发力数字经济，组建智慧城市建设专家咨询委员会、数字经济产业联盟，引进华为、科大讯飞、网易等头部数字经济企业，全面推进"互联网＋"行动计划，建设云计算数据中心、应用展示系统、运营指挥系统等"城市大脑"，加速"智慧融杭"，提升从数据归集、数据治理、数据共享交换到数据开放的全流程端到端数据链治理能力。加快数字科技赋能医疗、环保、交通等民生领域建设。推动建设智能工厂、数字化车间、产业云、企业云等产业数字化应用，促进智能制造发展。

三 杭州都市圈数字经济建立"领跑胜势"面临的主要挑战

尽管杭州已成为数字经济全球领跑城市，杭州都市圈相关城市较早将数字经济作为城市重点发展战略，但是其他城市与杭州发展差距较大（数字经济年增加值不到杭州的10%），城市之间协同一体化发展的乘数倍增效应还未凸显。加之资源环境约束更趋强化，人才、土地、公共产品等要素成本不断攀升，区域产业和项目竞争越发激烈，杭州都市圈发展面临"高端回流""中低端分流"双向挤压，发展不平衡、不充分，融合一体化水平不高等挑战。

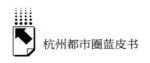

（一）部分城市、部分地区数字化基础薄弱

除了杭州外，杭州都市圈部分城市只是在数字科技一些细分领域进行了产业化突破，相较于传统产业尚未形成产业链和竞争力。由于成体系的工业互联网、产业互联网核心技术、系统软件、关键标准被发达国家企业垄断，一些城市尚未形成平台支撑和生态体系，资源整合、协同发展不足，造成产业、企业数字化转型基础薄弱、成本高企、自发零散、各自为政、质量不高，甚至一些制造业中小企业"不愿转型、不敢转型、不会转型"，部分中小微企业数字化转型还停留在信息上网、互联互通的起步阶段。

（二）普惠与效益约束

通过技术应用创新普惠长尾用户，一批数字科技制造商、服务商、流通商在杭州都市圈迅速做大用户规模、业务规模和公司市值（估值）。但不能忽视的是，除了蚂蚁金服、恒生电子、新华三、海康威视等少数头部企业、上市公司能够具有较强盈利能力外，不少初创数字科技企业还没有形成稳定的盈利模式，只能依靠持续融资来建立和维持技术优势，扩大业务规模。产业数字化、城市数字化尚有不少领域处于投入远甚于产出阶段，急需建立可持续发展长效机制。

（三）发展环境有待进一步优化

线上线下高度融合、机器换人、万物互联智能化转型增加了网络安全风险，甚至可能将风险传导渗透到关系经济社会命脉的重要领域。一些互联网平台不规范经营问题较为突出，准入门槛低，如经营者参差不齐，网络售假行为时有发生，利用中心化技术、资本、资源不对称优势，占用、盗用平台其他利益相关者的核心资源（如用户大数据、长数据），侵犯消费者权益。数据保护风险增加，如用户个人信息泄露和非法利用、数据非法跨境流动、网络洗钱等违法犯罪风险不断增加。

由于数字经济改变了传统经济运作机制，扩大了经济活动范围，传统经济规模测算体系、产业扶持政策面临不适用、靶向不精准的问题。数字经济领域的高精尖人才、复合型人才、专业技术人才集中在经济发达地区，经济相对欠发达、数字经济发展相对滞后、高质量公共服务供给不足的地区的数字人才极为匮乏。部分数字经济企业还面临海外市场波动、贸易摩擦、知识产权纠纷等风险。

数字经济监管核心是保障数字科技"向善"或者"不作恶"，而现实中技术应用创新不可避免地会触及政策法规盲区和市场伦理底线。对杭州都市圈数字经济一体化发展的挑战在于，如何协同管控、防止利用数字科技损害社会诚信和公众利益、进行非法活动，如何发展、应用合规科技、监管科技。

（四）其他城市、区域竞争

在竞争性地方政府机制下，数字经济被大部分省份视为新经济增量，它们都在加大力度扶持和培育，城市之间、区域之间面临数字经济要素资源竞争。在数字经济发展早期，政策优惠力度对于企业、创业者有较大吸引力，因而一些数字科技企业、创业创新者可能循着优惠政策转场到其他地区。由于优质企业数量有限，初创企业成长和成熟周期较长、扶持风险较大，杭州都市圈一些城市、特色小镇、园区也存在产业趋同、政策趋同、招商趋同等同质化竞争现象。

四 "精准扶持 + 审慎监管 + 一体化协同"：杭州都市圈数字经济高质量发展建议

党的十九大报告提出，"建设现代化经济体系……突出关键共性技术、前沿引领技术、现代工程技术、颠覆性技术创新，为建设……数字中国……提供有力支撑"。2019 年 10 月 11 日，国家主席习近平向 2019 中国国际数字经济博览会致贺信，明确指出数字经济对各国经济社会发展、全球治理体系、人类文明进程的深远影响，高度概括中国发展数字经济的指导理念与实际举措。2017 年，"数字经济"首次写入《政府工作报告》。2014～2019

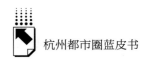
年，"大数据"六次写入《政府工作报告》，体现出数字经济浪潮汹涌而来，并上升到国家战略。

杭州都市圈正处于长三角一体化发展、浙江省建设国家数字经济创新发展试验区的战略机遇期，建设数字经济第一都市圈不仅是为了探寻经济新增量和区域协同发展新空间，还要抢占数字科技、数字经济制高点、话语权，为城市发展、区域一体化发展创造新机遇、培育新经济和新动能。

（一）打造世界级数字都市圈营商环境

有关城市应把握数字经济的数字产业化、产业数字化、城市数字化等技术规律、经济规律和市场规律，加快出台数字科技产业化应用、平台（生态）建设、原始创新、公共服务平台建设、园区建设、多渠道融资服务体系建设、企业服务、数字消费者教育和保护等领域专项政策规划，提高产业政策对数字经济新业态的适应性、实用性和针对性，形成政策工具组合，明确行业分类、统计指标体系及企业认定、资质认证、组织领导、精准扶持和有效监管情况，对数字经济发展进程中出现的新问题、新情况进行密切跟踪和对政策工具进行动态调整。

有关政府部门应坚持问题导向、需求导向、战略导向、创新导向和效果导向，统筹各方面资源要素，形成科学合理、运转高效的数字经济高质量发展"施工体系"，推广"挂图作战"、"挂榜问效"、"红黄黑榜"机制、"民意直通车"等政府治理和服务工具，谋划实施一批可展示、可体验、可复制、可推广的数字经济重点项目、特色小镇、小微园区、双创示范基地、开放式创业街区、众创空间、双创平台，设立城市数字经济发展专项资金和跨区域协作产业投资基金，建立常态化数字产业都市圈内转移承接机制，强化数字经济领域要素资源优化配置和重点保障，加快培育数字经济跨区域协同产业链、价值链、生态链，打造世界级"互联网＋双创都市圈"。

（二）构建包容审慎、科学有效的监管体系

相关政府部门应继续深化"放管服"改革，简化行政审批流程，适当放

宽数字经济领域的准入条件和为企业设立的门槛，着力消除新业态、新模式、新领域发展壁垒。探索出台数字经济领域的地方性法规，加强知识产权保护和综合行政执法。强化对互联网经营主体和经营行为全生命周期的监管，推进网络交易监管平台建设。大力发展监管科技、合规科技，提升跨行业、跨市场交叉性数字安全风险的甄别、防范和化解能力。创新多元化数字治理方式，建立政府、企业、社会联动，平台、用户协同治理的新模式、新机制。

探索产业沙盒、创新加速器等新型包容性监管和初创企业孵化培育方式。

其一，数字经济头部企业可以不直接应用风险型技术和模式，也不用直接投资、收购处于种子期的企业和项目，而可以通过建立产业沙盒先进行测试、验真、验证，其前期投入面临的风险远小于因冒进带来的投资和技术风险。这样，初创企业也有动力，如果测试成功，则可提升初创企业的估值和融资话语权，即使其与产业沙盒测试方谈崩了，其也可以拿着测试结果找其他投资人，这样的成功概率也会提升。另外，数字经济园区可以将产业沙盒这一公共服务作为政策扶持、财政奖补的实证依据。

其二，数字经济头部企业、成果转化机构、政府部门、园区可以探索创新加速器机制，围绕重点业务拓展需求和重点发展方向，列出概念性开发验证项目，提供专项经费，公开透明选拔、筛选数字科创企业，使其入驻开发。对于验收通过的项目，创新加速器发起运营机构可以成为第一个客户，支持其实现产业化。

（三）打造全国领先的数字产业集聚区和要素资源集散地

杭州都市圈有关城市、重点企业可围绕优势领域，实施重大基础研究和科技攻关专项，打造一批自主共性关键技术、国际和国家标准、重大科创平台，不断提升科技成果产业化和商业化能力。

精准施策、分类指导，推动数字经济大中小微企业协同融合发展。建立高新技术企业培育库，着力打造技术领先、竞争力强、成长性好的科技企业群。建立数字经济市场主体升级工作常态化、规范化和长效化机制，健全企业发展跟踪联络机制、成长辅导机制和走访服务制度，扶持、打造一批应用

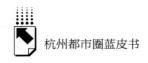

场景丰富、技术领先、熟悉经济规律、遵循商业伦理的数字经济龙头企业、小巨人企业、隐形冠军、专项冠军。支持符合条件的中小微企业在新三板、区域股权交易中心、科创板、上交所等金融市场挂牌上市，拓宽融资渠道。推动数字科技企业从空间上的产业集聚向网络化的产业集群转变。

各级领导干部要加强对数字经济相关知识的学习，提升数字经济治理能力。突出"高精尖缺"需求导向，促进各类引才引智计划向数字经济领域倾斜，扩大和提升引才覆盖面、精准度和产业适配度。有关城市可以基于资源禀赋和产业对接，引进、合作建设一批世界级、国家级名校名企名所，举办各类高层次人才创新创业大赛，推动高校科研院所加强数字经济相关学科建设和产教融合，培养和集聚一批领军型、复合型、实操型人才。

有关城市应根据资源禀赋、产业基础、产业优势，推动电子商务、大数据、云计算、物联网、人工智能、通信、消费电子、集成电路、软件和信息服务、电子信息、网络安全等杭州都市圈传统优势产业提升发展。探索布局5G商用、区块链、量子技术、虚拟现实、北斗卫星等未来产业。

（四）打造全国领先的产业数字化转型升级示范区

推动数字技术与先进制造技术融合应用、数字经济领域军民融合，加快发展融合型数字新产品。推动大中小微企业广泛"触网"，实施传统制造业数字智造提升和"工业互联网"专项行动，培育打造一批行业级、企业级工业互联网平台、工业App、智能工厂、智能装置。加快数字技术和智能装备在农业生产经营全过程广泛应用，推动建设精准农业、设施农业、效益农业。培育一批数字工程系统集成、数字贸易、数字供应链、数字文创、数字金融等数字化现代服务业新业态新模式。发挥集成应用创新、商业模式创新、生态体系构建等优势，加快平台经济、共享经济发展，培育众创、众包、众筹等新模式。

（五）建设全国领先、多元参与的现代数字治理体系先行区

有关城市要积极探索数据生产要素高效配置机制，大力推进政务数据共

享开放，打通政府和企业间数据流动通道，探索数据高效安全流通和应用的政策制度、机制化流程。推广杭州"城市大脑"建设成果和经验，将智慧城市升级版打造成深度链接和支撑数字经济、数字社会、数字政府协同联动发展的城市数字化治理综合基础设施，探索"主体多元化、分工精细化、管理专业化"的智慧城市市场化建设运营模式。促进政务服务数字化全面转型，加快推动数字技术在社会民生服务领域的创新应用。探索城乡信息网络基础设施、5G商用网络部署、移动互联网、大数据中心、云计算中心及电子证照、电子档案集成平台等服务人民群众的普惠泛在数字经济新型基础设施建设运营跨区域共建共享机制，建立健全数据安全、网络安全保障体系和进行跨区域联合执法。

（六）推动杭州数字经济对杭州都市圈其他城市赋能

杭州都市圈有关城市应积极与杭州对接，形成差异化耦合互补、共建、共享、共促、共赢机制。有关城市应融入杭州"俊鸟引育"工程，推进产业链精准招商和杭州数字经济企业在杭州都市圈优化布局，积极布局5G商用、人工智能、区块链等未来产业。有关城市应支持盒马鲜生、网易考拉等杭州新零售企业参与新消费商圈打造和升级，完善街区规划、优化商业业态、提升环境品质，深入推进商文旅融合。推动杭州开放"城市大脑"技术、运维等成熟经验和成果，打造现代化智慧城市标杆，让群众分享更多获得感、幸福感。推动之江实验室、阿里达摩院、云栖工程院、北航杭州创新研究院等创新平台建设和成果优先、率先在杭州都市圈转化。利用宜居生态优势、产业发展机遇、产业链跨区域分工等有利条件，引导杭州数字英才在杭州都市圈投资兴业。

（七）加强杭州都市圈区域联动合作

有关城市应积极融入杭州都市圈，促进长三角一体化、长江经济带发展和"21世纪数字丝绸之路"建设，组建杭州都市圈数字经济发展联盟等协作组织，加强城市之间协同联动及优势互补，推动数字经济各类要素资源、创新资源、产业资源在杭州都市圈均衡布局、优化布局，公共服务共建共享和市场一体化进程，努力缩小"数字鸿沟"，形成杭州都市圈有关城市目标同向、措施一体、优势互补、互利共赢的数字经济协同发展格局。有关城市应积极承接和谋划一批具有国内外重大影响力的数字经济领域高端会展活动，推动世界互联网大会、云栖大会、"2050"大会、AI Cloud 生态国际峰会、中国国际动漫节、杭州文化创意产业博览会、杭州湾论坛、杭州金融科技峰会等知名展会举办杭州都市圈专场活动，促进有关城市抱团推介、抱团发展，增强杭州都市圈数字经济的全球影响力和话语权。

（八）加快国际化进程

政府部门、企业、社会组织、新闻媒体、智库等政产学研机构要积极参与建立杭州都市圈数字经济国际交流网络，争取对我国有利的国际营商环境、舆论环境。支持数字经济企业"走出去"开展技术合作、业务合作，投融资、市场拓展等商业活动，鼓励全球知名金融科技企业落户。推动数字经济企业参与"一带一路"数字基础设施建设和场景服务，以及为中国与其他国家和相关地区的产能合作、国际贸易、跨境电商、跨境商旅等国际经济合作提供数字互联互通服务，实现全球连接、全球产业、全球赋能。

建立杭州都市圈与粤港澳大湾区、纽约大湾区、东京大湾区、硅谷、北京、上海等世界级数字湾区、数字都市圈、数字经济中心交流合作机制，积极举办和参与具有国际影响力的数字经济相关展览会议，扩大杭州都市圈数字经济的国际朋友圈。加强对全球数字经济领先地区的评估、对标和借鉴，常态发布杭州都市圈数字经济研究报告、数字经济第三方监测指数、国别数字经济监管政策汇编等成果，为监管部门、从业者、投资者、研究者、用户提供参考。

展望应用创新与生态构建双轮驱动杭州都市圈数字经济建设。国家主席习近平向 2019 中国国际数字经济博览会致贺信指出，中国高度重视发展数字经济，在创新、协调、绿色、开放、共享的新发展理念指引下，中国正积极推进数字产业化、产业数字化，引导数字经济和实体经济深度融合，推动经济高质量发展。

杭州都市圈数字经济顺势蓬勃发展，并由杭州数字经济第一城向杭州都市圈数字经济第一都市圈迈进的经验和价值是：在城市新旧动能转换、新旧产业融合的转型升级期，将数字经济作为区域协同一体化、深化供给侧结构性改革、高质量发展的重要力量，坚持创新驱动和对标一流，面向全国、面向世界、面向未来，通过数字科技应用创新和生态构建，有效降低数字经济的运营成本和准入门槛，提升数字服务效能，争取在数字经济前沿技术普惠应用和关键核心技术创新、数字科技产业跨越发展、重点产业数字化转型升级、城市数字治理等方面领跑全国乃至领跑全球，筑就数字梦想之都市圈，成就数字创新创业之都市圈，打造数字驱动产业之都市圈，建设现代数字治理之都市圈，为数字中国新时代探路示范。

参考文献

《杭州要打造全国数字经济第一城　首提四个基本标志》，《都市快报》2019 年 3 月 2 日。

《产业数字化激发高质量发展澎湃动力》，《杭州日报》2019 年 8 月 23 日。

《数字经济：浙江嘉兴的金名片》，《中国经济时报》2019 年 6 月 19 日。

《浙江智造的"新昌模式"》，《科技日报》2019 年 1 月 16 日。

刘洋、唐任伍：《金融供给侧结构性改革视域下的区块链金融模式综述与合规创新探析》，《金融发展研究》2019 年第 7 期。

B.11
杭州都市圈全域旅游构建：经验、趋势、问题与对策

林玮　蒋蝉羽　谢臻*

摘　要：　杭州都市圈全域旅游具有相当成熟的经验，在融入长三角一体化趋势中面临广阔的发展空间。杭州都市圈的全域旅游经验主要来自"杭州样本"，以"还湖于民"的"涟漪效应"凸显了全域旅游的生活本质。近年来，杭州都市圈的互联互通使其逐渐从"杭州样本"向"杭州都市圈样本"发展，出现了社会基础扎实、旅游引领显著等特征。在融入长三角一体化时代，杭州都市圈全域旅游出现依托地方资源的区域一体化、做大山海合作的花园构建、推进城乡统筹的美学治理三个趋势；在一体化深度整合与全域提升上也存在若干问题。未来，杭州都市圈全域旅游可以探索都市生活的整体重构路径，努力实现都市圈多规合一，推进城乡一体化，实现智慧产业全域化，进行城乡全域美学治理。

关键词：　全域旅游　杭州样本　美学治理　杭州都市圈

---

* 林玮，浙江大学传媒与国际文化学院院长助理，副教授，硕士生导师，文学博士，研究方向为城市化、文化产业、文艺美学。蒋蝉羽，浙江大学传媒与国际文化学院硕士研究生。谢臻，浙江大学传媒与国际文化学院硕士研究生。

党的十八大以来，长三角地区的一体化发展取得了举世瞩目的成就，除了经济社会发展全国领先外，其业已成为引领全国经济发展的重要引擎。该地区在改革开放、科技创新、重大基础设施互联互通、生态环境与公共服务联动共享等方面，都成为全国的典范。而在此基础上，长三角地区通过文化政策互惠互享，以红船精神、江南文化等区域特色文化品牌为抓手，正在构建文旅融合的新高地。这一富于前瞻意识的谋划，极大地增强了区域内的凝聚力和向心力，提高了长三角地区打造世界知名旅游目的地的全域效果，提高了其在全国范围内的示范性。

2019 年 12 月，中共中央、国务院印发的《长江三角洲区域一体化发展规划纲要》明确提出，在"一核五圈"布局中，"高水平打造长三角世界级城市群"乃是其根本目的。其中，杭州都市圈发展较早，基础良好，特别在全域旅游上具有明显的榜样作用。可以说，全域旅游是杭州都市圈自身发展的必然要求，也是其融入长三角一体化发展的重要内容。以"杭州样本"为基础，杭州都市圈在全域旅游领域已有诸多经验：从"还湖于民"到全域旅游卡、从唐诗之路到线上导览，以及"景库"计划等带有产业融合性质的相关模式，无不使杭州都市圈走在全国前列。

在参与长三角一体化的过程中，杭州都市圈的全域旅游正在围绕大运河、钱塘江等文化带做更多、更广的延展。在都市圈内部，杭州、绍兴、嘉兴等地的城乡一体化和乡村振兴战略更为全域旅游的"强圈战略"提供了新的思路，促使旅游圈与经济圈、交通圈、生态圈、智能圈等相互融合，实现彼此助力，构建美好生活样板区；在都市圈与长三角一体化发展的互动过程中，以共商共建共享为原则的旅游产业共生与共融也在逐渐拓展，中国乃至世界全域旅游的整体样本日渐明朗。本报告尝试以案例分析、模式归纳和比较研究的方法，通过对杭州都市圈全域旅游多年来的经验分析，聚焦 2019 年的相关情况，对杭州都市圈全域旅游面临的问题、困境提出相应的对策，以期能够促使杭州都市圈更高质量发展。

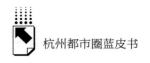

一　杭州都市圈全域旅游的现实经验：从"杭州样本"到"杭州都市圈样本"的实践

　　杭州都市圈全域旅游发展具有相当成熟的经验。这一经验的奠基与迭代主要来自作为全球重要旅游目的地的杭州市，杭州市在全国率先实现景区免门票，全域旅游逐渐开展，杭州都市圈基于区域一体化的互联互通，逐渐形成了新的经验。这一经验的基础在于以人民生活为中心，而其目标则在引导和描绘人民群众的美好生活向往。

　　以"杭州样本"为基础，杭州都市圈全域旅游的现实经验可以根据发展历程纵向地分为四个阶段，而对这四个阶段的概括和分析也可以看作杭州都市圈全域旅游的四个特征，亦即本报告称为"杭州都市圈样本"的具体显现。

（一）"还湖于民"的"涟漪效应"：凸显全域旅游的生活本质

　　从 2002 年起，杭州市委、市政府承诺"还湖于民"，2002 年国庆前夕，环西湖的各个独立小公园都拆除围栏，实现 24 小时免费开放；至 2003 年 4 月，西湖环湖景区花港观鱼、曲院风荷等景点和经过综合整治的新增景区（如中国茶叶博物馆、苏东坡纪念馆、杭州历史博物馆等）向市民、游客免费开放；随后，新建的江洋畈生态公园、白塔公园等景点依然延续免费模式。

　　截至 2019 年，在围绕杭州西湖而形成的 71 个旅游景点中，73% 实现了免票参观；而在整个 60 平方公里的西湖景区的约 130 个景点中，免费开放的占 85% 以上，收费的仅为 17 处且这些是相关部门出于保护和优化环境的目的进行合理控制客流的景点，如灵隐寺、飞来峰、岳王庙、六和塔等全国重点文物保护单位和动物园、植物园等。这些收费景点的平均票价不过 17.8 元，工薪阶层可以接受。而从 2002 年实施免票政策以来，杭州市旅游人次增加了 2.1 倍；旅游收入增加了 3.7 倍，这说明免票政策刺激性明显，实施效果极为显著。2013～2018 年杭州市旅游统计数据见图 1。

图 1　2013～2018 年杭州市旅游统计数据

资料来源：杭州市统计局。

　　这种通过免除门票而"拆除隔离"的做法，可以被认为是全域旅游"杭州样本"的 1.0 版。它在三个层面使旅游场域本身出现"全域化"效果：其一，区域内的旅游资源实现了有机整合，不同的旅游产品可以因免票而得到游客重新组合的更大可能；其二，以旅游为优势主导产业，实现了不同产业之间的深度融合，餐饮、住宿、购物等产业都实现了要素之间的彼此支撑；其三，更重要的是，旅游场域也在这一过程中重新恢复生活意味，实现"还湖于民"。旅游的"全域化"无论在游客眼中，还是在当地居民眼中，都具有了"美好生活"色彩——游客可以短住于景区，体验景区作为"完整旅游目的地"的文化价值；居民亦可以在生活中更亲近景色（景区），使其生活更具审美价值和美好属性。

　　而"杭州样本"带来的旅游产业"涟漪效应"，更是延伸至杭州都市圈的绍兴。绍兴在 2018 年初宣布免除 5A 级景区鲁迅故里，以及大通学堂、徐锡麟故居、范文澜故居等 37 处景区（点）的门票；又在当年 9 月宣布鲁迅故里景区晚上免费对游客开放。这使"杭州样本"的"全域—生活"内

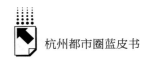

涵又向前进了一步：从全区域覆盖至全时域。而其形式则高度吻合 2019 年 8 月《国务院办公厅关于进一步激发文化和旅游消费潜力的意见》倡导的"夜间文旅经济"。意见鼓励"有条件的旅游景区在保证安全、避免扰民的情况下开展夜间游览服务"，提出"到 2022 年，建设 200 个以上国家级夜间文旅消费集聚区"。这其实就是对"全域旅游"的一种生活化拓展，使"旅游"更接近于"生活"。

（二）"共建共享"与"共生共融"：夯实全域旅游的社会基础

除了杭州、绍兴外，杭州都市圈中的衢州在 2017 年宣布对市属 13 个景点实施工作日免门票政策，又在 2019 年 4 月发布"全球免费游衢州"活动。2019 年，湖州也对 29 个景点明确了实施儿童免票政策等内容，这些都可以视为来源于"杭州样本""还湖于民"的"涟漪效应"，亦即从生活意义上理解的"全域旅游"。

不过，这种方式考验的是景区（点）的配套资源。一般来说，配套设施完善的旅游目的地对门票经济的"索取"少，因为它可以通过其他产业加以弥补；而对于周边配套较差的地区来说，游客的可分散性较低，容易造成对单一景点的片面依赖。因此，可以说，通过完善周边设施来降低景区经济对门票的依赖，乃是"杭州样本"的产业意义，它启示着全域旅游必须尽快惠及民众，逐渐实现把旅游公共资源还给公众（包括外来游客和当地居民）的"共享"目标；实现以旅游产业为龙头，使其高速发展能够"倒逼"相关产业和公共服务的转型升级。

杭州都市圈所涉的 6 大城市中，"杭州样本"的意义尤为明显。2019 年，杭州市内 5A 级景区（西湖、千岛湖、西溪湿地）平均票价仅为 63.3 元，而整个杭州都市圈中浙江部分的 5A 级景区（8 家）平均票价为 69.4 元。与杭州相比，同为全球重要旅游目的地的黄山市就略显不足。2019 年，黄山市 8 家 5A 级景区中仅潜口民宅免门票，其余 7 家景区平均票价是 107.9 元，而整个黄山市 5A 级景区的平均票价高达 94.4 元。因此，从"杭州样本"到"杭州都市圈样本"的重要经验，就是要尽快推进旅游产业基础设施"共建共享"，实现旅游与社会生活其他方面的"共生共融"，促进以旅游产业为龙头的社会经济全域化。

高德地图联合中国社会科学院社会学研究所于 2019 年 9 月发布的《2018 - 2019 中国主要旅游景区分析报告》中提出"景区适游指数"（见图 2），其通过对景区热度、客流压力、交通便捷度、服务设施四个方面进行综合考量得出，它可以再度验证"杭州样本"向"杭州都市圈样本"转移的意义。入选该指数前 10 名的景区中，杭州西湖风景名胜区、西塘古镇、千岛湖风景区均来自杭州都市圈。而这三个范例更需要杭州都市圈在共建世界一流文化旅游目的地，共同打造"名城名湖名江名山名村"世界级黄金旅游风景线的过程中发挥作用，促使杭州都市圈其他城市和景区尽快夯实全域旅游的社会基础。

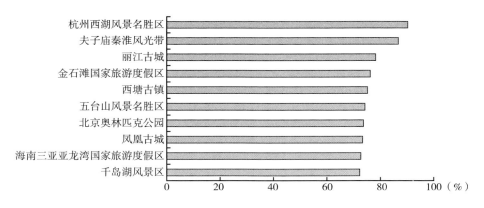

图 2　2018～2019 年中国主要旅游景区适游指数

资料来源：中国社会科学院社会学研究所、高德地图。

当然，景区的最佳容量和极限容量也需要通过计算而加以优化。这在"杭州样本"发展过程中突出表现为 2003 年完成的"西湖西进"综合保护工程。该工程恢复水面 0.9 平方千米，通过交通等基础设施建设和规划，改变西湖旅游"北热南冷"现象，使整个景区每年可多接待游客 36.6 万人。

（三）"产业融合"的"旅游引领"：提升全域旅游的发展水平

如果说全域旅游的"杭州样本"1.0 版是"还湖于民"，即突出旅游全

域化背后的社会生活意义，那么，其 2.0 版就是要高度突出"旅游"产业本身的相加属性，实现产业融合的旅游引领。前者是从旅游回到生活，而后者则是从生活又重新进入旅游，彰显旅游的产业价值，探索"旅游 +"模式的地方实践。

2019 年，杭州市以旅游为引领的产业融合，至少在以下三个方面体现出强烈的创新范本意义。首先是"文旅融合化"，即"旅游 + 文化"。2019 年，杭州市在西湖世界文化遗产地、京杭大运河文博旅游创新示范区、良渚文化遗产保护工程等世遗文化建设和产业链延展上，先后优化"印象西湖"，提升"西湖之夜"水平，新创"千年运河谣""良渚印象"等大型旅游演艺产品，加强国际美食休闲街区、主题文化度假酒店、特色文化纪念品等配套设施建设，效果极为显著。

其次是"突出休闲化"，即"旅游 + 休闲"。2019 年，杭州市构建以大型会展场馆、中小型会展场馆、专业展览中心、会议中心为基础的四级会展设施体系；在临安、富阳、建德等地发展山地户外探险，进行户外运动拓展、低空飞行等创新运动休闲产业探索；举办国际杭派慢乡风情节、中国（桐庐）民宿文化节、中国（杭州）民俗文化旅游节等品牌性节事活动，发展乡村度假综合体；突出湖泊、朝圣、森林、温泉等疗养产业，使城市朝着文化、运动、慢乡、养生等方向转型。

最后是"强调数字化"，即"旅游 + 网络"。2019 年 12 月，杭州都市圈第十次市长联席会议以"把握长三角一体化机遇　共创都市圈数字化未来"为主题，对"数字化"的重视程度极高。而旅游产业的引领，也可以强化数字经济发展。2019 年，杭州市搭建了杭州世遗文化产业数据库，开发包括在线文化博物馆系统、世遗文化创意产业交易系统、预订系统等在内的"旅游 + 文化"内容，探索旅游治理智慧化方式，发展和完善旅游电商信息基础设施、支撑系统，建立综合性、专业性等旅游电商服务平台，推进杭州成为中国旅游电子商务发展论坛永久举办地。

这种具有规划性的产业引领使"杭州"全域旅游的样本意义拓展至全市域、全时域，让整个城市生活形态都呈现美好属性，使这里成为旅游的完整目的地。这从国庆黄金周杭州西湖风景名胜区接待游客的数量自 2017 年以来开始出现下滑可以显现出来：具有全域雏形的集中式、观光式旅游产品已经是"杭州样本"的 1.0 版，而其全域化（全市域、全时域）的发展则是其 2.0 版（见图 3）。

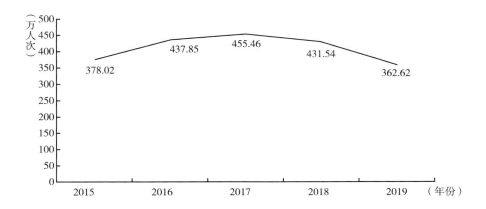

图 3   2015 ~ 2019 年国庆黄金周杭州西湖风景名胜区接待游客数量

资料来源：西湖风景名胜区管委会。

二   杭州都市圈全域旅游的发展趋势：迈入强圈
战略与长三角一体化新时代

2018 年，衢州、黄山加入杭州都市圈；2019 年 11 月底，《杭州都市圈发展规划（2020—2035 年）编制大纲》（以下简称《大纲》）审议通过，正式提出杭州都市圈"一脉三区，一主五副，一环多廊，网络布局"的空间格局。这一格局为其全域旅游提供了顶层设计，也为旅游资源的布局和配置提供了在地的脉络。

根据《大纲》，一方面，杭州都市圈的全域旅游围绕"一主五副"展开，其中"主"城杭州本身即具有明显的样本意义，而其对"五副"的辐射也应在各地探索的基础上实现整体统筹，即《大纲》提出的"规划共绘、

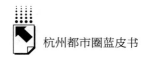
交通共联、环境共保、产业共兴、市场共构、品牌共推、社会共享"，而在整体统筹之下也需要各城市因地制宜；另一方面，"一环多廊"的临杭节点县市布局与"名城名湖名江名山名村"世界级黄金旅游风景线之间的相互配合也可能构成全域旅游的"强圈战略"，使环杭州湾创新发展带、拥江发展带、杭诸融合带、衢杭湖绿色创新走廊、杭黄发展带、杭黄衢生态文化旅游带等已有的空间规划呈现多层次、多节点、开放型的全域旅游属性，并整体融入长三角。这两个方面，一则强调整体规划和顶层设计；二则为其落地提供具体的路径和布局，彼此配合，可以使杭州都市圈全域旅游呈现新趋势。特别是 2019 年 12 月召开的杭州都市圈第十次市长联席会议提出"长三角一体化"与"都市圈数字化"两大主导目标，将促使杭州都市圈"强圈战略"把全域旅游放在优先发展的重要位置。

（一）跨界实践：依托地方资源的区域一体化

都市圈概念的提出，本身就是跨界治理实践的结果。2019 年 2 月，《国家发展改革委关于培育发展现代化都市圈的指导意见》印发，提出要"坚决破除制约各类资源要素自由流动和高效配置的体制机制障碍"。而黄山、衢州的加入，更使"杭州都市圈"具有了跨省域的实践意义，特别是突破省域政策和机制方面。而就全域旅游来说，地方要素资源的整合更具基础性意义。从现有情况看，杭州都市圈的跨界实践将在以下两个方面得到拓展。

首先是沿钱塘江的全域旅游资源布局。沿水域规划，是近年来中国城市化空间拓展与宜居环境建构的重要内容。早在进行雄安新区建设时，习近平总书记就以"蓝绿交织、清新明亮、水城共融"来描绘；而在相关重大国家战略中，长江经济带、黄河生态保护与高质量发展都是流域经济的显现。在浙江省倡导"五水共治"之后，黄山市所在的安徽省也提出"三水共治"。这就使"沿钱塘江带"的全域旅游资源整合显得尤为重要。衢州、黄山是钱塘江的发源地，一直延伸至嘉兴入海口，"绵延千里的钱塘江几乎成为杭州都市圈的'内河'"。同时，钱塘江也成为《大纲》提出的"一脉"，即以新安江—富春江—钱塘江以及衢江、分水江等支流为脉络。这是习近平总书记"以水定城、以水定地、以水定人、以水定产"的城市治理思路的显现，也是全域旅游资源的区域一体化拓展。

特别是以钱塘江唐诗之路为代表，拓展出涉及黄山、衢州、杭州、嘉兴的一条在徽东—浙西布局的充满诗情画意的水上画廊，彰显唐朝 100 多位诗人"壮游吴越"之路，是 2019 年浙江省编制的《钱塘江诗路黄金旅游带规划》的基本内容。沿钱塘江的跨界江河湖荡、丘陵山地、近海沿岸等自然与人文景观可以在杭州都市圈的六座城市共同保护与开发之中，真正形成自然生态优美、文化底蕴深厚、旅游资源充分利用的生活休闲开敞空间，从而打造长三角绿色美丽大花园。

其次是创大景区的全域旅游资源统筹。"全域大景区"是浙江省全域旅游的发展目标。这一目标来源于 2017 年浙江省第十四次党代会的决议提出的"大力发展全域旅游，积极培育旅游风情小镇，推进万村景区化建设，提升发展乡村旅游、民宿经济，全面建成'诗画浙江'中国最佳旅游目的地"，而其实践则是 2018 年浙江省十三届人大一次会议谋划的"力争到 2022 年全省有万个行政村、千个小城镇、百个县城和城区成为 A 级景区"。事实上，"全域大景区"的思路与其说是旅游开发，不如说是当地居民美好生活的环境显现。大量城镇 A 级景区并不能充分吸引外来游客资源，但在"大景区"的统筹思路中，大量"百千万"A 级景区的创建（万村景区化）可以成为杭州都市圈本身具有的 17 个 5A 级景区的自然延伸和游客承接地，特别是在杭州都市圈"魅力人文、绿色美丽、开放包容和品质生活"的构建过程中，都市圈区域的普遍景观美化具有重要意义。

创"大景区"的建设思路，一方面，可以使各地特色旅游资源得到差异化开发，如临安的森林资源、嘉兴的海岛资源、衢州的人文资源、湖州的乡村资源等，都可以在不同受众群体中得到互补性拓展；另一方面，"大景区"让各地的特色旅游彼此协调、搭配、支撑，完整地实现"步步是景点、处处是景区、全域大花园"，如在一个景区中搭配其他景区的介绍资讯和广告，让游客可以在一处景区的旅游体验中接触更多的旅游讯息，这样就有可能实现市场资源的充分开发。

（二）湾区前景：做大山海结合的花园构建

2019 年，中共中央、国务院印发《粤港澳大湾区发展规划纲要》，提出"湾区经济"的概念。湾区作为开放创新、宜居宜游的代表，是全域旅游发展的典范。而杭州湾建设是长三角一体化的重要内容，杭州都市圈与杭州湾之间关系密切。这不仅表现在杭州都市圈与杭州湾在产业联通、城乡一体化、人才集聚等方面具有同构意义，而且更重要的是杭州湾作为湾区，暗含着对美好生活的集中呈现。

无论旧金山湾、东京湾，还是纽约湾，湾区不仅在物质形态上显现出富裕（好），还在环境景观上表现为宜人（美）。杭州湾在前者的表现已有相当部分基础，早在 2016 年，杭州湾 GDP 就超越旧金山湾，但在世界知名旅游目的地建构上，杭州湾缺乏足够充分的顶层设计与发展规划。特别是在滨海旅游资源之外，如何延伸旅游资源与服务的带状分布，促使山海结合，形成"长江/钱塘江（名河）—沿海—名湖—名山—名城"的全域旅游花园，是杭州都市圈发展必须考虑的重要问题。一句话说，杭州都市圈发展必须与杭州湾未来的前景建设结合起来，使都市圈成为大湾区的大后方和"大花园"。

从生态看，杭州都市圈有山有水、有江有海、有河有湖、有岛有滩、有林有田、有花有草；湖州更是践行"绿水青山就是金山银山"的先行地。而其围绕湾区建设，使东部湾区发达的经济形态向西部延展，在全域旅游上可以促进形成山海结合的有机整体，真正成为"大湾区大花园大通道"建设的标杆。特别是除了嘉兴、绍兴、杭州等湾区（海）之外的杭州都市圈（山）相关地区的发展差异较大，但潜力也较明显。以 2019 年的国庆黄金周为例，湖州举办的"2019 第三届中国亲子旅游节暨第二届报福开竹文化旅游节"就受到数万名游客青睐，整周实现湖州市接待外地游客 477 万人次，旅游总收入 61.74 亿元；相比之下，衢州的游客数量和旅游收入就要少很多。衢州也在 2019 年国庆黄金周期间举办了"2019 衢江区首届民俗文化艺术节暨杜泽老街开街仪式"，实现当日人流量 6 万人次，但整个衢州地区黄金周期间的主要景区（景点）旅游收入仅为 19.63 万元。通过湾区建设，促进杭州都市圈与湾区结合，是下一步发展的重要内容。

（三）美好生活：推进城乡统筹的美学治理

有了旅游资源的跨界整合与湾区建设的美好前景，全域旅游的规划与发展还是要重新回到"美好生活"上来。特别是浙江省先后启动小城市（2010 年）和特色小镇（2015 年）试点培育工作，让全域旅游成为全省城乡统筹的一个重要抓手。此外，与乡村振兴相关的大量工作都为全域旅游提供了"美好生活"指向。

截至 2019 年底，全省已有 22 个省级特色小镇、110 个省级创建小镇、62 个省级培育小镇。而在特色小镇的培育过程中，杭州都市圈具有明显的集聚优势，省级特色小镇多达 19 个，占全省 22 个省级特色小镇的86.4%，其中高端制造装备、数字经济、时尚、旅游领域特色小镇较多，显现出城乡统筹发展的"小镇模式"。杭州都市圈省级特色小镇名单（浙江部分）见表1。

表1　杭州都市圈省级特色小镇名单（浙江部分）

城市	第一批	第二批	第三批
杭州	上城玉皇山南基金小镇、余杭梦想小镇	西湖云栖小镇、余杭艺尚小镇	西湖龙坞茶镇、西湖艺创小镇、萧山信息港小镇、建德航空小镇
湖州	—	德清地理信息小镇	长兴新能源小镇
嘉兴	—	桐乡毛衫时尚小镇	秀洲光伏小镇、嘉善巧克力甜蜜小镇、海宁皮革时尚小镇
绍兴	—	诸暨袜艺小镇	上虞 e 游小镇、新昌智能装备小镇
衢州	—	—	开化根缘小镇

资料来源：根据浙江省特色小镇规划建设工作联席会议办公室公布的名单整理得到。

除了小镇外，在 2019 年强力推进的"万村景区化"工程中，杭州都市圈也诞生了嘉兴市的"十个一"、湖州市的"十有十无"等经验做法，它们得到省级层面的认可和推广。2019 年，浙江省文化和旅游厅与省商务厅、省市场监督管理局、省教育厅、省交通运输厅及省机关事务管理局联合印发

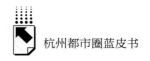

的《关于做实做好"诗画浙江·百县千碗"工程三年行动计划（2019 –
2021 年）》，也把"美好生活"的城乡统筹与全域旅游做了较好的结合，其
中示范案例即来自嘉兴、嘉善。

千村示范、万村整治、特色小镇、百县千碗等工作都与全域旅游有着密
切的关联，但又都没有将工作的指向放在"旅游"上，其治理形态切实满
足了人民群众对"美好生活"的向往，呈现自觉的美学追求，可以被认为
是"美学治理"。这种治理形态在接下来还需要与红船精神、江南文化等相
结合，进一步拓展与提高全域旅游作为美好生活集中显现的覆盖面与实现
度，积累杭州都市圈发展的新经验。

三　杭州都市圈全域旅游的主要问题：突破区域
一体化的深度整合与全域提升

2019 年，杭州都市圈的全域旅游"强圈"建构取得了较好的成效，特
别是衢州和黄山的加入，为其全域旅游丰富了资源，延伸了路线，增强了杭
州都市圈作为完整旅游目的地的吸引力。但从杭州都市圈的整体发展情况来
看，尤其是在完整融入长三角一体化的进程中，全域旅游在深度整合、项目
创新与全域提升方面还有待完善，特别是在杭州都市圈"金名片"的凝练
和彰显上，需要整个都市圈进一步做好对标工作，打通区域一体化的体制机
制壁垒，促进旅游资源和要素的整合和流动，实现全域旅游的智慧化、精细
化、高质量发展。

（一）全域旅游的共生性空间结构有待统一规划

2018 年 10 月，杭州都市圈扩容，增加了衢州、黄山两市，应对全域旅
游资源进行充分的规划，特别是在扩容之后的杭州都市圈新一轮规划编制工
作中，要充分考虑"一主五副"城市之间旅游资源的相互配合，避免消耗
性竞争，实现旅游市场的"共生"；充分考虑外来游客与本地居民之间的相
互促进关系，实现旅游生态的"共生"；充分考虑铁路（如沪杭铁路、绍兴

城际线以及杭州都市圈已经规划的 4 条铁路线）、公路（如黄千高速）、水路（如综合开发的新安江干线航道）之间以全域旅游的便捷性和接近性为要求进行相互衔接，实现旅游交通的"共生"，以及实现整个都市圈在旅游项目上的"一盘棋、一张网"。

2019 年，杭州都市圈在新春期间进行优惠月活动，六座城市的居民以有效证件即可在杭黄高铁沿线部分景区享受优惠，如杭州城市阳台灯光秀、嘉兴湘家荡、湖州原乡小镇、绍兴吼山风景区、衢州九溪龙门景区、黄山花山谜窟等均被纳入其中。这种全域旅游"共生"项目还应进一步拓展思路，在空间结构上进行深入的规划，特别要强化都市圈"全域"品牌和特色意识，如可以规划海洋浪漫、清爽度假、绿色生态、民俗风情等特色路线，使带有惠民和宣传双重性质的全域旅游共生项目摆脱"节假"而走进"日常"，真正实现全域旅游对美好生活的引领。

（二）智慧景区的深度建构需要具有全域化思维

根据 2015 年发布的《国家旅游局关于实施"旅游 + 互联网"行动计划的通知》，"到 2018 年，推动全国所有 5A 级景区建设成为智慧旅游景区。到 2020 年，推动全国所有 4A 级景区实现免费 WIFI、智能导游、电子讲解、在线预订、信息推送等功能全覆盖"。而在这一过程中，以"数字化"为发展特色的杭州都市圈显然应走在前列，不但要率先实现景区单体的"智慧旅游"，还应该在智慧景区的深度建构上探索全域化思维，发挥数字经济在全域旅游建构过程中的基础作用。

从目前杭州都市圈的景区信息化发展水平来看，新加入的衢州、黄山两地，以及湖州、嘉兴的多数旅游景区还处在智慧化建设的基础阶段，除了实现网络订票、路线查询、酒店预订等功能外，对游客信息的采集、计算、分析以及旅游资讯交互共享和精准推送尚未真正实现。在加强"大花园"建设的过程中，由"最多跑一次"改革推进完善的浙江政务系统应更好地发挥数字化作用，加快建构杭州都市圈基础旅游信息库，让旅游政务部门的业务数据从单纯满足"网站展示"和"统计需求"向"二次分析"和"多元

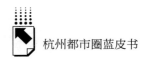
开发"过渡，尽快以较高要求制定都市圈智慧景区建设标准与规范，尽快实现都市圈范围内旅游数据的互联互通和共同开发。

在都市圈范围内，智慧景区需要进行更具全局意识的深度建设。以知名度较高、发展相对成熟的黄山风景区为例，它是全国首批建设的智慧景区，截至 2019 年底，已经完成智慧化工程 47 项，涉及资源保护、旅游服务、经营管理、安全防范和持续发展五大类。但其信息化网络覆盖仅局限于全山范围，没有实现与其他景区的互联互通，旅游服务的智慧化项目也只存在于自助取票等方面，2019 年初实现了刷脸购票，而在进一步的游客信息精准推送与定制服务等方面则缺失。在景区的新媒体营销上，还是以宣传片、景点介绍等软文为主，缺乏信息交互和有效的黏性，不能较好地将"游客"转化为"用户"，使旅游变为"美好生活"。

（三）山海结合的湾区前景与大花园建构需要深化

山海协作是"八八战略"的重要组成部分，而随着衢州、黄山的加入，杭州都市圈已经成为由杭州湾（海）和浙西—徽东（山）两部分构成的山海共同体。这一共同体的整体发展，就是山海协作的新表现，需要从这个高度考虑杭州都市圈的全域旅游问题，特别是湾区前景与大花园建构相结合的深化推进。

一方面，"大花园"建构要避免被误认为是打造长三角"后花园"，即以吸引长三角地区游客为主，应进一步突出"大花园"对于当地居民生活的美化和提升；另一方面，"大湾区"建构必须以"大花园"为基础，同时要在"大花园"之上建设全域化与数字化相结合的文旅融合创新核心区。这才能使杭州都市圈实现全域旅游与成为"长三角金南翼"，成为世界第六大城市群重要板块、亚太国际门户长三角城市群的有机组成部分，以及全国科学发展和谐发展先行区。

目前来看，杭州都市圈在全域旅游方面的整体建构缺乏对湾区前景的充分考量，其"大花园"建设没有更好地与数字经济相结合。探索美好生活的高度现代化实现手段，及其在旅游产业的完整呈现，如游客与居民的充分互动、亲子类旅游项目的普遍开发、制作高度数字化的文旅融合新产品、走向世界的中国都市圈故事讲述等足以引领全球生活美学的时尚内容尚不充分。

（四）全域旅游带动社会治理创新需要新的思路

杭州都市圈全域旅游的起点，即"杭州样本"1.0 版，是充分有效的社会治理创新，即拆掉景点景区围墙，实现景点景区内外一体化，构建全域大旅游综合协调管理体制。这一起点性的工作率先从政府治理层面打破管理多头、手段分割、效率低下的原有旅游业管理体制弊端，在一定程度上是对区域治理体系的创新，较好地发挥了地方政府在旅游产业上的引领作用，迈出了旅游带动治理变革的第一步。而在"杭州样本"2.0 版时代，虽然政府的引导作用仍较为明显，但旅游产业的自发作用已经在一定程度上取代了政府治理手段的变革意义，产业引领成为杭州都市圈全域旅游普遍开展的重要基础，如莫干山的"洋家乐"极为典型。

而到了"杭州样本"3.0 版时代，全域旅游的发展更需要社会治理创新，特别是围绕游客和当地居民体验而展开的精细化管理，充分提高游客与居民的满意度。这样除了吸引越来越多的游客到当地旅游外，还可以促使外来文化与本地生活之间碰撞，使区域发展进行创新。由全域旅游带动的社会治理创新，就是要让越来越多的产业、行业、社会力量和公众主动参与全域旅游，参与对游客和居民的主动服务，促使旅游体验与地方治理相结合，形成全民共建共享的全域旅游生态，特别是要让当地居民从旅游的旁观者变成受益者、参与者，更加积极、自觉地投入地方事务之中，实现居民自治，激发区域社会活力。

近年来，浙江省进行的"五水共治""最多跑一次"等改革都是对全域旅游具有较好促进作用的社会治理创新。各地也有先进的经验实践，如桐庐县后溪村在 2015 年开创的"每户农户最多入两股、每股 5000 元"旅游开发有限公司和村综合服务社模式，流转耕地和自留地 150 余亩，也是旅游与治理并重的新思路。而这样的开创性探索还应进一步鼓励，结合城乡统筹，如

进行县级融媒体中心建设、新时代文明实践中心建设等，走内涵式发展道路，实现"大花园"的"精致化"。

四 杭州都市圈全域旅游的提升路径：探索都市生活的整体重构与美学治理

杭州都市旅游圈的全域建构是杭州都市圈建构的重要内容，也是其全面迈向长三角时代，打造长三角区域高质量一体化发展先行区的基础性工作。没有全域旅游得以实现的客观条件，杭州都市圈就很难在长三角一体化的过程中彰显自身特色与价值。可以说，全域旅游的实现程度和水平是对区域发展的"第三方评估"——游客的满意度与记忆度，是杭州都市圈发展能够引领长三角南翼的重要指标。

而从上述问题看，杭州都市圈全域旅游的发展还需要在一体化的深度整合与全域提升上下功夫，在顶层设计之下展开精细化推进、前瞻性探索和基础性治理工作。而这些方向性的问题需要在以下几个具体路径中加以落实。

（一）围绕都市圈建设探索多规合一与区域共建的新可能

杭州都市圈在新一轮规划编制中应高度重视全域旅游的基础性意义，充分考虑六座城市的重大项目、重要政策诉求，特别是要将杭州都市圈新一轮规划与各城市的"十四五"规划前期研究结合起来。杭州都市圈建设的"多规合一"不仅指在一级政府的一级事权下实现国民经济和社会发展规划、城乡规划、土地利用规划，环境保护、文物保护、林地与耕地保护、综合交通、水资源、文化与生态旅游资源、社会事业等各类规划的相互衔接，还要探索在不同城市之间通过联席会议等协商机制，尽可能地保证各地规划的开发边界、城市规模、土地性质等重要空间参数一致，尽快实现区域共建统一的空间信息管理平台，使都市圈内的城乡空间布局、土地资源配置能够尽可能优化、合理和有序。

具体来说，在交通互联互通方面，可以考虑跨区域合力争取杭州都市圈范围内的铁路、民航机场等纳入长三角的交通协同规划之中，推动六座城市在交通道路等级、城际轨道方面接轨；在产业协同上，应强化各地产业以及各类开发区、特色小镇等之间的共建关系，探索跨区域共建文旅产业园、会展中心；在生态环境共治方面，考虑共同谋划新安江（钱塘江）流域的国家级生态特区和生态补偿机制；在社会治理与公共服务方面，可以考虑市民卡数据交互等。针对这种区域性的共建性探索，可以以杭州亚运会部分赛事承办权的分散为契机，展开初步合作。

（二）以乡村振兴为抓手推进构建城乡一体化的全域旅游新局面

杭州都市圈虽然以"都市"为名，但其一体化的构建着力点和主要用力面应该放在乡村。这是因为全域旅游的发展以"美好生活"为目标，其内涵本身就在于城乡一体化。要充分利用乡村振兴的抓手，实现城市化与逆城市化的相得益彰。在这一过程中，覆盖面广、民生意义强的美丽乡村建设就显得尤其重要。

早在 2013 年，杭州市就对 193 个中心村展开了"有农民集中居住区、有商贸服务街区、有公共服务功能区、有绿化景观休闲区和有特色产业园区"的"五有"建设，并对 21 个风情小镇进行因地制宜的改造。截至 2019年底，杭州市已经建成 AAA 级景区的村庄有 43 个（见表 2）。不过，这些AAA 级景区村庄在全域旅游中的作用仍有待进一步发挥，特别是要从实际出发，"宜水则水、宜山则山、宜粮则粮、宜农则农、宜工则工、宜商则商"，避免"一刀切"和"一拥而上"。

表 2　杭州市首批入选浙江省 AAA 级景区村庄

	入选村庄名称
西湖区	大清村、上城埭村、青芝坞村
萧山区	凤坞村
余杭区	山沟沟村、小古城村

	入选村庄名称
富阳区	湘溪村、东梓关村、窈口村、查口村、蒋家村、黄公望村、景山村
淳安县	茶合村、鳌山村、南庄村、桥西村、汪家村、富德村、姜家村、朱家村、青田村、赤川口村
建德市	三都渔村、新叶村、戴家村、幸福村
临安区	白沙村、指南村、月亮桥村、大峡谷村、湍口村、白水涧村
桐庐县	获浦村、环溪村、深澳村、合村村、高凉亭村、瑶溪村、新龙村、儒桥村、大路村、新丰民族村

资料来源：根据杭州市文化广电旅游局公布的名单整理得到。

在乡村改造的基础上，应通过必要的交通改造和路线设计，在不同区域形成"交通便捷、主题突出、特色明显、串点成线"的带状全域旅游块。同时，要深入研究"逆城市化"现象，使其与城市化相互配合，尽快在全国范围内普遍出现的"一村一品"、休闲生态（如采摘、民宿）等"大路货"的产业形态之上，开发出更具数字化、智能化特征的杭州都市圈全域旅游新产品形态。

（三）以5G发展为依托实施智慧产业全域化品牌战略

根据《大纲》，杭州都市圈以数字化为发展目标，要求做强数字经济产业集群，全面打造数字经济"一号工程"。而这在全域旅游产业上应率先有所显现，特别是以5G发展为依托，实现智慧旅游产业全域化，通过数字化对游客体验进行深度优化，持续擦亮"数字经济"这张杭州都市圈的"金名片"。

首先，在建设"城市大脑"上，要充分利用互联网信息技术加强游客与系统的互动，提高智慧景区体验度，特别是针对都市圈范围内的智慧路线设计和旅行安排，上线时充分考虑当季旅游状况和细致掌握区域餐饮、住宿、交通、天气等数据信息，以及游客自身状况（如时间安排、经费预算等），建立真正实现导航、导览、导购、导住的互联网旅游系统，这可能是杭州都市圈全域旅游智慧发展的突破口。

其次，在景区精准营销上，也应充分整合都市圈范围内旅游景区的门户网站、微信公众号、在线旅游电子商务平台等资源，探索与商业平台数据相结合的精准推送方式，打出"线上线下"全范围推广景区的营销"组合拳"，并以宣传深度游的方式增强游客的黏性，在构建智慧化景区管理系统的基础上实现有效引流和分流。

最后，在游客体验优化上，也应在进行全面市场调研的基础上，整合商业平台（如中国移动、支付宝、高德地图、百度地图、携程网等）和政府资源，推出定制服务，以及5G+4K高清直播、5G+VR全域旅游、5G+云VR沉浸式体验等新产品。2019年5月，湖州市"5G+智慧文旅"平台发布，就是其全域旅游大数据中心建设的成果之一。目前，湖州已经是中国移动首个"文旅行业信息化标杆示范基地"。

（四）以游客和居民生活体验为核心倡导进行城乡全域美学治理

旅游是一种产业形态，也是一种带有美学意味的生活体验方式。而全域旅游则是突出生活本质、彰显区域治理效果的一种新旅游业态。要想推进全域旅游，就应以提升游客与居民生活质感为抓手，倡导城乡全域的美学治理。

具体来说，就是要统筹城乡建设与旅游化改造的联动，让城乡有机更新、生态有效修复、产业有序发展，共同助力增强社会活力和提高公众幸福感、安全感与获得感，如全域范围内的小餐饮管理、水环境治理、"厕所革命"、社区整治、文明实践、公共空间建设等问题，都能够在旅游目的地的建设体系中得到有效解决，促使社会治理为提升自然环境和人文景观的审美化效果服务。可以说，全域旅游本身就是一种典型的美学治理形态。在杭州都市圈，以"一体化"和"数字化"为发展目标，游客与居民的生活体验更应具有杭州都市圈（如江南文化、徽派文化、红船精神、钱塘江文化等）风貌的文化元素，通过线上线下的交互式发展，尽快使"全域旅游"转变为一种具有引领性的城乡全域美学治理模式和经验。

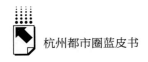
参考文献

〔美〕约翰·布林克霍夫·杰克逊:《发现乡土景观》,俞孔坚等译,商务印书馆,
2016。

于洁、胡静、朱磊、卢雯、赵越、王凯:《国内全域旅游研究进展与展望》,《旅游
研究》2016 年第 6 期。

曾博伟、李柏文:《以供给侧结构性改革为指引推动全域旅游发展》,《红旗文稿》
2017 年第 17 期。

朱付彪、陆林、於冉、鲍捷:《都市圈旅游空间结构演变研究——以长三角都市圈
为例》,《地理科学》2012 年第 5 期。

B.12
杭州都市圈美丽中国建设样板区研究

井宝莉　沈　旭　李　新　吴静文　朱慧芳　董军*

摘　要： 杭州都市圈在推进生态文明、美丽中国建设过程中先行先试，大胆创新，成效显著，先行探索出一批可复制、可推广的有效做法和成功经验，形成了一批具有借鉴意义和推广价值的示范样本，是美丽中国建设的"先行区"和"样板区"。本报告深入调研杭州都市圈生态文明、美丽建设现状，系统总结了杭州都市圈生态文明、美丽建设在目标责任制、地方标准、"五水共治"、"五气共治"、生活垃圾分类、美丽城镇建设、"亩均论英雄"、"最多跑一次"、智慧城市建设、绿色交通等方面的成效和示范样本，系统分析存在的问题和发展趋势，并提出了在新时代、新战略、新一体化趋势下，高起点共建美丽中国先行示范区，及高标准打好污染防治攻坚战、实施生态环保一体化政策、推进风险防范一体化建设和创新生态文明一体化机制体制等。

关键词： 生态文明　美丽中国　示范区建设　杭州都市圈

---

* 井宝莉，杭州市环境保护科学研究院高级工程师，研究方向为环境科学。沈旭，杭州市环境保护科学研究院总工程师、教授级高级工程师，研究方向为环境科学。李新，生态环境部环境规划院副研究员，研究方向为环境规划。吴静文，杭州市环境保护科学研究院高级工程师，研究方向为环境工程。朱慧芳，杭州市环境保护科学研究院高级工程师，研究方向为环境工程。董军，杭州市环境保护科学研究院工程师，研究方向为环境地理。

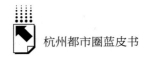

党的十八大报告首次提出了"美丽中国"概念，党的十八大后，习总书记对杭州更是做出了"要努力成为美丽中国建设的样本"的重要指示。为了担当这一重大使命，2013 年，杭州市出台了《中国共产党杭州市第十一届委员会第五次全体会议关于建设"美丽杭州"的决议》、《"美丽杭州"建设实施纲要（2013—2020 年)》和《"美丽杭州"建设三年行动计划（2013—2015 年)》，全面启动"美丽杭州"建设，努力打造生态美、生产美、生活美的"美丽杭州"。2014 年，浙江省出台了《中共浙江省委关于建设美丽浙江创造美好生活的决定》，积极推进"美丽中国"在浙江的建设，杭州都市圈成为美丽中国建设的先行区。

多年来，杭州都市圈将"美丽"由蓝图落到了实处，先行探索了一批样本，形成了目标责任制、杭州标准、"五水共治"、"五气共治"、"五废共治"、千万工程、美丽乡村、生活垃圾智能分类、"亩产论英雄"、数字经济、双创平台、特色小镇、文化产业带、"最多跑一次"、城市大脑、智慧交通治堵等具有全国示范意义的美丽建设经验模式，已成为美丽中国建设的样板区。

一　美丽中国建设样板区调查

（一）建设过程

1. 美丽中国的提出

党的十八大报告将生态文明建设纳入中国特色社会主义事业"五位一体"总体布局，并第一次把"美丽中国"作为生态文明建设的目标。党的十九大报告将美丽与富强、民主、文明、和谐并列为建设社会主义现代化强国的重要一维，并将"生态文明建设"写入党章，这是对生态文明战略地位的重大提升。建设生态文明、建成美丽中国，已成为关系中华民族永续发展的内在需要，是推动经济高质量发展、解决新时代我国社会主要矛盾、构建人类命运共同体的内在需要。中国正走在一条生态文明建设的特色道路上。

党的十八大以来，习近平总书记针对生态文明建设和生态环境保护发表了一系列重要讲话、重要论述，做出了重要指示，提出了一系列新理念新思想新战略，深刻地回答了为什么建设生态文明、建设什么样的生态文明、怎样建设生态文明等重大问题，形成了科学系统的习近平生态文明思想，为我国推进生态文明、美丽中国建设指明了前进的方向。

2. 杭州都市圈生态文明建设回顾

杭州都市圈在全国率先启动了美丽中国城市群层级的样本建设。早在 2005 年 8 月，时任浙江省委书记的习近平同志在湖州市安吉县考察时，首次提出了"绿水青山就是金山银山"的重要论断。2013 年初，习近平总书记指出"杭州山川秀美，生态建设基础不错，要加强保护，尤其是水环境的保护，使绿水青山常在。希望更加扎实地推进生态文明建设，使杭州成为美丽中国建设的样本"。同年，杭州市委市政府"秉持浙江精神、干在实处、走在前列、勇立潮头"的探索精神，勇担建设美丽中国样本的使命，做出了《中国共产党杭州市第十一届委员会第五次全体会议关于建设"美丽杭州"的决议》，发布了《"美丽杭州"建设实施纲要（2013—2020 年)》和《"美丽杭州"建设三年行动计划（2013—2015 年)》，在全国率先开展美丽建设，将生态文明纳入政策与决策范围。2014 年，中共浙江省委十三届五次全体（扩大）会议审议通过《中共浙江省委关于建设美丽浙江创造美好生活的决定》，做出了建设"两美浙江"的决策部署。杭州都市圈顺应群众对美好生活的向往，开创性地实施了"美丽中国"在地区的生动实践，开启了"美丽中国"建设的一个时代篇章。

杭州都市圈四城市在生态文明创建上成果显著。截至目前，杭州市、湖州市、萧山区、南浔区、长兴县、嘉善县、淳安县、西湖区两市六区（县）被命名为国家生态市（县、区），湖州市、临安区、新昌县、安吉县、嘉善县、西湖区、德清县一市六区（县）被授予生态文明建设示范市（县、区），湖州市、安吉县、新昌县一市两县被命名为"绿水青山就是金山银山"实践创新基地。在 2016 年 B20 峰会开幕式上，习近平总书记盛赞"杭州是生态文明之都，山明水秀，晴好雨奇，浸透着江南韵味，凝结着世代匠心"。这是极高的评价，也是对杭州久久为功践行"绿水青山就是金山银山"的极大肯定。

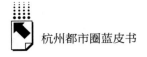

（二）建设成效

1. 生态美

近年来，杭州都市圈始终遵循"绿水青山就是金山银山"理念，以区域的自然生态服务功能为基础，按照保护优先、合理利用的原则，突出生态功能极重要和生态保护红线区域，保障必要的生产和生活区域，生态保护建设成效突出。根据 2017 年生态环境状况评价结果，四城市生态环境状况等级均为优。四城市水环境状况逐年改善，2018 年，钱塘江流域、苕溪、西湖、千岛湖、曹娥江水系、浦阳江及壶源江水系、鉴湖水系和绍虞平原河网总体水质状况均为优。四城市空气质量稳步提高，空气质量指数达到优良天数的比例均高于 71%，PM2.5 浓度明显下降。四城市噪声平均为 54.7 分贝，城市道路交通噪声平均为 67.6 分贝。

2. 生产美

2018 年，杭州都市圈生产总值已超过 2.6 万亿元。都市圈积累的产业基础与物质财富，不仅增强了提升环境品质的内生动力，也为环境共同保护提供了重要的物质基础。都市圈单位 GDP 化学需氧量、二氧化硫排放量分别为 0.1 千克、0.13 千克，均远低于全国平均水平。"创新活力、智能绿色"的高质量发展动能更加集聚，杭州市第三产业产值占 GDP 的比重在全国省会、副省级等城市中排名第 7，有效发明专利拥有量连续 10 年位居全国省会城市第一。都市圈构建了以信息经济引领、以现代服务业主导、以先进制造业支撑的现代产业新体系，不断推进产业迈向中高端，基本实现由工业化、城镇化初步成熟向后工业化、稳定城镇化发展阶段迈进。

3. 生活美

杭州都市圈人民生活水平不断提高，幸福感、获得感不断提升。杭州连续 13 年荣获"中国最具幸福感城市"称号，并获得组委会特别奖——"幸福示范标杆城市"。在 2018 年全国文明城市评比中，杭州市名列省会、副省级城市第 2，"最美现象"领跑全国。多年来，杭州都市圈坚持从群众的实际需求出发，开展"最多跑一次"改革，着力提供优质的公共服务和完善社会保障体系。关注涉及群众切身利益的关键小事，推动实现老有颐养、弱有众扶、学有优教、病有良医。倡导公众自觉践行绿色出行、绿色生活、绿色消费等生活习惯，努力打造宜居、宜业、宜游城市圈。

（三）示范样本

杭州都市圈生态文明建设先行先试，基础好、起点早、力度大，在制度、政策、行动、模式等方面大胆探索、改革创新，美丽建设取得了显著成效，形成了一批具有借鉴意义和推广价值的示范样本，探索出一批可复制、可推广的有效做法和成功经验，为建设美丽中国提供了示范样本。

1. 实施目标责任制，实现考核单元化、基层化

杭州都市圈不断建立健全生态文明建设工作目标责任制，坚持党政一把手亲自抓、分管领导具体抓、有关部门齐抓共管、各行各业齐抓共建、全社会共同参与的创建机制。重点抓住目标任务分解、考核和责任追究三个环节，建立奖惩分明的考核机制。每年将生态文明建设任务分解落实到各区（县、市）和相关部门，市政府与各区（县、市）及有关部门签订生态建设与环保目标责任书，各区（县、市）与乡镇签订生态文明建设目标责任书，构建目标任务分级负责、层层落实、合力推进的考核体系，并将考核结果作为各级党委、政府政绩的重要内容。生态环保考核权重在所有综合工作类别中分值最高，切实增强生态环保考核的约束力，其中将治水、治气、治废等重点工作纳入全市综合考评范围，将节能目标和污染减排考核列入"一票否决"项目。对淳安县"美丽杭州"实验区实行单列考评，以激发基层政府保护生态环境的积极性。

2. 从严从新制定地方标准，打造最严格环境监管制度

探索建立生态文明建设法制体系样本。出台了《杭州市生态文明建设促进条例》《杭州市大气污染防治规定》《杭州市生活垃圾管理条例》《杭州市餐厨废弃物管理办法》《杭州市钱塘江流域保护与发展条例》等地方法规，"锅炉大气污染排放标准"和"重点工业企业挥发性有机物排放标准"等地方标准，提升了美丽建设的法制保障水平。推出全国首个《美丽河道

评价标准》，其成为全国河道治理评价的样板。发布全国首个县级环境质量管理标准《千岛湖环境质量管理规范（试行）》，为推进千岛湖水质保护提供了重要法律支撑。

针对最严格环境监管制度，出台了《杭州打造环境监管最严格城市的若干意见》，从准入、监控、治理、执法和制度建设五个方面入手，对事前、事中、事后全过程采取最严格的环境监管措施，被称为杭州史上最严环境监管规定。意见共分为五部分：实行最严格的准入、实行最严格的监控、实行最严格的治理、实行最严格的执法、实行最严格的制度。五部分中共有20条具体举措，条条分量十足。意见贯穿全年工作始终，并取得积极的效果。

3. "五水共治"，全面提升水环境质量

杭州都市圈于2014年开启治污水、防洪水、排涝水、保供水、抓节水"五水共治"攻坚战，通过稳抓手、强举措、重创新、严监管、聚合力，成为全国治水典范都市圈。以创建"污水零直排区"、"全面剿灭劣V类水"为目标，全面推进"清三河""小微水体"整治，基本实现县（市）"全域可游泳"，实现城区"污水零直排"。实施水质"三色预警"，用仪器发现问题。推进"清水入城"工程，有效改善水体综合感官。持续强化"美丽河湖"创建，实现从"水净"到"景美"；推动全面建立"湖长制"，巩固首创地位。首创降水排查模式；创新翻盖溯源行动，实施"一路一方案""一路一笔记"。加强政、企、民联动，发动河长、警长、民间河长、巡河志愿者、河道保洁信息员共同参与治水。

主要做法如下。一是抓污水"零直排"建设，消除河道外源污染，念好"截"字诀。重点对老旧小区、老集镇、城郊接合部等污水管网有破损或雨污合流的区域，开展污水纳管和雨污分流改造。二是抓清淤疏浚，消除河道内源污染，念好"挖"字诀。对河道进行动态清淤，探索淤泥的资源化综合利用模式，形成"留置管道""干化造地""荷塘就地利用"等特色清淤模式。三是抓工农业污染治理，以治水促进产业转型升级，念好"治"字诀。完成重点行业污染整治，促进产业集聚和转型升级。关停有较重污染的温室甲鱼养殖和黑鱼养殖项目，加快推进现代化都市农业发展。四是抓污水处理厂及管网建设，提高污水处理能力，念好"建"字诀。加快污水处理厂建设和提标改造，污水处理厂全部达到国家一级 A 排放标准。

4. "五气共治"，系统治理大气污染

面对日趋严峻的大气污染形势，人民迫切期盼采取有力措施进行治理，重现天蓝地净、山清水秀。自 2014 年起，杭州市政府经过认真分析，决定从五个方面治理大气污染，科学提出了"五气共治"工程，五气是"工业废气"、"燃煤烟气"、"车船尾气"、"扬尘灰气"和以餐饮油烟为代表的"城乡废气"，对这五种废气的治理，简称"五气共治"。

为更好地进行"五气共治"，杭州提出了七方面工作举措，具体是"防、治、建、管、倡、保、考"七个字。一是"防"，坚持预防为主，防治结合，提高环保准入门槛，对新项目、新园区设置好能耗、减排、产出、科技生产力等门槛。二是"治"，积极治理已有的污染，加快黄标车淘汰，不断提升油品质量。三是"建"，加强城市绿色廊道和通风廊道建设，恢复绿色生态系统，保护良好的生态屏障。四是"管"，建立公安环保执法队伍，加大管理力度，严格执法，让污染企业付出惨重代价。五是"倡"，提倡科学、绿色、低碳的生活方式，正确引导社会舆论导向，增强公众自我防护意识。六是"保"，及时发布大气污染健康防护相关信息，正确引导市民学会如何在雾霾天气中更好地保护自己。七是"考"，把各地各相关部门治理雾霾的措施和成效列入刚性指标，明确责任，强化考核。针对"五气共治"工作任务，每年把通过的《大气污染防治行动计划》下达给各地政府和部门，在实施过程中，充分发挥"防、治、建、管、倡、保、考"七方面举措的作用。

5. "三化四分"，精准分类生活垃圾

制定出台《杭州市人民政府办公厅关于深入推进市区生活垃圾"三化四分"工作的实施意见》，通过不断完善可回收物、有害垃圾、其他垃圾的收运处置体系，分类投放、分类收运、分类利用、分类处置，实现城区生活垃圾减量化、资源化和无害化处置。

加快扩大分类覆盖面，城区生活垃圾分类覆盖率达到90%，其中主城区实现全覆盖。创建标准示范小区，推动小区垃圾分类。率先在机关事业单位中开展强制垃圾分类工作。邀请绩效信息员、民评代表、媒体记者、热心市民等社会各界人士进行垃圾分类监督检查。进行智慧垃圾分类试点和"定时定点"分类投放试点，调动居民参与垃圾分类的积极性，提高分类准确率，强化分类投放环节的监督管理。

建成全省首个综合型垃圾分拣点及智能分类收集系统。通过"二维码分类垃圾袋 + 自动分类回收站"及可消费积分激励模式，有效提升分类投放精度和居民投放热情，使垃圾分类成为人们自觉的行动。

6. "三生融合"，多模式推进美丽城镇建设

早在2003年，浙江全面实施"千村示范、万村整治"工程，引领推动农村人居环境综合治理取得显著成效。2018年，"千万工程"荣获联合国"地球卫士奖"中的"激励与行动奖"。杭州市淳安县、湖州市安吉县、绍兴市新昌县的村民代表在现场见证了这一光荣时刻。中共中央办公厅、国务院办公厅转发《中央农办、农业农村部、国家发展改革委关于深入学习浙江"千村示范、万村整治"工程经验扎实推进农村人居环境整治工作的报告》，要求各地区各部门结合实际认真贯彻落实。杭州都市圈积极贯彻乡村振兴战略，践行"绿水青山就是金山银山"的重要理念，一以贯之地推动实施"千万工程"，村容村貌发生巨大变化。

多模式推进美丽城镇建设。杭州都市圈在中心镇发展改革、小城市培育试点、特色小镇规划建设、旅游风情小镇创建和小城镇环境综合整治等多阶段多特色美丽城镇建设过程中，以生产、生活、生态"三生融合"的理念，坚持以人为核心，树立绿色发展理念，突出"形态小而美、产业特而强、功能聚而合、机制新而活"，建成一大批示范全国、影响全国的特色小镇样本。打造一大批如杭州市云栖小镇、梦想小镇、玉皇山南基金小镇，湖州市南浔古镇、丝绸小镇、德清地理信息小镇，嘉兴市秀洲光伏小镇、海宁阳光科技小镇、嘉善归谷智造小镇，绍兴市新昌智能装备小镇、上虞e游小镇、伞艺小镇等各具特色的美丽小镇、活力小镇、风情小镇。小城镇达标数量、

优秀县（市、区）数量、样板创建数量、样板创建率均为全国领先，为乡村振兴战略下建设美丽中国展现了鲜活的案例样本。

7. 深化改革，以"亩均论英雄"促进高质量发展

早在 2013 年，浙江省在嘉兴海宁开展资源要素市场化配置改革试点工作，随后进入推广改进阶段，出台了《浙江省人民政府关于深化"亩均论英雄"改革的指导意见》，通过资源要素区域差别化配置推动经济迈向高质量发展。

作为浙江省的排头兵，杭州市发布了《杭州市人民政府关于深化"亩均论英雄"改革的实施意见》，制定《关于工业企业综合评价取数工作总体规定》等，实现评价指标、评价对象、取数办法和工作进程"四个统一"。此外，从产业集聚度、资源集约度和要素集成度等几个维度对企业和平台进行动态的评价，以大数据平台建设为企业提供更精准的服务。在评价结果应用方面，把深化"亩均论英雄"改革作为主要动力，建立完善有力有效的正向激励和反向倒逼机制，通过对不同等级的企业实行电价、水价、排污费、用地、用能、信贷等资源要素差别化配置的具体政策措施，以"正向激励和反向倒逼"的机制优化企业分类指导和服务。

8. 便民利民，推进"最多跑一次"改革

为进一步打造综合性政府公共服务平台，浙江省实施"最多跑一次"改革。杭州市政府设立了行政审批服务管理办公室，组建"一家两中心"（即"市民之家"、行政服务中心和公共资源交易中心）政务服务平台。加快打造移动办事之城，"杭州办事服务"App 上线，实现 142 项即办事项和 276 个预约事项 App 可办，涵盖公共支付、社会保障、违章处理、文化教育、住房保障、户籍办理、出入境管理等多个领域，由"跑一次"向"跑零次"方向提升。以推进"最多跑一次"改革为主抓手，深入进行环评制度改革，实现"网上申请、快递送达、电子归档"全覆盖，集成服务"1 + N + X"部门联办工作。

9. 建设智慧城市，提升社会治理新高度

"十二五"期间，杭州提出"智慧杭州"建设目标，并发布了《杭州

市智慧城市建设总体规划》，在数字经济、产业培育方面卓有成效。在此基础上，杭州制定了以城市精细化管理、民众便捷化服务为导向，面向2022年亚运会的智慧城市发展规划，依托阿里巴巴、蚂蚁金服等，互联网项目发展迅速，并以城市数据大脑建设为统领，建设智慧交通、智慧城管、智慧旅游、智慧政务、智慧医疗等，为城市建设安上智慧大脑，率先推动城市现代化社会治理体系转型。目前，杭州市已打通融合交通、城管、环保、消防等多部门数据，在交通治理、环境保护、城市精细化管理、区域经济管理等领域进行深入探索。"城市大脑"获评国家首批人工智能开放创新平台之一。

特别是在智慧交通治堵上，为加快治理交通拥堵、机动车污染排放，杭州市政府联合阿里巴巴建设"城市大脑"智慧交通体系。融合高德、交警微波和视频数据感知交通事件，包括拥堵、违停、事故等，并利用触发机制进行智能处理。接管杭州128个信号灯路口，实现智能调度，试点区域通行时间减少15.3%，高架道路出行时间节省4.6分钟。主城区"城市大脑"日均事件报警500次以上，准确率达92%，萧山区120救护车到达现场时间缩短一半。杭州市的拥堵指数排名从治堵前的前3位大幅下降至2017年的第48位，杭州市民对城市交通满意度从2012年的65.3%提升至2018年的90%，杭州成为"治堵典范之城"，为全球大城市交通治理贡献"杭州智慧"。

10. 倡导绿色出行，打造绿色交通体系

多年来，杭州市坚持"公交优先"战略，不断加强地铁、公交、水上巴士以及公共自行车间的换乘衔接设计，建立"四位一体"城市公交系统，解决好"最后一公里"问题，充分体现无缝衔接、移动支付、交通清洁化的特色，被交通运输部授予"国家公交都市建设示范城市"。

公共自行车的杭州模式在全国推广应用。多年来，杭州公共自行车先后获评"全球公共自行车租用便捷、费用低廉第一名""国家金卡工程2015年度金蚂蚁奖（优秀应用成果奖）"。2017年，荣获国际艾希顿"可持续交通项目奖"，杭州也被评为"全球8个提供最棒的公共自行车服务"的城市之一。

新能源汽车推广应用工作走在全国前列。发展新能源汽车，改善能源消费结构、减少空气污染。2016 年以来，杭州已出台两轮新能源汽车补助政策，对符合新能源汽车推广应用购车补助要求的车辆，市财政拨付补助资金8.57 亿元。截至 2018 年底，杭州市新能源公交车和清洁能源公交车占85.75%；新能源出租车占 66%；新能源巡游出租车和清洁能源巡游出租车占 48.83%。新能源租赁车占 68.75%。

二 美丽中国样板区建设中存在的问题

正如《中共中央 国务院关于全面加强生态环境保护 坚决打好污染防治攻坚战的意见》指出的那样，"当前，生态文明建设正处于压力叠加、负重前行的关键期，已进入提供更多优质生态产品以满足人民日益增长的优美生态环境需要的攻坚期，也到了有条件有能力解决突出生态环境问题的窗口期"。杭州都市圈在生态文明建设中还存在许多薄弱环节，面临不少顽瘴痼疾和挑战，成为都市圈经济社会可持续发展的瓶颈制约，成为美丽中国样本与生态文明之都建设的短板。

（一）环境质量与人民期盼仍存在差距

人民日益增长的美好生活需要和不平衡不充分的发展之间的矛盾仍然突出，特别是在生态环境保护领域，人民群众对优美环境的期待与优质生态产品供给不足的矛盾尤为凸显，距离美丽中国建设要求还有很大差距。近年来，杭州都市圈 PM2.5 年均浓度总体呈下降趋势，但依然超过国家二级标准，臭氧问题日益凸显，灰霾天气时有发生；钱塘江、京杭运河等水系局部河段仍存在一定程度污染，杭嘉湖平原和萧绍平原河网部分河段污染仍较为严重，饮用水水源及部分备用水源均为开放式水源，存在安全隐患；土壤环境质量不容乐观，重金属、化学持久性有机物等新型污染日益显现，土壤污染防治刚刚起步，基础较为薄弱；城镇环境脏乱差现象仍然存在。总体上，区域生态环境状况不容乐观，加之全社会对环境问题更

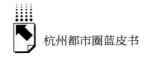

加关注，生态环境质量与国家标准、市民期盼的生态文明相比还存在较大差距，生态环境保护依然是杭州都市圈"五位一体"总体布局生态文明建设的突出短板。

（二）产业结构和产业转型与绿色发展还存在差距

在杭州都市圈内，传统的造纸、印染、化工等重污染、高耗能产业的环境污染负荷仍占较大比重，这三大行业的工业废水、化学需氧量、氨氮排放量占区域重点调查工业企业的比重均在85%以上。以公路和柴油货车为主的运输模式给区域大气环境带来较大影响。当前，城市人口快速增加，产业经济较快发展，资源消耗总量、污染物排放总量和单位土地污染物排放强度仍然处于较高水平，仅靠末端污染治理和执法监管难以从根本上解决，必须在加快优化产业结构和推进产业发展转型上下大决心、下狠功夫、花大力气。重点是关注杭州市萧山区、经济技术开发区、大江东产业集聚区，嘉兴市桐乡市、嘉兴港区，湖州市南浔区，绍兴市柯桥滨海工业区和杭州湾上虞经济技术开发区等污染物深化治理与减排重点地区。总体来看，结构性的环境问题仍亟待破解，产业结构调整步伐仍需要加快，产业结构与产业转型之间的差距带来的城市资源环境承载力矛盾日益凸显。

（三）生态文明机制体制还不健全

生态文明建设是一个系统工程，需要全区域、全流域共同参与，生态环境是"易碎品"，需要全社会共同呵护。但目前生态文明机制体制还在建立健全中，少数党政领导生态主体责任意识还不够强，对"生态环境保护第一责任人"的认识仍不到位；当前一些地方和部门对生态环境保护认识不到位，责任落实不到位；生态环境保护监管力量严重不足，环境基础设施建设和运维水平较低，城市发展不合理，占用山丘绿地和河湖滨水景观现象时有发生。生态环境损害赔偿制度、自然资源资产离任审计制度执行力度和生态环境保护责任考核力度有待加大，齐抓共管合力还要进一步增强。生态文明的建设内容涵盖广泛，需要多方协作。生态环境保护制度体系仍不健全，各部门齐抓共管的合力尚未真正形成，全社会共建共享的氛围不够浓厚，公众参与机制不够完善。杭州都市圈生态环境共保的合作机制有待健全，需要打破壁垒，进行更多的沟通和合作。

三　美丽中国建设样板区发展趋势分析

（一）生态文明建设进入新时代

生态文明建设已成为我国重大战略任务。党的十八大、十九大相继出台一系列重大决策部署，谋篇布局，构建了生态文明建设的四梁八柱，相继提出了"美丽中国""绿水青山就是金山银山"等重要论断。2018 年召开的全国生态环境保护大会对中国当前生态环境形势做出了"三期叠加"的基本判断，对生态文明建设做出了系统部署，同时总结阐述了"习近平生态文明思想"，提出了生态文明的六大建设原则和五大体系。2019 年 10 月中国共产党第十九届中央委员会第四次全体会议也提出，"坚持和完善生态文明制度体系，促进人与自然和谐共生"。杭州都市圈是"绿水青山就是金山银山"理念的发源地、习近平生态文明思想的重要萌发地和率先实践地，应坚定不移地沿着习近平总书记开创的生态文明建设道路砥砺前行，在新时代生态文明建设上干在实处、走在前列、勇立潮头。

（二）长三角一体化发展已上升为国家战略

"一带一路"、"长江经济带"及长三角一体化发展是党中央准确把握时代变革、科学谋划中国发展做出的战略部署。习近平总书记多次做出重要指示，强调经济活动要以不破坏生态环境为前提，共抓大保护，不搞大开发。杭州都市圈是"一带一路"、"长江经济带"及长三角地区最具活力、创新能力最强、开放程度最高的区域之一。高质量发展需要良好生态环境的支撑，在长三角一体化发展大背景下，生态文明及环保合作有更加良好的基础，杭州都市圈应坚持生态优先、绿色发展，把生态文明建设和生态环境保护摆在优先地位，进一步健全流域上下游生态补偿和区域污染联防联控体系，推进区域产业转型升级，促进发展方式绿色转变，进一步优化开发格局，率先进行更高水平保护，实现更高质量发展，建成生态文明建设先行示范区、绿色美丽都市圈。

（三）杭州都市圈扩容进行一体化发展

2018 年 10 月，杭州都市圈扩容，衢州市和安徽省黄山市加入，目前涵盖浙江省杭州市、湖州市、嘉兴市、绍兴市、衢州市和安徽省黄山市。从流域上看，涵盖了钱塘江流域的南源和北源，契合杭州未来发展战略方向从市域发展向"拥江发展""大湾区大花园大通道大都市区"建设转变，有利于钱塘江流域产业发展一体化和生态环保一体化；更有利于杭州都市圈推进治理能力和治理体系现代化，打造国际一流的都市圈；落实国家战略，积极发挥都市圈在长江经济带、长三角一体化发展和"大湾区"建设的主阵地和主抓手的重要支撑作用。未来，杭州都市圈要坚定不移推进美丽中国样板区建设，努力成为颜值高、气质好、具有国际范的生态文明之都，这样，杭州都市圈的天更蓝、地更净、水更清、山更绿。

四　美丽中国样板区建设的措施建议

（一）高起点共建美丽中国先行示范区

新时代，杭州都市圈生态文明建设需要继续发挥理念战略传承优势，深化"八八战略"，一茬接着一茬干，一张蓝图绘到底，在做好传承衔接基础上，结合新时代美丽中国、长江经济带、长三角一体化、美丽浙江建设的总体要求，融入杭州市建设"现代化强市、国际一流名城、创新活力之城、历史文化名城、生态文明之都"等城市发展战略定位之中，在互利、互补、互惠原则基础上，建立生态环境战略合作关系，构建更加紧密的生态环境保护命运共同体、利益共同体和责任共同体,协力建设青山常在、绿水长流、空气常新的绿色美丽都市圈。

新时代,杭州都市圈生态文明建设应贯彻落实习近平生态文明思想,尊重自然规律,坚持"绿水青山就是金山银山"的基本理念,坚持山水林田湖草生命共同体的系统思想,坚持以节约优先、保护优先、自然恢复为主的方针,以改善生态环境质量为共同目标,不断健全生态文明机制体制,不断提升优质生态产品供给能力,形成一体化、多层次、功能复合的区域生态网络,构建节约资源和保护环境的空间格局、产业结构、生产方式、生活方式,努力推动杭州都市圈生态环保治理能力现代化和治理体系现代化,使杭州都市圈加快走出一条经济发展和生态文明建设相得益彰、相辅相成的新路子,在全国率先基本实现区域现代化,成为美丽中国建设的区域示范样板、向世界展示美丽中国的窗口。

(二)高标准打好污染防治攻坚战

1. 联防联控,打赢蓝天保卫战

统一部署能源结构调整。提高外输电比例和增加天然气供应,大力发展清洁能源,不断提高天然气利用水平,不断加快城镇配气管网建设,基本实现全域天然气县县通,加快推进可再生能源利用。严格控制煤炭消耗总量,实施煤炭减量替代,加快推进"煤改电""煤改气"工作。

统一规范大气污染综合整治。深化工业领域废气治理,制定统一的工业废气清洁排放标准,共同实施挥发性有机物(VOCs)治理专项行动。燃煤和热电机组烟气排放要稳定达到超低排放标准,钢铁、水泥等行业企业废气排放要达到国家标准中的特别排放限值要求。推进重点领域臭气异味治理,严格控制餐饮油烟,建立健全施工场地扬尘管理机制,强化道路扬尘治理。

统一推进交通运输结构调整。进一步优化车船能源消费结构,推进老旧车船和老旧农机的淘汰,积极发展清洁能源,提高新能源车船比例。进一步优化运力结构,推进公转铁、公转水,提高铁路、水路货运比例。进一步加强机动车船污染排放控制，制定出台更严格的排放标准，开展柴油货车超标排放专项治理行动。进一步提升燃油品质，推进内河船型标准化，进行船舶排放控制区建设，特别是要严格落实船舶靠岸使用岸电或低硫燃油的要求。

统一行动，对重污染天气进行应急处理和保障重大活动举办。推动建立四市政府层面的大气污染防治区域协作机制，建立大气污染防治协作工作例会、进展信息通报等制度。实施区域重污染天气预警应急联动方案，强化区域联防联控和重污染天气应对，逐步统一预警分级标准和应对措施要求，共同做好重大活动环境质量保障工作。

2. 流域共保，打好碧水保卫战

实施钱塘江流域生态保护一体化方案，守护一江春水。遵循流域自然生态规律，坚持钱塘江上下游、干支流、左右岸和水陆间一盘棋，统筹实施钱塘江北源和南源区域山水林田湖草生态保护修复工程，推进钱塘江源头生态屏障建设，打造具有世界级自然和人文生态魅力的滨水区域。建设淳安特别生态功能区，完善生态补偿机制，推动千岛湖实现更高水平保护和发展，将淳安初步打造成具有千岛湖鲜明特色的"大花园"建设先行区、全国"两山"理念践行示范区、全国生态文明制度创新试验区。

进行京杭运河综合整治，保护世界文化遗产。加强对大运河世界文化遗产的保护，遵循统一规划、分级负责、分别管理、合理利用原则，维护大运河遗产的真实性、完整性。推进清水入河工程、河道截污工程、尾水回用工程、污水系统改善工程、面源污染治理工程、内源污染削减工程、航运污染处置工程、配水设施完善工程、生态修复应用工程建设。

系统推进水环境改善。以"污水零直排区"建设为契机，推动建设工业集聚区（工业企业）"污水零直排区"和城镇生活小区"污水零直排区"，实现雨污分流，做到能分则分、难分必截。推进污水处理厂清洁排放，制定实施污水处理厂清洁排放标准。制定实施流域控制断面单元水质达标（保持、稳定）方案，加强交接断面水质保护，进一步严格进行水环境功能区的质量目标管理，推进水环境质量改善。

3. 打造江南净土，推进净土清废行动

推进固体废物处置能力建设。加快建设一批垃圾处理项目，提高固废处置能力，实现县级以上城市生活垃圾焚烧处理设施和餐厨垃圾处理设施全覆盖，切实解决各地固废处置能力不足、处置类别不均衡的困局。以"无废城市"建设为契机，推动工业固体废物储存处置总量趋零增长，主要农业废弃物全量利用，生活垃圾源头减量和资源化利用。切实实现源头大幅减量、充分资源化利用和安全处置。加快推进一般工业固体废物处置设施建设，提升一般工业固体废物处置能力，进一步健全完善一般工业固体废物处置体系。

推进"数字化治废"。运用互联网及大数据技术，建设覆盖产生、运输、处置全过程的固废信息化监控平台。共建共享，建设都市圈统一固体废物监管信息系统，实现都市圈内对固体废物"从摇篮到坟墓"的全过程跟踪监管。

加强污染地块风险管控和治理修复。强力推进重点行业中关停、淘汰和搬迁等企业原址用地的土壤环境调查评估。加强城乡规划、土地收储和供应、项目选址等各环节审查把关，坚决防止未按要求调查评估、治理修复不符合要求、环境风险管控不到位的污染地块被开发利用。在调查评估的基础上，综合考虑地块污染程度和用途等多方面因素，组织进行重点污染地块的治理修复。

（三）实施生态环保一体化政策

1. 生态环境治理制度体系一体化建设

以全面提升生态环境质量为目标，以实现山水林田湖草协同治理和空间有效管控为抓手，推进各相关规划与空间规划的衔接与融合到位，统筹城镇空间、农业空间和生态空间及城镇增长边界、永久性农田边界和生态保护红线，持续优化城镇空间体系和产业空间布局，协调环境基础设施尤其是排污口设施、污水处理设施、垃圾处理设施等。

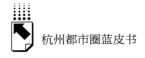

2. 环境准入一体化建设

严格控制产业布局，严格环境准入标准，避免低水平重复建设。针对区域性环境问题和环境风险，制定统筹分区管控的产业优化布局战略，进行基于环境目标改善的主要行业污染物排放总量管控，制定流域统筹、区域统一的行业污染物排放绩效约束要求，严格行业资源环境准入，分区实施负面清单管理机制和退出机制。

3. 培育一体化环保产业市场

积极探索区域环保产业科技创新深度合作的新模式与新途径，推进投融资、市场拓展、技术配合、资格互认、技术应用等多层面合作，合力培育一体化环保产业市场。大力发展节能和环境服务业，推行合同节水管理、合同能源管理，探索区域环境托管服务及生态导向的城市开发（EOD）等新模式，共同搭建节能环保技术服务市场。

4. 提升环保信用合作水平

加快区域环保信用管理一体化进程，共同打造"信用都市圈"平台。联合开展严重失信行为认定，形成失信企业名单，落实授信融资限制，停止享受税收优惠等一系列联合惩戒措施，协同进行企业环境信用分类监管。

（四）推进风险防范一体化建设

1. 推进生态环境执法应急一体化

深化生态环境保护协同监管，完善区域联合执法互督互学长效机制，加强突发环境事件应急联动，推动环境执法内容和执法标准的一体化。以跨界水源地保护、大气和水污染防治为重点，强化重点时段生态环境联动执法监管，推进区域环境执法司法协作。加强应急队伍建设和物资储备，健全环境应急联动机制，开展联合应急演练，实现统一行动、统一监管和统一管理。健全海洋环境风险应急处置体系，联合开展油品、危险化学品泄漏事故应急演练。

2. 建立一体化环境监测网络体系

进一步打破行政壁垒和边界限制，实现环境信息共建共享共赢，实行区域一体化政策。以联动推进钱塘江流域水环境综合治理信息共享为突破口，加快建设区域生态环境信息共享体系。完善区域空气质量预测预报共享平台，推进空气质量监测、污染源清单等数据常态化共享。探索建立危化品运输车辆、船舶信息共享平台，推动新化学物质、持久性有机污染物、有毒化学品等监管信息共享。

建立农业面源污染监测网络，完善土壤环境监测网络。以固定污染源全面监测为基础，逐步建立统筹固定源、移动源、面源的污染源监测体系。探索开展针对有毒有害物质、新化学品等的研究性监测。

3. 加强风险预警与应急管控

优化产业布局，严格环境准入，强化日常环境监管，尽可能在源头上避免重大生态风险发生。加强区域内环境影响评价的有效衔接，实行跨行政区的评价制度，对于重大项目，应由专家共同进行评价。对有重大生态风险的企业进行严格规范化管理，实行区域内重点备案制度，加强对相关操作人员的集中培训。率先在长江三角洲城市群之间建立跨行政区生态环境审计和问责制。对于有重大风险的重化企业，探索跨地区的抽检制度。建立区域一体化风险预警和应急机制，健全全覆盖的生态环境风险预警体系，大幅度降低生态环境风险。按照就近原则，建立区域内的应急队伍，面对重大生态风险能快速调动跨行政区域的处置力量。对于重大跨界污染事件，要建立紧急会商机制，联手严防突发生态与环境重大事件。

4. 构建联合应急预警制度

对边界敏感企业、敏感地区、敏感时间段加大有效监控力度，同时在各地原有突发性环境应急事故处置预案的基础上予以进一步健全和完善，建立流域性环境应急处置预案，加强应急救援能力建设，构建防范有力、指挥有序、快速高效和统一协调的应急预警、处置及善后工作体系。同时要保障通信畅通，建立上下游联动预警机制和下游对上游的反馈协查机制：上游环保部门监测或预测发现跨区域河流水质发生异常变化时，可及时向下游发出预报和通报，以便于下游启动相应水污染应急预案；下游地区监测或预测发现水质恶化时，可立即向上游反馈，并协同上游查找污染源，以便上游启动限产减排预案。

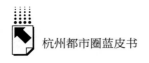

（五）创新生态文明一体化机制体制

1. 建立统一的标准化体系

加强生态环境立法合作，着力化解地方环境法规规章相互冲突的问题，提高解决区域生态环境问题的法律共性和刚性，共同为杭州都市圈一体化高质量发展提供有力的环境法治保障。制定区域生态环境标准统一实施方案，共同建立区域环保标准全过程信息共享平台和环境准入一体化机制，实现污染排放标准和重点领域治理技术规范的融合统一。

2. 建立健全生态补偿机制

探索以"上游主动保护下游，下游支持上游发展"为核心的多元化横向生态补偿机制。健全多元化生态补偿机制，共同研究、探索建立区域市场化、多元化的生态环境保护补偿机制。完善新安江跨省流域横向生态补偿机制，推动共建新安江—千岛湖生态补偿试验区，研究建立太湖流域生态补偿和污染赔偿机制。健全流域上下游横向生态保护补偿机制，探索建立湿地生态效益补偿制度。研究区域排污权交易机制，探索地区间水资源交易，积极参与长三角碳排放交易市场建设。

3. 打通排污权交易制度

突破行政区划界限，制定统一的排污权交易制度框架，建立主要污染物排放基础数据统计体系，协调配额总量设定、覆盖范围确定、初始排污权核定分配、监督管理，探索建立杭州都市圈排污权交易市场，形成统一的交易平台。充分考虑地区差异和行业差异，制定初始排污权核定与定价的技术规范和标准。探索建立第三方核查机构，每年对排污单位的实际排放量进行核查。

4. 深化生态环境共保制度

发挥杭州都市圈合作发展协调会环保专业委员会作用，以跨区域、跨边界重大环境问题为重点，进一步完善机制，加强沟通，协调开展、促进多领域、深层次的环境保护合作与交流，协同推动杭州都市圈环保规划、生态建设、污染防治一体化建设进程，深化都市圈生态环境共保联合执法联合监测联合审批等重要制度，逐步建立健全区域环保机制，努力为杭州都市圈的发展和繁荣提供扎实的生态环境基础和保障。

参考文献

乔清举、马啸东：《改革开放以来我国生态文明建设》，《前进》2019 年第 2 期。

张颢瀚、鲍磊：《长三角区域的生态特征与生态治理保护的一体化推进措施》，《科学发展》2010 年第 2 期。

万军、王倩、李新、秦昌波：《基于美丽中国的生态环境保护战略初步研究》，《环境保护》2018 年第 22 期。

王国灿：《"两美"浙江建设的成效与启示研究》，《办公室业务》2017 年第 12 期。

吴山平：《美丽杭州——美丽中国的实践样本》，《杭州日报》2015 年 5 月 18 日。

《坚定不移沿着中国特色社会主义道路前进　为全面建成小康社会而奋斗——在中国共产党第十八次全国代表大会上的报告》。

《决胜全面建成小康社会　夺取新时代中国特色社会主义伟大胜利——在中国共产党第十九次全国代表大会上的报告》。

《中共中央关于坚持和完善中国特色社会主义制度　推进国家治理体系和治理能力现代化若干重大问题的决定》。

《中共中央　国务院关于全面加强生态环境保护　坚决打好污染防治攻坚战的意见》。

《长江经济带生态环境保护规划》。

《关于高标准打好污染防治攻坚战高质量建设美丽浙江的意见》。

《浙江省推进长三角区域一体化发展生态环境保护专项行动计划》。

《杭州市人民政府关于印发杭州市加快生态文明示范创建深化"美丽杭州"建设行动方案的通知》。

《2018 年浙江省生态环境状况公报》。

《2018 年杭州市环境状况公报》。

《2018 年湖州市环境状况公报》。

《2018 年嘉兴市环境状况公报》。

《2018 年绍兴市环境状况公报》。

B.13
杭州都市圈轨道交通融入
长三角一体化发展

接栋正 *

摘　要：　轨道交通是实现都市圈高质量一体化发展的重要支撑。立足长三角一体化，杭州都市圈要加强谋划区域城际铁路，统筹跨湾通道建设，优化铁路货运系统，提升枢纽辐射能力。坚持"五网融合"发展，要依托普速铁路增加区域城际铁路功能，重点谋划市域（郊）铁路。着眼于改革创新，推动轨道交通与周边土地的一体化开发，多渠道谋求资金建设平衡。

关键词：　轨道交通　杭州都市圈　长三角　五网融合

都市圈是杭州参与长三角一体化的基本盘，而作为都市圈综合交通一体化骨干的轨道交通，对塑造都市圈空间格局、优化产业和人口布局具有重要作用，是实现都市圈高质量一体化发展的重要支撑。《长江三角洲区域一体化发展规划纲要》提出"共建轨道上的长三角"。轨道交通建设是杭州都市圈全面实施"大湾区大花园大通道大都市区"建设的战略性、基础性、先导性工程，随着轨道交通"五网融合"、铁路运输和投融资体制改革的推进，在长三角一体化发展的目标导向下，杭州都市圈要着眼于高质量、一体化，写好轨道交通的通道、线位、场站、枢纽、组团、经济等文章，着

---

* 接栋正，杭州国际城市学研究中心（浙江省城市治理研究中心）副研究员，博士，研究方向为城市与区域规划。

力打造"轨道上的都市圈",加快杭州都市圈轨道交通融入长三角一体化进程。

当前,许多城市正在编制 2020~2035 年国土空间总体规划,这是我国迈入"后城市化时代"之前编制的最后一轮"城市总体规划"。本轮城市总体规划已普遍实施将近 20 年,积累了不少矛盾和问题,要通过新一轮国土空间总体规划的编制妥善加以解决。轨道交通规划隶属于城市综合交通体系规划,而后者是国土空间总体规划的重要组成部分,要高度关注轨道交通规划在新一轮国土空间总体规划中的地位,发挥好都市圈轨道交通在长三角一体化中的先导作用,为长三角迈入"后城市化时代"打下坚实基础。

一 新时期都市圈轨道交通建设背景

(一)城市迈向更大尺度的多中心空间结构

长期以来,轨道交通与城市空间发展的互动关系在不断演进中,轨道交通对城市空间开发和产业发展具有显著影响,同时也在城市空间拓展和产业变迁中不断动态调整。过去,受苏联规划思想影响,充分考虑到铁路对城市的分割作用,铁路通常选址在城市外围,因此,城市长时间在铁路线围合区域之内发展。20 世纪末,受城市建设用地扩张影响,城市开始跨越铁路拓展发展空间,昔日的"城边铁路"逐步演变为"城中铁路"。客观而言,铁路进城会在一定程度上影响城市的发展,但只要合理规划、科学布局,把铁路等多层次轨道交通与其他交通干道统筹安排在城市综合运输通道上,就可以把影响降到最低程度,做到利大于弊。

随着新型城镇化推进,许多大城市着力改变单中心集聚、圈层式蔓延的空间发展模式,引导城市形态由蔓延扩张转向外围疏解,形成更大尺度的多中心空间结构。轨道交通的规划建设要适应城市多中心空间结构,支撑和引导城市空间布局,构建科学合理的多层次轨道交通线网布局,实现覆盖都市圈的通达目标。

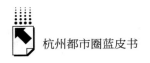

（二）"五网融合"打造轨道上的都市圈

2019 年 12 月，中共中央、国务院印发《长江三角洲区域一体化发展规划纲要》，提出"共建轨道上的长三角。加快建设集高速铁路、普速铁路、城际铁路、市域（郊）铁路、城市轨道交通于一体的现代轨道交通运输体系，构建高品质快速轨道交通网"。换言之，未来的杭州都市圈将是轨道上的都市圈，高速铁路、普速铁路、城际铁路、市域（郊）铁路、城市轨道交通将"五网融合"。

我国客运轨道交通系统包括高速铁路、普速铁路、城际铁路、市域（郊）铁路、城市轨道交通"五张网"，不同的网络层次承担不同的职能，相互之间充满竞争与协作，共同支撑和推动区域协同发展。长三角一体化要统筹考虑轨道交通网络布局，构建以轨道交通为骨干的通勤圈，推动多层次轨道交通"五网融合"。要充分利用"大 TOD"模式的集聚效应，以"五张网"深度衔接为重点，研究不同层次轨道的共轨、过轨、枢纽换乘建设方案，构建现代综合交通运输体系，以交通基础设施的互联互通促进长三角区域更高质量一体化发展。

（三）"客内货外"成为轨道枢纽布局新要求

随着高等级公路建设加速推进以及道路运输的迅猛发展，近年来，铁路客货运量有所波动，在区域综合运输方式中的地位逐步下降。传统产业的调整、升级致使铁路货运需求量进一步下降，规模较小的货场逐渐出现闲置现象。铁路部门取消间距短、规模小的铁路货站，在城市外围集中建设大型铁路物流中心，既可以减少铁路货运对城市核心区的干扰，也可以有效控制和降低运营成本，发挥铁路货运规模效益的作用。

《中国铁路总公司关于铁路枢纽总图规划编制的指导意见》，明确"客内货外"的枢纽总图编制意见。随着高速铁路网和城际铁路网的逐步建成，高速铁路网和城际铁路网以客运为主、既有铁路网以货运为主的格局将逐步形成。"客内货外"成为新时期铁路枢纽布局要求，客运站选址应面向乘客，尽量靠近客流中心，与城市功能融合发展；货运物流基地应面向产业，靠近货源发生地，与城市产业布局和物流园区、工业园区、交通运输等规划相匹配。

二 长三角一体化发展对杭州都市圈轨道交通的要求

（一）谋划区域城际铁路，扩大对外辐射扇面

近年来，围绕实现杭州一小时高铁圈、陆域县县通高铁的主要目标，杭州南向铁路网络规划建设力度加大，但还缺乏对北向跨省铁路交通网络的考虑。重点通道轴线上的多层次铁路网络尚未形成，宁杭、沪杭重点通道轴线仍采用"利用高速铁路组织区域城际客运"模式，远期能力将受限，在新的一体化进程中，要继续强化和谋划区域城际铁路，扩大对外辐射的扇面。

（二）统筹跨湾通道建设，提升大湾区互联互通水平

上海是长三角城市群的龙头，也是杭州湾发展需要积极对接和紧密依靠的关键力量，科学规划、建设跨杭州湾直通长三角城市群重要城市的铁路通道迫在眉睫，势在必行，这也是支撑杭州湾建设最根本、最迫切的需求。

随着国家长大干线与短途区域铁路客流叠加，铁路跨湾通道截面能力将日渐紧张。目前，在跨杭州湾通道建设方面，主要规划了钱江通道（规划杭绍台区域城际铁路）和嘉甬通道（规划通苏嘉甬高速铁路，也是国家沿海大通道），预留了沪甬通道（规划松江南—慈城北区域城际铁路）和沪舟通道（规划沪舟铁路，未来发展为国家沿海二通道）。

跨杭州湾的交通基础设施系统谋划不足已经成为制约杭州湾高水平建设、高质量发展的突出短板。建设铁路过江通道对于城市和区域规划格局影响深远，着眼于打造高品质湾区，杭州湾及跨钱塘江铁路过江通道的布局、建设时序等问题需要协同解决。

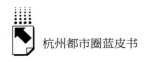

（三）顺应制造业外移趋势，优化铁路货运系统

上海本轮国土空间总体规划对货运体系做出重大调整，提出编组站外迁、货运设施随海港、产业外迁并集中化等新思路，并提出近期弱化南翔编组功能，远期取消南翔编组站的编组功能。随着南翔编组功能的弱化，其势必会提升强化杭州乔司编组站的解编组功能，这对杭州市乃至杭州都市圈的货运铁路规划布局将产生重要影响。

随着城市产业转型升级和工业企业的"退二进三""优二进三""腾笼换鸟"，在制造业向外围转移趋势下，铁路货运站的空间布局要及时跟上城市总体规划调整的步伐，适应现代物流业的发展以进行功能调整和空间优化，并与客运站进行统筹谋划。

（四）提升枢纽功能，强化辐射带动能力

当前，大部分铁路枢纽与城市重要功能区相互分离，且距离较远，难以有效发挥枢纽对城市发展的支撑带动作用。高铁的集聚效应和辐射带动作用有待充分发挥，对铁路站场及毗邻地区土地实施综合开发利用的理念有待加强，铁路规划与土地利用之间、不同交通方式之间、交通网络与交通枢纽之间、交通规划建设与管理运营之间有待进一步整合和实现一体化。

此外，随着铁路枢纽的改扩建，既有的一些铁路线、铁路站场的功能将逐渐弱化甚至相关线路和站场退出运营，应抓住机遇深入研究利用既有铁路通道、站场资源的可行性，进一步盘活既有铁路资源特别是存量土地资源。

三 加快杭州都市圈轨道交通融入长三角一体化发展

（一）坚持五个融合，树立轨道交通建设理念

近年来，《国务院办公厅关于支持铁路建设实施土地综合开发的意见》（国办发〔2014〕37 号）、《关于推进高铁站周边区域合理开发建设的指导

意见》（发改基础〔2018〕514号）等文件，为地方推进轨道交通建设提出了一系列具有针对性、指导性和可操作性的意见。杭州都市圈谋划新一轮大发展、大跨越，关键是要解决对轨道交通规划建设的认识问题和理念问题，坚持"五个融合"的指导思想，做到"一张蓝图绘到底"。

第一，坚持客货融合。近年来，为优化城市功能布局，推进城镇化进程，许多城市加快产业"退二进三"，特别是老城区工业"退二进三"。在此过程中，应结合城市总体规划的需要，研究铁路线网优化布局和客货运输方式协调发展的方案。通过规划的协同，在顶层设计层面利用铁路作为城市重要基础设施对于城市空间、功能布局的影响，加强对城市空间结构优化、产业布局调整的作用，做到交通、产业、空间的协同谋篇布局。

第二，坚持新老线融合。随着铁路建设不断发展，城市建成区内部既有铁路的功能和作用也发生了变化，一些铁路线可能闲置下来，一些铁路线由于货运外迁而使能力得到大幅度释放，还有一些铁路线通过优化运输组织也可以增加运力。因此，新线要规划建设，老线也要结合实际进行废除、提升、改造。通过规划调整，将城区内的部分"以货为主"的线路调整为"以客为主"，将"辐射外部"调整为"服务城区"。换言之，在增加新线的同时，要优先用好存量老线，通过对部分老线进行适应性改造，充分挖掘铁路富余能力，探索实现城市和铁路部门的"双赢"。

第三，坚持新老车站融合。《国务院办公厅关于支持铁路建设实施土地综合开发的意见》指出，"盘活存量铁路用地与综合开发新老站场用地相结合。支持铁路运输企业以自主开发、转让、租赁等多种方式盘活利用现有建设用地，鼓励铁路运输企业对既有铁路站场及毗邻地区实施土地综合开发，促进铁路建设投资等主体对新建铁路站场及毗邻地区实施土地综合开发，提高铁路建设项目的资金筹集能力和收益水平"。要统筹好新站的规划建设与老站的更新改造，不能顾此失彼，不能只顾新站的规划建设，不管老站的更新改造。特别要重视盘活存量铁路站场用地，推进老站及周边区域有机更新，进而发挥好带动老城区有机更新、提升老城区人气活力和商业氛围、缓解城市内部交通压力等方面的重要作用。

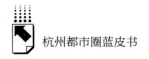
第四，坚持新老铁路项目融合。重点要落实好"保存量、扩增量"的指导思想。所谓"保存量"，就是要继续落实前期规划形成的意见共识、确定的规划项目，如杭州望江铁路过江隧道等，在"做加法"的同时不能"做减法"，更不能抛项。所谓"扩增量"，就是要落实规划新增的通道、线位、场站等。"保存量"是基础，"扩增量"是目标，两者是有机统一的整体，要在规划理念和规划项目上加强统一衔接，特别要防止因为存量规划项目的滞后甚至取消而影响增量规划项目及时实施。

第五，坚持站城融合。《关于推进高铁站周边区域合理开发建设的指导意见》指出，"高铁车站周边开发建设要突出产城融合、站城一体，与城市建成区合理分工，在城市功能布局、综合交通运输体系建设、基础设施共建共享等方面同步规划、协调推进"。要对枢纽站、高铁新城和新城产业规划建设进行统筹考虑、综合开发，提高高铁新城区土地开发利用强度，使高铁枢纽站交通节点价值、高铁产业效益价值和城市功能价值发挥到最高水平，最终实现各方共赢、运行均衡、效益最优的发展格局。通过站城融合，实现城市功能的混合化、城市交通的立体化、土地利用的一体化、资金投资的高效化、城市空间的融合化。

（二）充分利用普铁资源，增加区域城际铁路功能

遵循城市群主体形态的理念，浙江四大都市圈的发展建设要按照适度超前的原则，以"六网二群"（即铁路网、城际轨道网、高速公路网、河道水运网、信息高速公路网、生态网、港口群、机场群）为建设重点，加快推进全省都市圈交通基础设施互联互通，其中就包括铁路网和城际轨道网。如果说高速铁路是国家经济发展的"动脉"，那么城际铁路就是围绕在主干线周围的"毛细血管"。在高铁干线网基本建成后，接下来的重点任务就是建设"毛细血管网"，也就是建设城际铁路。因此，必须高度关注并认真研究城际铁路的建设问题。

浙江的城际铁路建设工作的展开，需要把握一个基本理念，即铁路建设是一个开放的复杂巨系统，需要一张蓝图绘到底。目前，城际铁路建设面临

两种情况：一是普铁线的改造；二是新线的建设。基于此，应把握一个原则：普铁线没有改造之前，原则上不建新城际线。从投资成本角度考虑，在既有普铁线基础上增加城际铁路功能是目前节约成本的最佳方案。

第一，应充分利用沪杭铁路、萧甬铁路、杭宁铁路、浙赣铁路以及金（丽）温铁路等既有铁路线，将其提升、改造为城际铁路，纳入全省城际铁路网统一运营。对普铁线进行城际化改造，对信号系统基本不做调整，主要是对自动售检票（AFC）系统进行调整。城际化改造后，与国铁系统的身份证实名票制有所不同，乘客可以凭借市民卡或办理通勤卡乘车。同时，需要地方政府开放专门的月台办理城际乘车业务，并由具体部门负责城际铁路的安全管理工作。

第二，确定城际铁路换乘枢纽站的选址，新建城际铁路线应在换乘枢纽站会聚，南向可考虑杭州新南站（白鹿塘站），北向可考虑杭州城站。

第三，需要充分论证、严格比对利用地铁制式M线构建城际铁路网和利用国铁制式的市域铁路S线构建城际铁路网的可行性。目前，从浙江省来看，S线与M线都涉及城际功能，建议以S线为主、以M线为辅，S线以改造为主、以新建为辅。

（三）着眼交通衔接，重点谋划市域（郊）铁路

杭海城际、杭临城际、杭德城际、杭湖城际铁路等正在全线施工，这些市域（郊）铁路项目多采取地铁制式，即采用地铁延伸出城的方式解决城际交通问题，这一方式的综合效益有待深入论证。以A市的某条城际铁路为例，从A市乘坐普铁，最快36分钟可到达杭州东站或杭州城站，而通过规划城际铁路到达杭州东站、杭州城站的最短时间分别为53分钟、71分钟。票价方面，A市至杭州东站、杭州城站的普铁票价分别为11元、12.5元，而旅客乘坐A市来往杭州的城际铁路前往杭州东站、杭州城站，除了需支付46.38公里的城际铁路票价（待定）外，还需要换乘地铁1号线并分别支付5元、7元的地铁票钱，城际铁路在出行成本上较普铁没有优势。

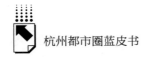

更突出的是，谋划市域（郊）铁路时要着眼交通衔接。例如，A市城际铁路开通后将进一步加剧杭州地铁1号线的运能紧张趋势。杭州地铁1号线是连接中心核心区与江南、下沙、临平三大副城的骨干线，近年来，随着副城建设的加快以及地铁线网的加密，1号线客流量基本饱和，工作日全线客流量达到75.37万人次，2018年国庆当天客流量突破百万人次（100.4万人次），客运中心下沙方向最大满载率为78.1%，客运中心临平方向最大满载率为72.95%。A市城际铁路开通后，乘客从余杭高铁站换乘地铁1号线，将进一步加剧地铁1号线的运能紧张趋势，因此需要与杭州市地铁集团及相关交通管理部门做好工作衔接。

（四）结合产业转型及城市空间布局，优化铁路货运站场布局

杭州中心城区面临"货运围城"，外围地区却"缺乏货运设施"。要在深入研究2035年客运市场和货运市场需求的基础上，坚持空间布局和运输方式"两个结构一起抓"，优化提升铁路客货运功能布局，不能只重视客运而忽视货运。铁路客运枢纽和货运站场要坚持统筹研究、统一规划，在建设上可以分步推进实施。

要进一步优化铁路货运系统在空间上的功能布局。要对杭州市整个货运系统进行重新研究，把江北和江南地区一起研究，重点研究江南地区。在货运站场空间布局上，要重点建设江东、白鹿塘货运站，对城北货运站进行功能调整。

第一，尽快规划建设江东货运站和机场站，针对江东站，重点解决大江东产业集聚区的物流货运问题，针对机场站，重点发展高铁物流，强化空铁联运。大江东产业集聚区是杭州"城市东扩、旅游西进、沿江开发、跨江发展"的重要成果，规划再造一个年工业产值上万亿元的"杭州工业"。占地420平方公里的大江东产业集聚区，规划工业用地面积约为100平方公里，集聚了世界500强企业30家，中国500强企业19家，初步形成了由汽车整车及零部件、高端装备制造和新能源新材料主导的产业体系。作为杭州工业发展的主战场，在货运系统布局中对大江东的物流货运考虑还不够充

分。为满足大江东产业集聚区和钱塘新区建设需要，应通盘谋划大江东的客货运业务，尽快规划建设江东货运站，并推进白鹿塘—杭州南—萧山国际机场—大江东的铁路江东货运专线规划建设。

第二，城南对白鹿塘站进行优化提升，发展高铁物流、电商物流。按照"萧山铁路货场整合及专用线随迁白鹿塘项目"规划，原杭州南（原萧山站）、萧山西站、临浦站铁路货场整合搬迁到白鹿塘站。

第三，城北货运站石祥路货场、永宁货场运能闲置问题较为突出。由于铁路货场建设没有及时跟上城市总体规划调整的步伐，与经济社会发展规划的衔接也不充分，特别是随着城北工业企业搬迁，现有货场周边的工业物流需求急剧减少，城北铁路货场运能闲置问题较为突出。同时，铁路货场周边不同程度的"脏乱差"问题，也对城市面貌和百姓生活造成了一定的负面影响。要坚持供给侧结构性改革，加快站场转型，弱化货运功能，原有货运功能要逐步整合到江东站、白鹿塘站，同时铁路部门要探索与地方政府联合开发货运站场的模式。

（五）统一规划、分步实施，统筹杭州湾铁路通道建设

跨杭州湾应规划设计五大铁路通道，即舟山通道、金山通道、嘉甬通道、嘉绍通道、钱江通道，五大通道"统一规划，一次成型、分步实施"，先明确通道问题，后考虑线位问题。

第一，舟山通道起于舟山高铁站，经岱山、洋山港接入上海东站，全长约为150公里，总投资约为420亿元，建议高速公路桥与高铁桥同时修建，并在未来条件成熟时启动建设。

第二，启动金山通道，规划建设沪甬高铁。金山通道起于杭甬高铁慈溪站，跨越杭州湾，由上海金山漕泾站接入上海，全长约为100公里，总投资约为280亿元。金山通道的优势是可直接接入规划的上海高铁东站（浦东机场），沪乍杭铁路从浦东出发，通过金山，再经过钱江通道过江，接江东站与机场站，可有效分流沪杭高铁的客流量，减轻运输压力；沪甬高铁取道金山，就不用通过嘉绍大桥预留的铁路桥通道，挤占嘉绍通道资源，取道金

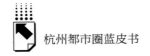

山也是宁波连通上海距离最近、最节省时间的跨湾通道方案，可有效避免因绕行距离过长而提高时间成本。

第三，嘉甬通道，即余（姚）慈（溪）通道，为通苏嘉甬通道的一部分。目前规划建设的沪嘉甬铁路项目使用该通道，拟自嘉兴南站引出，跨越杭州湾后经余姚、慈溪接入宁波站，全长约为140公里，总投资约为390亿元。沪嘉甬高铁北与沪杭客专、规划通苏嘉铁路和沪乍杭铁路相衔接，南与杭甬客专、甬台温铁路、在建金甬铁路、规划甬舟铁路相衔接。

第四，嘉绍通道起于嘉兴，利用嘉绍大桥预留的铁路通道跨越杭州湾，接入绍兴，全长约为95公里，总投资约为260亿元。建议通过嘉绍通道规划建设通苏嘉绍高铁，并规划建设绍丽（绍兴—丽水）高铁，真正形成一条贯穿浙江省中部并直接连通长三角城市群的高铁通道。从线位方案看，绍兴北站通过嘉绍通道接入规划沪乍杭铁路更加科学，而无须"舍近求远"，利用杭绍台二期工程解决绍兴通过沪乍杭连通上海的问题。同时，取消杭绍台铁路二期工程，由规划沪乍杭铁路新建支线经钱江通道至江东站、机场站来替代。

第五，钱江通道的起点位于桐乡市骑塘西北，在海宁市盐官西到达钱塘江北岸，设过江隧道穿越钱塘江，进入杭州萧山区，终点在绍兴市与杭甬高速公路附近，路线全长44公里。钱江通道包括三大组成部分：南接线段（钱江大道）、钱江隧道、北接线段。要着力形成"多点入城，集中进站，一线穿城"的新模式。

（六）创新推动轨道交通与周边用地的一体化开发

为促进铁路事业健康发展，2013年，《国务院关于改革铁路投融资体制加快推进铁路建设的意见》（国发〔2013〕33号）出台，对铁路总公司开展各类投资经营业务、多元化经营、铁路土地综合开发以及市域、支线铁路改革发展提供了政策支持。为落实上述文件精神，《国务院办公厅关于支持铁路建设实施土地综合开发的意见》（国办发〔2014〕37号）、《关于推进高铁站周边区域合理开发建设的指导意见》（发改基础〔2018〕514号）等文件出台，推动以铁路为龙头的轨道交通建设和土地开发。

通过轨道建设带动土地价值上涨，再通过土地开发收益反哺、支撑轨道建设与运营的模式将是进一步创新推动轨道交通与周边用地的一体化开发的改革方向。杭州都市圈要围绕投融资模式问题开展试点，参考借鉴港铁经验，探索高铁沿线土地开发模式，以解决铁路建设资本金不足和运营亏损补贴等问题。同时，引入央企开展铁路开发项目"PPP + EPC"和混合所有制改革试点，探索积累利用既有铁路线改建城际铁路的经验。

（七）多渠道谋求轨道交通建设资金平衡

轨道交通建设最大的难题是"钱从哪里来和到哪里去"。核心环节在于深入研究土地，即坚持"XOD + PPP + EPC"发展模式，对铁路沿线土地和高铁新城（高铁枢纽组团）内的土地进行综合开发利用。"XOD + PPP + EPC"发展模式，就是通过对城市基础设施和城市土地进行一体化开发和利用，形成土地融资和城市基础设施投资之间自我强化的正反馈关系，通过城市基础设施的投入带动土地增值，通过土地增值反哺城市发展，这既有助于实现铁路自身的投资与收益平衡，也有利于实现沿线交通、产业、空间一体化发展。

轨道交通建设要坚持"政府做地、企业做房"，即政府垄断土地一级市场，放开土地二级市场，最大化发挥级差地租效应，按照做地、供地、用地"三位一体"原则，尝试投资体制多元化的 PPP 模式，将轨道交通建设与城市建设统筹考虑，研究交通基础设施特别是轨道交通建设如何带动土地增值，进而通过土地增值反哺交通基础设施特别是轨道交通建设，从而实现"财政一毛不拔、事业兴旺发达"，切实解决轨道交通建设"地从哪里来""钱从哪里来"的问题。

第一，对白鹿塘站物流园区及周边土地进行开发。白鹿塘站规划了 6 平方公里的萧山南部物流园区，目前，货运运能闲置，土地有待再开发，由于毗邻的浙赣线沿线站场和两侧红线范围内也有大量可供开发的建设用地，建议以白鹿塘站为基础规划建设城南新城（高铁枢纽组团），并按照"XOD +

PPP + EPC"模式进行城南新城及浙赣线沿线土地综合开发,将望江门越江隧道、浙赣线改造等项目打包到新城(组团)开发中,充分开发利用浙赣线两侧的建设用地(经萧山区、滨江区国土规划部门测算,两城区浙赣线两侧可利用土地面积约为 5570 亩),通过浙赣线"腾笼换鸟"来合理分配新城(组团)的建设资金。

第二,对城北石祥路货场、永宁货场及乔司编组站进行功能调整和土地开发。加快北部货场站场转型,弱化货运功能,原有货运功能要逐步整合到江东站、白鹿塘站,同时在衔接周边区域规划的基础上,与铁路部门探索对城北货运站场及周边土地进行联合开发。

第三,对沪杭、浙赣、萧甬、宣杭等普铁线进行升级,节省开发建设成本。把沪杭、浙赣、萧甬、宣杭等普铁线升级改造为城际线或利用原有通道规划建设高铁线,可以节省大量拆迁和建设资金。例如,沪乍杭铁路过境余杭区,走地面新线对城市分割干扰大,走地下线建设成本高。如果探索将沪乍杭高铁引入余杭高铁站,则经乔司编组站后,通过对老宣杭货运铁路进行改造提升接入火车西站,既可充分利用既有铁路线资源,还能降低对城市的分割程度,大大降低开发建设成本。

参考文献

潘昭宇、孙明正、刘莹等:《基于城市功能整合的枢纽区域研究》,《城市交通》2013 年第 1 期。

马德隆、李玉涛:《城市轨道交通 PPP 与土地联动开发研究——现状、制约因素与实施思路》,《中国软科学》2018 年第 8 期。

B.14
长三角高质量一体化背景下宁杭
生态经济带发展思路研究

马智慧　张唱晓*

摘　要： 随着长三角一体化发展上升为国家战略，长三角正在从传统的"一体两翼"向"黄金三角"发生深度转变。作为沪宁杭"黄金三角"的重要一翼，宁杭生态经济带也将迎来新一轮发展的黄金机遇期。本报告梳理了宁杭生态经济带与长三角一体化的关系，分析了宁杭生态经济带的发展基础与面临的挑战，提出了宁杭生态经济带下一步发展思路，即明确发展定位、加强顶层设计、补齐发展短板、突出项目带动。

关键词： 生态经济带　宁杭发展轴　杭州都市圈　长三角一体化

　　2018 年 11 月 5 日，习近平总书记在首届中国国际进口博览会上提出：支持长江三角洲区域一体化发展并上升为国家战略，着力落实新发展理念，构建现代化经济体系，推进更高起点的深化改革和更高层次的对外开放，同"一带一路"建设、京津冀协同发展、长江经济带发展、粤港澳大湾区建设相互配合，完善中国改革开放空间布局。长三角一体化发展上升为国家战略，为破解区域发展不平衡、不充分问题创造了重大机遇。宁杭生态经济带是长三角沪宁杭"金三角"的重要一翼，是长江经济带的重要组成部分。

---

* 马智慧，杭州国际城市学研究中心（浙江省城市治理研究中心）副研究员，博士，研究方向为城市学。张唱晓，杭州城市学研究会，研究方向为城市学。

作为长三角地区发展相对较慢的"宁杭轴线",拥有优越的生态本底和后发优势,在长三角高质量一体化发展过程中极具潜力。写好"宁杭生态经济带"这篇大文章,在落实长三角一体化"规定动作"的基础上,谋划好宁杭轴线"自选动作",实现优势互补、联动发展,是长三角一体化发展的题中应有之义,是发挥特色优势并在重点领域实现"弯道超越"的有益探索。

一　宁杭生态经济带与长三角关系解读

(一)宁杭生态经济带在长三角中的地位

宁杭生态经济带是长三角地区的重要一翼。宁杭生态经济带贯穿江苏西南部和浙江西北部,连接南京与杭州两大核心城市,长约 270 公里,包括南京市江宁区、高淳区和溧水区,镇江句容市,常州金坛区和溧阳市,无锡宜兴市,湖州市,杭州余杭区,面积约为 4.1 万平方公里(含部分太湖水域面积),约占江苏、浙江两省总面积的 19%,是长三角地区的重要一翼。各市县常住人口数为 1124.84 万人,占江苏、浙江两省常住人口总数的约 8.2%。

宁杭生态经济带是长三角地区的生态高地。生态是宁杭生态经济带最大优势,也是区别于沪杭、沪宁两条发展带的本质特征。宁杭生态经济带森林覆盖率高达 37.6%,生态基底十分厚实,在整个长三角地区具有无可比拟的生态优势,在全国亦属生态高地。

宁杭生态经济带是长三角地区的平衡支撑。一体化的重要目的是破解区域发展不平衡、不充分问题。从长三角发展态势来看,其基本格局是以上海为"龙头",以南京、杭州为"两翼"。沪宁、沪杭两个发展轴发展较快,宁杭发展轴实力相对较弱,必须加快宁杭生态经济带的发展,才能改变强弱分明的不均衡结构,使长三角成为名副其实的"金三角"。共建宁杭生态经济带有利于更好探索生态经济发展和促进都市圈协调联动,有利于助力长三角地区一体化发展战略的最终实现。

（二）长三角高质量一体化发展背景下宁杭生态经济带发展机遇

随着长三角一体化发展上升为国家战略，长三角正在从传统的"一体两翼"向"黄金三角"发生深度转变。作为沪宁杭"黄金三角"的重要一翼，宁杭生态经济带迎来新一轮发展的黄金机遇期。

协同发展迎来机遇。经济带发展面临的最大障碍是"不协同"。长三角一体化发展上升为国家战略，组建长三角区域合作办公室，先后出台了《长三角地区一体化发展三年行动计划（2018—2020年）》《长三角地区合作近期工作要点》《长三角地区一体化发展三年行动计划（2018—2020年）任务分解表》等文件，就三年行动计划细化、分解了300多项具体任务，并推动各省份将重点合作事项纳入党委政府的目标管理和绩效考核。由此，长三角区域合作步入全面提速的新阶段，呈现多领域、多主体、多层次全面深入推进的良好势头。这为宁杭生态经济带协同发展带来了政策基础和机构依托。

彰显优势迎来机遇。新时期的长三角一体化是高质量的一体化，其评价标准不再是单纯的经济指标，而是高质量发展的综合指标。相较于沪宁和沪杭两条轴线，宁杭生态经济带的影响力仍然偏弱，辐射带动力也相对不足。但宁杭生态经济带具有生态和后发两大优势，具有独特的"标识度"。"两山"理论诞生于宁杭生态经济带，完全可以把良好的自然生态转化为一流的产业生态、政策生态和发展生态，探索走出一条高质量绿色发展之路，打造在长三角、全国乃至全世界都叫得响的亮丽品牌。

科创联动迎来机遇。科技是第一生产力，创新是第一驱动力。宁杭生态经济带新经济新业态发展势头强劲，位于两端的南京、杭州创新资源要素富集。进一步加强数字经济、人工智能等前沿领域合作，建设一批技术转移转化平台、科技资源共享平台、人才交流平台、科创企业证券服务平台，推动创新链与产业链协调布局、有效对接，提高创新资源组织的层次性和整体性，完全可以形成与沪宁、沪杭发展带相呼应的"创新轴"。

二 宁杭生态经济带发展基础

（一）宁杭生态经济带上升为苏浙两省重大战略

早在 2004 年，时任中共浙江省委书记的习近平同志就指出，"有关专家建议，江浙联手繁荣宁杭城市带，应引起注意，可作为融入长三角的新举措"。2010 年，《长江三角洲地区区域规划》明确提出，大力建设宁杭发展带。2016 年长三角地区主要领导座谈会专门提出"打造宁杭生态经济发展带"，并由江浙两省政府主要领导签订了《关于共同推进宁杭生态经济发展带建设合作框架协议》，明确提出，推动宁杭生态经济发展带建设规划纳入国家级区域规划。江浙两省已共同编制《宁杭生态经济带发展规划（建议稿)》，省际层面的沟通对话机制为宁杭生态经济带下一层级的交流协作打下了良好基础。2019 年，"宁杭生态经济带建设论坛"举行，南京、杭州、湖州、无锡、常州、镇江六市共同签署《共建宁杭生态经济带行动倡议》，为宁杭生态经济带一体化发展奠定了重要基础。

（二）宁杭生态经济带的基础优势

1. 宁杭生态经济带的生态优势

宁杭生态经济带沿线山体、水体面积占比较大，自然生态资源优良，森林覆盖率高达 37.6%。优越的山水生态资源孕育了丰富的植被类型，形成了包括自然保护区、风景名胜区、森林公园、地质遗迹保护区（公园）、饮用水水源保护区、重要水源涵养区等多种类型的生态区域。目前，宁杭生态经济带沿线已建成国家级自然保护区 2 个、森林公园 10 个、风景名胜区 3 个、水利风景区 9 个、湿地公园 6 个、地质公园 1 个。丰富的生态功能类型将成为宁杭生态经济带发挥后发优势的重要着力点。

2. 宁杭生态经济带的文旅优势

宁杭沿线山水交融，串联了长江、钱塘江、太湖等水系，形成了一条独具魅力的"蓝色项链"。丰富的山水资源条件为生态建设与特色发展提供了良好的自然基础条件，形成了独特的山水城林景观和独具特色的旅游产品，融汇了"水""山""文""茶"四种生态和文化元素。目前，宁杭生态经济带拥有国家级度假区3个，占两省总数的37.5%。

3. 宁杭生态经济带的产业优势

宁杭生态经济带产业基础较好，新经济新业态发展势头强劲。位于两端的南京、杭州创新资源要素富集，是苏南国家自主创新示范区和杭州国家自主创新示范区的重要组成部分和核心区域，聚集国家工程技术研究中心20多家，超过全国绝大多数省份。近年来，宁杭生态经济带沿线新旧动能转换加快推进，沿线城市之间的创新合作与产业协作更加紧密，建成了一批高水平的特色小镇、特色园区，形成了一批新兴产业、绿色产业集群。交通基础设施不断优化，宁杭高铁、宁杭高速公路高效运行，拉近了沿线城市之间的时空距离；南京禄口、杭州萧山等国际航空枢纽功能的不断完善，大大提升了对外连接的便利性和通达性。沿线各城市虽然发展阶段不同，但产业互补性强，要素流动性大，合作面远大于竞争面，特别是在产业、投资、贸易等领域的合作前景十分广阔。

4. 宁杭生态经济带的后发优势

宁杭生态经济带拥有南京和杭州两个核心城市，还拥有镇江、常州、无锡、湖州四个节点城市，无论是产业基础、创新能力、开放程度，还是基础设施、公共服务、宜居环境，都已具备良好的基础。在协同一体化上，虽然目前还处于起步阶段，但两省、六市对"生态经济化"和"经济生态化"发展方向都有高度的共识，完全可以将其打造成区域协同的新标杆、绿色发展的新空间、生态文明的新样板。

三 宁杭生态经济带面临的挑战

（一）发展定位问题

发展定位决定发展路径和发展举措。长期以来，宁杭轴线发展定位不够明晰，生态价值转换缺少科学方法支撑和重大项目实践，沿线各市发展缺乏联动，更缺少一个统领性的发展方向，未能抓住宁杭生态经济带的特色优势、发展要求和鲜明导向，应探索一条以生态优先、绿色发展为导向的高质量发展新路子。长期以来，在长三角区域发展中，南京和杭州都在努力接轨上海，沿线其他城市也都明确接轨上海或融入南京、杭州都市圈发展，对宁杭生态经济带缺少一体化发展谋划。

（二）顶层设计问题

宁杭生态经济带发展还缺少一个顶层的发展规划。2019年2月，苏浙两省共同编制的《宁杭生态经济带发展规划（建议稿）》提交国家发改委，2019年12月，《长江三角洲区域一体化发展规划纲要》印发，宁杭生态经济带总体发展需要进一步在长三角一体化新阶段进行顶层设计。还应看到，推动区域合作，关键是建立健全高效的协调机制、务实的推进机制、合理的利益分配机制，全面促进资源要素自由流动、优化配置，真正实现互利共赢、协同发展。宁杭生态经济带统筹协同的体制机制还缺乏强有力的抓手，与长三角一体化协同机制相比，缺少具体的办事机构，这对跨省域、跨市域、跨县域推动协同发展是一个很大的挑战。

（三）发展短板问题

目前，宁杭生态经济带还存在一些较为明显的发展短板。一是生态产品价值实现的短板。宁杭生态经济带拥有优良的生态"底色"，但还缺少"绿水青山"向"金山银山"转化的系统化实现机制，限制了宁杭生态经济带发挥后发优势，实现"弯道超越"。二是产业错位的短板。目前，宁杭生态经济带沿线地区由于要素禀赋接近、产业规划雷同，在新能源汽车产业、康养产业等领域存在"同质化"现象。在产业规划布局时，未充分考虑发展基础、竞合关系、统筹布局、突出特色，在一定程度上还存在重复建设、无序竞争的问题。三是基础设施联动的短板。基础设施一体化建设，是宁杭生态经济带一体化发展的强大支撑保障。但由于行政区划、封闭思维的局限，宁杭生态经济带基础设施共建共治共享还存在一定差距，如禄口机场与萧山机场还缺乏联动，沿线跨行政区域还存在"断头路"等。

（四）项目带动问题

大项目是推动经济社会发展的"主引擎"，是联动区域发展的"助推器"，是实现后发超越的"动力源"。特别是跨区域的经济带建设，要始终坚持"大项目带动"，靠大项目突出优势、配置资源、集聚资金、加快发展。长期以来，宁杭生态经济带沿线除了国家重大交通项目外，还缺少若干彰显特色优势、支撑区域协同发展的重大项目。因此，需要围绕生态廊道、基础设施、交通网络、公共服务、绿色产业、新型城镇化、区域协作等重点领域，由沿线城市共同谋划实施一批重点项目和重大工程，共同争取国家政策、资金，为区域一体化发展提供项目支撑。

四　宁杭生态经济带发展思路

（一）明确发展定位

1. 把握独特优势

宁杭生态经济带最明显、最独特的优势是优良的生态本底。同时，与沪宁、沪杭发展带相比，还拥有广阔的乡村田园空间。江南文化和科创优势也较为突出。在生态经济、创新驱动和乡村振兴、文旅融合时代，宁杭生态经济带应把握独特优势，拉长发展"长板"，走出一条不同于沪宁、沪杭发展带的生态型、后发型、高质量发展新路子。

2. 找准发展定位

依托以上独特优势，宁杭生态经济带应立足特色禀赋，服务长三角一体化发展大局，结合重要国家战略，找准自身发展定位，以之统筹沿线城市并同向发力，打造一条名副其实的生态经济发展带。具体而言，应明确以下定位：在生态文明建设方面，打造长三角"后花园"和中国东部绿色发展增

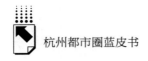

长极；在创新驱动方面，打造长三角新经济发展走廊；在乡村振兴方面，打造中国乡村高质量发展引领区和城乡融合样板区；在文旅融合方面，打造"诗画江南"文旅融合示范区。

（二）加强顶层设计

1. 完善发展规划

在当前背景下，"宁杭生态经济带发展规划"要与《长江三角洲区域一体化发展规划纲要》及各项具体规划和项目进行深度衔接，明确任务书、时间表和路线图，以进一步依托长三角一体化发展国家战略，解决区域协同发展问题。除了总体发展规划外，两省、六市及以下行政单位要以国土空间总体规划、"十四五"规划编制为契机，紧密结合区域实际，完善城镇体系、土地利用、环境保护、产业布局、基础设施建设、文旅发展等专项规划，做到总体目标和短期计划相衔接、总体部署和落地操作相统一、经济带建设总体规划与各地实施方案相协调，推动规划真正落地和见效。特别是加强毗邻地区管控工作，划定城镇开发边界，严格控制城镇建设方向，防止"贴边"发展、"以邻为壑"。

2. 形成协同机制

宁杭生态经济带横跨苏浙两省、6个地级市、15个县级单元，涉及众多层级、不同区域，只有各地间加强协作、密切联动、形成整体，才能真正发挥"带"的优势，促进更大区域发展，进行环境整体优化，推动更大范围资源要素有效配置。关键是冲破行政体制、传统思想观念和发展模式束缚，牢固树立区域"一盘棋"思想，充分依托长三角合作协调机制，推动建立苏浙两省牵头、沿线城市共同参与的协调机制，支持区域内市县建立双边或多边结对合作机制，务实深化各层次、各领域合作联动，建立健全绿色发展的区际利益平衡机制，进一步推动重大规划衔接协调、重大政策决策会商、重大基础设施对接建设和公共服务共建共享，全面打造利益协调、价值认同的生态经济带。

3. 建立协调机构

苏浙两省成立宁杭生态经济带发展领导小组，组长采用轮值制，统筹指导和综合协调发展规划实施，研究审议重大规划、重大政策、重大项目和年度工作安排，协调解决重大问题，督促落实重大事项。设立领导小组办公室，成员由苏浙两省抽调至长三角区域合作办公室的人员兼任，以有利于宁杭生态经济带发展与长三角一体化发展有效衔接，有效推动基础设施互联互通、科创产业协同发展、城乡区域融合发展、生态环境共同保护、公共服务便利共享，研究出台创新、产业、人才、投资、金融等配套政策和综合改革措施。

4. 设立合作基金

充分利用已有的政府产业基金、基础设施投资基金、科创基金、绿色发展基金等，探索设立宁杭生态经济带合作发展基金，精准支持生态环境联防共治、基础设施互联互通、创新体系共构、园区合作共建等。

（三）补齐发展短板

1. 探索生态产品价值实现机制

立足良好生态本底资源，积极探索生态优势转化为竞争优势和发展优势的路径、方法，特别是生态产品价值实现机制。要建立科学的绿色 GDP 核算和生态产品价值核算标准，建立基于生态容量的占补平衡机制，按照"谁消费、谁补偿""谁保护、谁获益"的原则，进行国家生态产品交易试点。通过一系列制度创新，打造全国生态经济发展先行区，探索一套促进生态经济发展的制度体系以及产业政策、治理机制、评价标准、信用系统、公共服务机制等，支撑宁杭生态经济带长期可持续发展。

2. 推动产业协同发展

宁杭生态经济带产业发展应当有明确的产业协同发展规划，加强沿线城市产业链协作，实现产业发展由"同质竞争"向"协同融合"转变。注重发挥行业协会作用，组建一批产业联盟，在产业分工与协作、技术研发与设计、企业重组与管理等方面加强合作与交流，推动产业横向错位融合、纵向分工协作。探索完善"飞地经济"发展模式,重点是跨区域利益分享机制,特别是税收分成。推动重点园区建立"伙伴园区"关系,鼓励各级各类园区合作共建"区中园""园中园"。加强重大平台及骨干企业间的产业科技合作,共设基金、共搭平台、共同攻关、共促转化。鼓励采取多种形式组建跨区域企业集团,实现互利共赢、共同发展。健全跨园区人才流动机制,促进沿线城市创新资源共治共享。

3. 加强基础设施互联互通

从省级层面重点推进空港、公路、铁路、水运等区域性交通设施建设,发挥南京禄口、杭州萧山机场的两端龙头引领作用,构建空铁联运交通枢纽,推动南京禄口、杭州萧山两大机场错位发展。规划建设宁杭高速二通道,加强宁杭快速交通干线配套建设,推进干线公路扩能与互联互通,构筑宁杭城际立体交通走廊。加快南京、杭州都市圈同城化交通网建设,率先建成公交化城际轨道客运网。提升省际公路通达能力,对高峰时段拥堵严重的国省道干线公路进行改扩建,实施打通省际待贯通路段专项行动,打通"断头路",形成便捷通达的公路网。取消高速公路省界收费站,提升主要城市之间的通行效率。共同打造串联宁杭生态经济带的绿道网络。构建高效泛在信息网络,充分发挥南京、杭州"宽带中国"示范城市效应,超前布局新一代信息基础设施,率先试验5G和未来网络。

(四)突出项目带动

1. 共建宁杭合作试验区

南京离杭州最近的是溧水区,杭州离南京最近的是余杭区。可以通过"两头发力",共建宁杭合作试验区,在推动宁杭生态经济带建设、长三角一体化发展中先行先试、积极探索。重点推进以下方面合作。一是创新协同。推进区域产学研合作,开展共性技术的联合攻关,联手共建创新载体,推动区域科技政策对接与资质互认、公共技术平台开放共享、高校资源相互合作,在更大范围内有效利用创新资源。二是市场共建。以要素市场一体化推动区域经济一体化,坚持互相借力、共同登高,促进各类要素市场互通有无、对接融合，加速资金、人才、技术、信息、商品等要素自由流动和共享，实现资源优化配置。溧水在现代农业、高端制造、临空产业、大健康产业等方面进一步对余杭开放资源，余杭在数字经济、文创产业等方面进一步对溧水开放资源，共享自主创新示范区、跨境电商综试区、农业高新技术产业示范区、临空经济示范区等市场优势。三是产业共兴。写好产业互补这篇大文章，在数字经济、高端制造、跨境电商、大健康等重点产业领域形成优势互补模式，促使产业生态链更加完整。推动溧水经济开发区（高新区）、临空经济示范区与杭州未来科技城、余杭经济技术开发区、临平新城、良渚新城、钱江经济开发区分别就数字经济、装备制造、跨境电商、医疗健康、新能源汽车等产业开展合作，江苏南京国家农业高新技术产业示范区与余杭区现代农业产业园就现代农业产业开展合作，无想山国家森林公园与大径山乡村国家公园文旅产业开展合作。四是品牌共塑。促进城市品牌、区域品牌、行业品牌、企业品牌互动，实现品牌资源共塑共享，放大品牌效应，发展品牌经济。共同打造若干个"互联网＋健康""数字＋制造""文创＋影视""旅游＋康养""双创＋人才"等重点领域的产业、成果、平台品牌，以共同品牌增强竞争力，以知名品牌扩大市场覆盖面。率先在文旅领域打造共同品牌，推出共享旅游线，实现客源互送，促进两地旅游业深度融合。

2. 建设长三角新经济发展走廊

充分发挥南京、杭州两个中心城市"双创"资源富集和新经济发展势头强劲的优势，积极争取建设"长三角新经济发展走廊"，有效衔接G60科技创新走廊、G50绿色发展走廊、G42高端智能制造走廊、临海临港战略性新兴产业走廊等长三角重要经济廊道，系统构建"长三角双创圈"，积极发展新经济。发挥新一代信息技术的渗透作用，推动生产方式向绿色、柔性、智能、精细转变。加快应用云计算、物联网、智能工业机器人等技术，有序实施"机器换人"，推进生产装备智能化升级、工艺流程改造和数据共享，重点建设一批生态园区、国家循环经济示范市（县）、智能车间、智能工厂，最大限度地提高土地、水资源和能源利用效率。联手完善项目准入和产业负面清单，实施企业分类综合评价制度，依法依规实施差别化用地、用能、信贷等要素配置政策，加快高耗能、高污染企业关停并转，推动传统产业转型升级，有效融入新经济生态链。依托杭州国家自主创新示范区、苏南国家自主创新示范区，以杭州城西科创大走廊、南京东南科技创新示范带为核心，加强区域合作，联合开展技术创新综合试点，共同实施重大科技项目，协同建设国家知识创新高地。推动互联网、大数据、人工智能和实体经济深度融合，促进制造业服务化、产业跨界融合、军民融合、协同发展，加快形成交叉渗透、交互作用、资源循环利用的产业生态系统。大力培育智造经济、生物经济、健康经济、信息经济、共享经济等新经济，形成一批新经济增长点。培育扶持"新技术、新业态、新模式、新产业"，加快形成新动能，发展壮大新经济集群。

3. 建设"诗画江南"文旅融合示范区

自古以来，宁杭沿线城市山水相依、人文相亲，从秦淮河到钱塘江，从石臼湖、天目湖到太湖、西湖，水系交错、阡陌纵横，孕育出独具特色的水乡风貌、江南性格。从宁镇山脉、宜溧山地到茅山、莫干山、天目山，金陵文化、茅山道教、良渚文化、西湖文化、茶文化等，传承千载、底蕴厚重。要打响"诗画江南"区域文旅品牌，依托世界遗产游、名城名镇游、休闲乡村游、魅力山水游，共同建设"诗画江南"文旅融合示范区，打造长三角"后花园"和国家级"金名片"。以提高区域整体形象为目标，打造世界级黄金旅游带，推进"区域联动、行业联合、企业联手、景点联游、信息联网"的大旅游营销，精心打造文化旅游全产业链。坚持全域旅游理念，加快跨区域旅游一体化建设，联合开发一批高品质生态特色精品旅游线路。大力发展智慧旅游，建设一批国家智慧旅游城市、智慧旅游景区、智慧旅游乡村和智慧旅游企业。深入实施"旅游 +"工程，积极培育文旅、商旅、村旅、康旅、体旅、红旅等结合的复合产业，做强江南水乡集群、美丽乡村休闲度假集群、滨湖度假集群，打造区域精品旅游带。积极培育高端健康养生产业，依托区域山水自然生态环境，深度挖掘大运河文化、牛首山佛教和茅山道教文化、宜兴紫砂文化、高淳慢生活文化、溧水秦淮源头文化、宝华山禅文化、莫干山养生文化、天目山茶文化等优势资源，建设一批"游、学、医、体、养"多功能叠加的综合体、示范基地，打造具有国际竞争力的健康养生目的地。

4. 建设长三角生态协同治理先行区

加强生态空间共保，推动环境协同治理，夯实绿色发展生态本底，努力建设"长三角生态协同治理先行区"，打造长三角"绿边"。统筹进行山水林田湖草系统治理和空间协同保护，加大对自然保护区、风景名胜区、重要水源地、森林公园、重要湿地等其他生态空间保护力度，探索"太湖国家公园"等国家公园建设的可行性，建立以国家公园为主体的自然保护地体系，全面彰显江南大景区的独特魅力。重点打造"三片"绿色生态屏障，构建生态廊道和生物多样性保护网络，共守共保区域生态安全格局。"北片"包括宁镇山脉、茅山山脉、石臼湖、固城湖、赤山湖等重要生态空间，打造秦淮河源头生态屏障；"中片"包括宜溧山脉、滆湖、长荡湖、丹金溧漕河、芜太运河等重要生态资源，打造太湖西北部生态屏障；"南片"包括天目山山脉、京杭大运河、西苕溪、东苕溪、南苕溪等重要生态资源，打造太湖西南部与钱塘江中下游生态屏障。提升江河湖湿地生态功能，完善以国际重要湿地（杭州西溪湿地公园）、国家重要湿地（太湖、石臼湖）、湿地自然保护区、湿地公园和湿地保护小区为主体的湿地保护体系，有序推进退田（圩）还湖、退耕还湿、退渔养湖。加强与沿线城市协作，探索建立标准一致的环保准入门槛，建立健全区域生态奖励、利益补偿等机制，推动绿色、低碳、循环发展。强化联动执法。推动环境质量联合监管，建立风险源动态数据库，推进信息资源共享，统筹推进跨界河流整治、固体废弃物处置设施建设，实施跨界区域饮用水安全保障、工业农业污染防治、城乡生活污染治理等工程，深入落实长三角大气污染防治协作机制，加大综合整治和联防联控力度。定期开展跨区域环境安全应急演练和进行突发事件应急处置。加强环境质量联合监测，进行工作绩效联动考评。制定和建立跨流域生态补偿、污染赔偿标准和水质考核体系，建立健全开发地区、受益地区与保护地区横向生态补偿机制，探索建立污染赔偿机制。开展

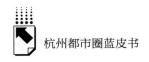

沿线城市 GEP 核算评估试点，推进绿色信贷支持、生态绩效考核、生态补偿标准确定，打造生态产品价值实现样板区。

参考文献

刘士安等：《沪苏浙皖推动长三角一体化笃实前行》，《人民日报》2018 年 8 月 15 日。

范金、张强、落成：《长三角城市群经济发展质量的演化趋势与对策建议》，《工业技术经济》2018 年第 12 期。

江南：《全国政协委员刘以安提案：建议把宁杭生态经济带上升到国家层面统一谋划》，《江南论坛》2018 年第 3 期。

冯洁、陈越、章晗：《加速打造国际电子商务中心——"浙江省电子商务产业发展'十三五'规划"解读》，《浙江经济》2017 年第 1 期。

张琴：《"互联网＋"下江苏农村移动电子商务发展对策研究》，《商场现代化》2018 年第 9 期。

董俊、朱程：《求解宁杭生态经济带绿色发展公约数》，《群众》2017 年第 8 期。

徐海贤：《以特色旅游加快宁杭生态经济带建设》，《群众》2017 年第 8 期。

章剑：《把握大机遇　抓好大项目　增强新动能》，《浙江经济》2018 年第 6 期。

B.15
杭州都市圈体育协同发展路径研究

漆宪忠　徐海东　陆　岩*

摘　要： 打造"体育公共服务优质区"是杭州都市圈体育工作推进
的方向。本报告从都市圈核心城市杭州市的实践出发研究
都市圈体育发展思路，通过专家访谈、座谈、问卷和数据分
析等，提出以协同发展方式进行资源配置的设想，并分析
协同发展的基础条件、总体目标、政策短板和路径选择，提
出政策建议，即应建立协调机制、消解政策壁垒，拓展融资
渠道。

关键词： 亚运会　体育公共服务　杭州都市圈

都市圈是一个地理单元，是城市化的高级阶段，由中心城市及与中心城
市高度一体化的周边地区共同构成，是中国未来城市发展的一个重要趋势。

杭州都市圈是列入国家战略的重要都市圈，杭州都市圈城市间关系日益
紧密，交通、经济协同发展快速推进，综合实力快速增强，杭州都市圈城市
居民基于体育的健身、休闲、娱乐需求也快速增长，使杭州都市圈及各城市
体育发展不充分、不平衡，资源配置效率不高，体育公共服务供需不匹配的
矛盾提前凸显。

---

* 漆宪忠，杭州市体育局巡视员，研究方向为体育公共管理。徐海东，杭州市体育局群众体育
处副处长，研究方向为体育公共管理。陆岩，杭州市体育局群众体育处主任科员，研究方向
为体育公共管理。

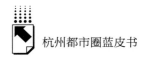

2022年，杭州都市圈核心城市杭州市将承办第19届亚运会。这对杭州都市圈体育工作来说既是机遇，也是挑战。一方面，杭州都市圈各城市的体育工作和都市圈体育协同发展得到了前所未有的契机；另一方面，空前的关注度也对杭州都市圈体育协同发展提出了较高的要求。

抓住亚运契机，以打造"体育公共服务优质区"为目标，创造杭州都市圈体育工作快速发展新常态，是时代赋予的命题，也是时代赋予的机会。研究杭州都市圈协同发展的高效路径，以协同发展的方式提高资源配置效率，实现杭州都市圈体育快速发展，为解答这一命题带来新的视角。

一 杭州都市圈体育协同发展的基础条件

（一）经济社会发展基础

杭州都市圈自2007年启动建设，最初包括浙江省内杭州、湖州、嘉兴、绍兴四市，后来衢州、黄山加入。10余年来，区域面积不断扩大，常住人口、国民生产总值逐年增加，是中国最具经济活力的长三角区域当之无愧的"金南翼"。10余年间，随着"经济先行圈""生活幸福圈""智慧信息圈""美丽生态圈"战略的实施，杭州都市圈经济社会快速发展，都市圈居民生活富足，文明程度不断提高，工作生活半径不断扩大，居民对生活品质的要求日益提高。由此，对杭州都市圈体育发展和体育协同发展提出较高的要求，也为都市圈体育发展和体育协同发展提供了良好的经济基础、文化基础和人才基础。

（二）体育事业发展基础

随着杭州都市圈城市近年来对体育工作的日益重视，体育事业取得长足发展，各项指标均取得较大进步，比较浙江省的平均水平，杭州都市圈各城市的体育公共服务常用指标大多处于较优水平，且发展水平比较均衡，这为杭州都市圈体育协同发展奠定了良好的基础（见表1）。

表1　杭州都市圈各城市体育公共服务常用指标情况（2018年）

地区	人均体育场地面积（平方米）	经常参加体育锻炼人数比例（%）	国民体质监测合格率（%）	每千人拥有社会体育指导员数量（人）
浙江省	2.19	41.3	92.9	—
杭州市	2.07	44.2	93.6	2.5
湖州市	2.38	41.9	94.1	2.2
嘉兴市	2.24	38.8	93.1	2.8
绍兴市	2.49	40.8	92.6	2.5
衢州市	2.01	41.2	92.6	2.5
黄山市	3.4	43	97.6	4.2

资料来源：根据杭州都市圈各城市体育部门统计数据得到。

（三）亚运机遇创造契机

2022年，第19届亚洲运动会将在杭州都市圈核心城市杭州市举办，经协调，比赛将在杭州、湖州、绍兴等杭州都市圈城市及省内金华、温州等城市举行。这在客观上将促进以杭州为核心的城市群形成更为密切的赛事协同机制。当前形势下，充分抓住亚运机遇，将为进一步提升杭州都市圈体育协同发展水平提供良好契机。

二　杭州都市圈体育协同发展的目标

从提高杭州都市圈居民的获得感和幸福感的初心出发，打造"体育公共服务优质区"是杭州都市圈城市体育协同发展的出发点和归宿，也是都市圈体育协同发展工作的合法性基础。

（一）公共服务协同发展

一是体育公共服务供给研究成果共享。以杭州为例，近20年来，杭州

261

体育公共服务建设经历了三个阶段：第一个阶段是以小型多样体育便民设施建设为主要内容，主要在 20 世纪末到 21 世纪初；第二个阶段是以体育便民设施品质提升为主要内容，主要是从"十一五"末到"十三五"初期；当前杭州体育公共服务正处于发展的第三个阶段，初步形成了以体质评价工作为基础，以科学健身指导服务为抓手，推进六个"群众身边"融合发展，以需求为导向构建体育公共服务体系的工作思路。这一发展与杭州经济社会发展水平息息相关。作为杭州都市圈核心城市，杭州市的经济社会发展在都市圈城市中处于领先位置，杭州的工作经验可以为都市圈其他城市提供借鉴，同时，杭州也将从都市圈其他城市的发展中汲取经验。

二是体育公共服务供给信息资源共享。都市圈城市群的紧密性在某种意义上体现为对公共服务供给信息的共享，通过信息资源共享，在心理上实现都市圈的"同城化"概念。具体到体育公共服务，即高水平赛事信息、体育培训信息、群众性体育活动报名信息均应实现高度的信息资源共享，使都市圈居民能实现对公共服务内容的自由选择，从而为都市圈体育协同发展创造红利。

三是体育公共服务供给平台系统共享。随着杭州都市圈建设的进一步推进，都市圈居民生活和工作半径日益扩大，需获取体育公共服务支持的半径也将扩大，假设预订平台、结算平台、服务体系依旧各自为政，则将使都市圈居民在大半径移动办公和生活时感到不便，也不利于都市圈构建协同发展大局，因此，努力推进都市圈体育公共服务供给平台系统的共享和标准化建设具有现实意义。

（二）体育赛事协同承办

一是较大规模的国际国内重大综合性体育赛事可由都市圈核心城市牵头，充分利用都市圈城市自然和人文资源，共同申办、承办，如正在筹备中的亚运会，就有多个都市圈城市加入比赛场馆的建设工作中和进行比赛项目的承接。

二是单项赛事可由都市圈单一城市申办，都市圈城市合力支持，其他城市积极为承办城市提供人力、智力、资源支持，并共享在比赛中宣传城市形象、开发城市旅游和商业价值的机会。2018 年，杭州举办了世界游泳锦标赛（25 米），当前正在积极申办足球世俱杯比赛。

三是坚持一市一品体育赛事发展模式，各城市各有特色项目，所举办的体育赛事向杭州都市圈城市开放报名通道，协同宣传推广，都市圈整体形成百花齐放的体育赛事活动格局。2019 年，杭州举办了都市圈轻（气）排球邀请赛和足球邀请赛，组队参加了黄山国际龙舟邀请赛等比赛，推动群众体育项目交流。

四是加强杭州都市圈内赛事交流，组织举办区域性大型体育赛事活动，探索创建都市圈体育运动项目联赛。在 2019 年的杭州都市圈体育工作联席会议上提出了研究开展都市圈体育运动会的设想。

（三）推进场馆协同开发

一是体育场馆建设统筹规划、竞赛项目布局形成互补优势。土地是不可再生资源，随着城市化进程的推进和都市圈建设，城乡土地供给压力日益增加。体育场馆占地需求大，且体育项目数量众多，所需场馆要求不一，合理布局是高效供给的关键环节，基于杭州都市圈地理单元的概念，实施体育场馆规划，既能提高土地和资金的使用效率，也有助于训练竞赛格局的优化。

二是体育场馆设计、施工、监理等产业形成共用共享。当前国内建筑行业关于体育场馆设施建设的专业化程度并不高，本土专业设计院所、专业施工、监理单位也比较少，杭州都市圈作为人才高地，具有率先统筹发展的资源优势。

三是体育场馆运营经验共享，运营托管形成规模效应。体育场馆的运营维护成本较高，公共体育场馆因公益特性，属于低收费或免费开放场馆，运营管理存在一定的难度。在杭州都市圈内形成经验共享，可提高运维管理能力；进一步探索托管、连锁化管理，可以通过规模效应分摊成本，提高体育场馆开发能力，进而推动供给水平不断提高。

四是体育场馆导航、信息发布、预订结算系统兼容改造。通过加强新技

术在体育公共服务领域的应用，顺应杭州都市圈不断发展、高度协同化趋势，为都市圈居民提供在城际移动时实现体育健身服务无缝切换的良好体验。

三 杭州都市圈体育协同发展的政策短板、发展趋势

（一）政策短板

1. 协同内容单一

当前，杭州都市圈体育协同发展以群众体育交流为主要内容，竞技体育发展、体育场馆开发利用、体育赛事运营、体育产业推进、体育旅游培育等内容尚未得到充分开发，协同内容尚显单一。

2. 驱动力量单一

当前，杭州都市圈体育协同发展的驱动力量尚以政府体育行政部门为主，对社会力量、民间力量、市场力量和资本力量运用不足，驱动力量来源单一。

3. 资金来源单一

推动杭州都市圈体育协同发展的资金来源主要为都市圈各城市财政资金，其中包括相当大体量的体育彩票公益金。由于未能充分运用市场手段、开拓融资渠道，社会共同投入、共同分享发展红利的格局尚待促成。

4. 存在政策壁垒

一是财政政策壁垒。因"条条块块"的体制特点，地方财政"分灶吃饭"。以杭州市为例，当前对财政经费使用的管理相当严格，预算申报、事后审计，制度缜密。杭州都市圈六城市财政制度自成格局，若举办六城市联合活动，则经费如何分配、账目如何规范，还需要积极开展政策创新。

二是奖励政策壁垒。前些年，自上而下清理各类表彰、奖励，根据上级精神，当前各表彰项目均需向市有关部门申报，并严控立项。赛事资金

审核也有很多限制，六城市联合开展表彰、奖励活动，也需要进一步进行政策创新。

（二）发展趋势

都市圈城市协同发展的模式将是中国将来一个时期城市发展的趋势，都市圈城市间经济的协同发展将促进社会各项事业产生协同发展的需求。随着都市圈城市生活"同城化"事业推进，体育事业也必然出现协同发展的趋势。

从当前杭州都市圈体育工作发展的态势来看，会出现以下趋势：一是都市圈城市间体育人才选拔培养、训练竞赛工作形成协同互助；二是都市圈城市间体育场馆和赛事表演市场形成协同开发；三是都市圈城市间群众体育活动相互开放，群众体育团队增进交流，全民健身理论研究和实践形成协同推进。

四　杭州都市圈体育协同发展的路径选择与对策建议

（一）路径选择

杭州都市圈体育协同发展是大势所趋，顺势谋划，合理选择路径，将提高都市圈体育协同发展效率。

1. 分层错位发展

一是竞技重点项目的错位发展，都市圈城市分头突破，互助互补，共同提高。

二是休闲体育项目的错位发展，都市圈体育旅游项目各有鲜明特色。

三是体育赛事项目的错位发展，以中心城市带动副中心城市，根据各城市定位，承接各类体育赛事，形成层次分明的高水平体育赛事体系。

通过分层错位发展，快速增强杭州都市圈体育实力，既能提高都市圈知名度，也能提高各城市知名度，为都市圈居民带来观赏各级各类高水平体育赛事、参与各级各类高品质群众体育活动的机会，更能推动都市圈城市竞技

体育水平提高。

2. 区域品牌集成

一是将体育纳入区域品牌建设内容,将体育协同发展作为打造杭州都市圈品牌的重要内容,将体育工作打造成都市圈协同发展的"金名片"。

二是以杭州都市圈为单位打造共同的体育工作品牌。将都市圈城市体育发展的成果集成在区域体育协同发展品牌中。都市圈城市体育发展错位互补,一市一品,各具特色,但又分层连续,融合为一,应形成具有鲜明特色和较高识别度的杭州都市圈体育工作品牌。

3. 市场体系完善

一是推动民间体育组织发展和交流。杭州都市圈各城市在体育行政管理上存在不同的架构,必将对都市圈体育协同发展带来一定的制约和影响。行政力量在都市圈体育协同发展中是不可或缺的助力,但并不能完全依赖行政力量这一"推手"。在部分领域适度地去行政化,或能使都市圈体育协同发展具有更高的效率。民间体育组织的发展和交流是重要手段。

二是推进产业协同发展。杭州都市圈是中国最具经济活力的区域之一的长三角的"金南翼",经济活动非常活跃,体育产业作为朝阳产业在杭州都市圈的推进发展中具有强大的生命力,应及早规划,通过都市圈协同,促成产业资源战略重组,合理布局,形成上下游齐备的产业链,为杭州都市圈体育产业发展营造大格局、增强竞争力奠定良好的基础。

(二)对策建议

1. 建立协调机制

一方面,杭州都市圈六城市的地区发展差异和发展定位差异客观存在,在推进都市圈体育协同发展时,以实事求是的态度去面对这些差异,优于主观回避和强制平均。

另一方面,都市圈城市内部在体育协同发展过程中,既存在分工合作、互助互补,也存在竞争。为提高效率,建立有效协调机制就非常重要。当前,六城市已经建立了群众体育联席会议机制,并形成一年一轮值城市的制度，由轮值城市每年至少召开一次联席会议，举办体育交流活动、研讨论坛等。

随着杭州都市圈体育协同发展的推进，协同范畴将不断拓展，除协调群众体育工作与赛事交流等外，还应逐步增加产业利益协调、重大赛事申办资源和回报方案协调等领域的工作内容。

2. 消解政策壁垒

一方面，体育工作有其特点，竞技性、参与性决定了杭州都市圈体育协同发展必然包含经费结算、奖励分配、人才互助等工作内容。

另一方面，都市圈各城市在管理格局上有各自的模式，在财政经费使用、人才选拔机制、奖惩机制设立上均有严格制度。

两方面都是客观存在的，都具有合理性、合法性，但两方面存在互不匹配的矛盾之处。应当加大研究力度，积极开展制度创新、政策创新，以更高超的管理艺术完成政策梳理和制度设定，使之既能满足加强管理的要求，打造清廉体育的好作风，又能充分消解都市圈体育协同发展中遇到的政策壁垒。

3. 拓展融资渠道

杭州都市圈城市在体育发展领域的内在联系是协同发展的根本动力，市场的力量在都市圈体育协同发展推进过程中的作用不可忽视。充分运用现代投融资手段，拓展都市圈体育协同发展的融资渠道，借助资本和市场的力量，助推都市圈体育协同发展，为之提速，不仅有利于形成风格一致、水准恒定、令人难忘的杭州都市圈体育公共服务品牌，还有利于该品牌与市场开发互相促进，形成良好的发展与产出格局。

参考文献

韩刚、袁家冬：《论长春都市圈的地域范围与空间结构》，《地理科学》2014 年第 10 期。

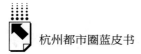
罗成书、程玉申：《杭州都市圈空间结构与演进机理》，《城市发展研究》2017 年第 6 期。

刘鸣鸣、刘勇、尹上、代婷：《产业融合视野下武汉城市圈体育产业协同发展研究》，《湖北经济学院学报》（人文社会科学版）2016 年第 12 期。

孔艳君、李克雷、宋广民：《京津冀休闲体育产业协同创新发展研究》，《当代体育科技》2017 年第 33 期。

B.16
推进杭州都市圈接轨长三角
一体化宣传研究

刘汉林　周璐彦　郑凌　陈立平*

摘　要： 意识形态工作是党的一项极端重要的工作。随着中国经济的快速发展和城镇化的持续推进，利用宣传的力量整合各城市资源，充分发挥新闻宣传强信心、聚民心、暖人心、筑同心的作用，让都市圈逐渐成为引领区域发展的重要增长极，成为满足城乡居民日益增长的多样化美好生活需求的重要抓手，这是一个时代课题。本报告通过对杭州都市圈十几年来宣传情况的系统梳理和总结，结合新时代面临的新机遇和新挑战，建议杭州都市圈宣传要以塑造品牌为核心，逐步探索实现圈内宣传资源共建共享，全力打造全媒体语境下新的传播生态。

关键词： 杭州都市圈　品牌建设　传播生态

　　城市群是经济发展水平的重要标志，是经济发展到一定阶段的重要标志。以纽约、巴黎、东京等为中心的诸多世界级城市群早已证明，高度同城化和一体化的城市群可在最大程度上实现资源优化配置，进而带动整个区域内经济快速发展。党的十九大报告明确指出，"以城市群为主体构建大中小

---

* 刘汉林，杭州网络舆情监测应急中心助理研究员。周璐彦，《杭州日报》杭州湾新闻中心副主任。郑凌，杭州文广集团主任编辑。陈立平，《杭州日报》记者。

城市和小城镇协调发展的城镇格局”，这是党中央基于城市化发展战略和城市空间布局规律，对我国城镇化建设发展做出的重大判断。如今，我国城市群建设进展明显，长三角城市群在规模上已位列世界六大城市群之一，在国家现代化建设大局和开放格局中具有举足轻重的战略地位。据媒体报道，“目前，‘十三五’规划《纲要》明确的 19 个城市群，承载了我国 78% 的人口，贡献了超过 80% 的国内生产总值。其中，京津冀、长三角、珠三角、成渝、长江中游等城市群以 10.4% 的国土面积，集聚了近 40% 的人口，创造了超过一半的国内生产总值”①。

与城市群的概念相对，都市圈的概念最早可追溯到 1910 年美国统治领域的大都市区（Metropolitan Area），其后几经演变，虽然有“都市圈”“都市区”“城市圈”等不同称谓，但定义已基本取得三点共识。一是以核心城市为引领。这个核心城市可以是超大城市、特大城市或辐射带动功能强的大城市，其核心作用不仅体现在命名上，而且更多地体现都市圈的主要经济驱动力量和品牌形象，在都市圈的形成和发展中非常重要。二是空间距离以 1 小时通勤圈为主。合理半径以 100 ~ 150 公里为宜，最远不大于 200 公里，这样能当天来回，方便群众办事。不过随着道路的四通八达，这个空间距离还可以进一步增加。三是圈内构成梯度化的经济协作模式。各圈层城市间应存在明显的经济发展梯度、产业梯度和技术梯度，从而可以在更大的范围内进行资源配置。都市圈一体化的发展规划，有利于形成商品流、资金流、人才流的大流通、大市场格局。

根据专家预测，未来中国将形成“城市群—都市圈—中心城市—大小城市协同发展—特色小镇—乡村振兴”的战略格局和全尺度的空间组合链条。但无论是哪一层级的发展，对外塑造品牌、对内形成建设合力，宣传的力量都必不可少。枪杆子出政权，笔杆子出人心。无论是在革命时期还是在现代化建设时期，枪杆子和笔杆子都是实现中华民族伟大复兴中国梦不可或

---

① 《【新时代新作为新篇章】我国城市群建设取得明显进展 集聚和带动效应持续增强》，央广网百家号，https://baijiahao.baidu.com/s? id = 1642164533269643494&wfr = spider&for = pc。

缺的两大力量。

意识形态工作历来就是党的一项极端重要的工作，承担着为国家立心、为民族立魂的重要使命。党的十八大以来，以习近平同志为核心的党中央高度重视宣传思想工作，多次就如何做好新时代新形势下的宣传思想工作做出重要部署。在实现"中国梦"的历史征程中，我们必须把统一思想、凝聚力量作为宣传思想工作的中心环节，"促进全体人民在理想信念、价值理念、道德观念上紧紧团结在一起"。杭州都市圈成立十多年来，宣传专委会守土有责、守土尽责，积极围绕助推都市圈融合发展这个工作目标，不断进行理念创新、手段创新、基层工作创新，为杭州都市圈的快速发展、深度融合进行了有益的探索和实践。

一　宣传推进杭州都市圈接轨长三角的举措与经验

国内都市圈建设始于 1982 年国务院提出以上海为中心建立经济圈的设想。经过 30 多年的发展，据统计，当前中国有千万级大都市圈 24 个，其中上海、北京、杭州等 10 个大都市圈人口突破 2000 万人，以全国 6.7% 的土地集聚约 33% 的常住人口，创造约 54% 的 GDP。目前，以中心城市为引领的都市圈城市群已成为支撑中国经济高质量发展的主要平台。2019 年 2 月，《国家发展改革委关于培育发展现代化都市圈的指导意见》出台，明确"建设现代化都市圈是推进新型城镇化的重要手段"，提出要建设一批"统一市场建设、基础设施一体高效、公共服务共建共享、产业专业化分工协作、生态环境共保共治、城乡融合发展"的现代化都市圈。

2007 年 5 月，随着第一次市长联席会议召开，杭州都市圈建设正式启动。2014 年，经国家发改委批复，杭州都市圈成为全国首个都市圈经济转型升级综合改革试点。2016 年 5 月，国务院常务会议通过《长江三角洲城市群发展规划》，杭州都市圈建设发展正式上升为国家战略。2018 年，杭州都市圈首次扩容，浙江衢州市、安徽黄山市正式加入。如今，杭州都市圈正努力建设世界第六大城市群——长三角城市群的重要板块、亚太国际门户长

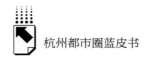

三角地区的有机组成部分、全国科学发展和谐发展先行区和浙江创业创新核心区。

作为杭州参与长三角建设的基本盘，杭州都市圈早在 12 年前就已成立宣传专委会，立足都市圈，着眼长三角，通过建立城市合作宣传机制，构建立体传播体系，搭建都市圈宣传平台，对内增强凝聚力，对外扩大影响力，积极促进杭州参与长三角高质量一体化发展、杭州都市圈强圈建设，促进杭州全市域快速发展。通过发挥舆论先导作用，唱响都市圈，力推大融合，引导社会各界关注区域协同发展，彰显新闻推动区域合作的力量，营造推动杭州都市圈发展、杭州参与长三角建设的浓厚氛围。

（一）强化顶层设计，构建六城一体的宣传协调工作机制

都市圈不是行政单元，存在实施主体缺位的先天缺陷。为构建统一联动的宣传合作机制，2008 年经杭州都市圈第二次市长联席会议批准，杭州都市圈宣传专业委员会正式成立。该专委会是由杭州、湖州、嘉兴、绍兴等（2018 年，衢州、黄山加入）六城市宣传主管部门协商一致，自愿组成的跨区域宣传合作发展协调机构。按照"规划共绘、交通共联、市场共构、产业共兴、品牌共推、环境共保、社会共享"的工作要求，以舆论为先导，助推杭州、湖州、嘉兴、绍兴、衢州、黄山开展全方位、多领域、深层次的合作与交流，形成杭州都市圈"共商、共建、共享"的发展格局。

宣传专委会主要由杭州、湖州、嘉兴、绍兴、衢州、黄山六城市政府新闻办负责人，杭州日报报业集团、杭州文化广播电视集团及有关县（市）区委宣传部门负责人组成，宣传专委会设主任一名，副主任八名，委员若干。宣传专委会下设杭州日报报业集团、杭州文化广播电视集团两大协作体，统筹协调各城市报纸、电台、电视台、新媒体等宣传资源，众志成城，形成宣传优势。为了及时沟通协调，宣传专委会还设立联络员制度，组建联络员 QQ 群、微信群。六城市及六个节点县市各选派一名人员担任联络员，负责杭州都市圈日常宣传协调工作。在年底及重要时间节点，宣传专委会都要组织召开联席工作会议，各城市宣传部负责人聚在一起，共谋杭州都市圈

宣传重点、讨论接轨长三角的宣传思路，建立了一套被实践证明行之有效的宣传沟通合作机制。

在宣传专委会指导下，《杭州日报》与湖州、嘉兴、绍兴等城市组建新闻网站联盟，建立联席会议议事机制，联合开展"大型联合采访"等多层面项目合作，取得了丰硕成果。值得一提的是，宣传专委会还积极探索市县联动深耕节点县市"融杭接沪"宣传方式，携手德清共同组建地方传媒公司，在深入宣传区域融合的基础上积极拓展现代多元产业，是宣传领域区域融合发展的典范。通过合作，德清当地的受众资源和市场资源成为《杭州日报》深耕都市圈区县的试验场。放眼全国城市党报，这是探索县市报跨区域合作的一次全新实践，对推动新形势下媒体改革与发展，深度拓展与寻找新增长点具有探索意义。

总之，杭州都市圈成立十多年来，杭州都市圈宣传专委会在建设成果宣传、区域品牌推广等方面发挥重要作用，积极引导社会各界关注和参与都市圈建设，推进长三角一体化发展，是杭州都市圈快速建设、顺利发展的推动剂、润滑剂。

（二）依托媒体资源优势，积极打造杭州都市圈宣传阵地和活动品牌

为了做好新形势下杭州都市圈宣传工作，切实增强新闻传播力、引导力、影响力、公信力，历经十多年的精心打磨，杭州都市圈成功构建了以"版面栏目＋媒体联盟＋品牌活动"为基础的"三位一体"的宣传体系。

1. 版面栏目方面

杭州、湖州、嘉兴、绍兴、衢州、黄山六地都立足各自媒体资源和城市发展需要，创设了与杭州都市圈相关的宣传报道阵地。以杭州为例，目前，《杭州日报》的《杭州湾新闻》、杭州电视台的"聚焦长三角"、杭州人民广播电台的《最美三江两岸》等一批品牌栏目发展成为杭州都市圈宣传的重要阵地。另外，"聚焦杭州都市圈"大型媒体联合采访活动运用消息、通讯、综述、特写等多种报道手法，通过媒体融合的手段，报道杭州都市圈市民关注

度高的经济、民生、交通、环保等领域一体化发展的探索情况，以及区域融合发展的成果，获得杭报集团最佳版面（栏目）奖项。杭州电视台综合频道于2012年开始在《杭州新闻联播》中开设"聚焦长三角"专版，从原来两周一期不定时报道长三角新闻，增加到了一周两期专版，每期时长增加，每周从"公共电视新闻网"中选取长三角区域（浙江、江苏、上海）焦点、热点新闻，新闻条数从原来的每期2~3条增加到了每期4~5条，全方位、立体式地展示都市圈城市间的交流与融合成果，引导社会各界共同关注和参与都市圈发展。

2. 媒体联盟方面

宣传专委会紧扣时代脉搏，认真研究、把握新闻传播规律和新媒体发展规律，通过创新传播渠道，拓展媒体发布平台，构建新媒体集群等方式，积极整合各地新闻媒体资源，推动新闻生产要素共享融通。经过多年的努力，宣传专委会在杭州日报报业集团、杭州文化广播电视集团两大协作体的支持下，依托报、网、机、电视、电台多种发布平台，组建都市圈新闻网站联盟，成功构建了以传统媒体为核心，以官方微博、微信、手机客户端等多终端发布、全媒体联动的杭州都市圈立体传播体系。如今，杭州都市圈互利共赢、融合发展以及抱团接轨长三角的新经验、新做法等宣传信息已经实现多终端发布、全媒体联动，实现实时滚动发布与深度解读相结合，在全国各大都市圈内独树一帜。尤其是在新媒体方面，以都市圈在线网站、杭州都市圈微信、微博为龙头，以德清关注、安吉关注、嘉兴关注为补充的都市圈新媒体矩阵已经初具规模，宣传报道影响力越来越大。杭州移动电视频道联合上海、南京、苏州、宁波、无锡、扬州、温州、合肥、常州等长三角10家移动电视频道，共同成立长三角移动电视合作体，打造区域联播节目《穿行长三角》，每天播出5分钟，设置"动态长三角""文旅江南"两个板块，辐射9500万名长三角人。2019年，《杭州日报》联合诸暨市向全球动漫设计爱好者发出西施动漫形象设计征集令，相关活动"抖音"小视频在朋友圈被刷屏，上万人参与海选投票，对树立诸暨"城市品牌形象"以及宣传诸暨"与杭同城"起到积极的助推作用。

3. 品牌活动方面

"聚焦杭州都市圈"大型媒体联合采访活动持续多年，是聚合多方资源重点打造的一个宣传品牌。联合采访活动整合圈内各城市党报、党刊、电台、电视台以及形式多样的网络媒体资源，邀请中央、省、市、县（区）及境外等媒体，组成全媒体立体传播的大型联合采访团。采访团记者坚持"三贴近"，践行"三深入"，深化"走转改"，进乡镇、访农户、进企业、走田间，多角度、多层次、全方位挖掘杭州都市圈城市跨区域发展、接轨长三角一体化建设的成果。10 余年来，宣传专委会先后组织开展了以"转危为机，跨越发展""和谐生态，美丽家园""交通共建　城市共联""共享机遇　共促发展"等为主题的大型联合采访活动。一期一主题，紧扣发展热点，经过 10 余年的薪火相传、接力打造，联合采访活动不断完善，入选杭州都市圈十大品牌活动之一。这一活动在都市圈节点县市受到广泛认可和赞许。采访团每到一地深入采访，用笔和镜头展示各地具有借鉴意义的发展经验，展现都市圈城市在区域融合、接轨长三角等方面的生动实践，活动推出的一大批"走转改"稿件，内容扎实、文风朴实、细节生动，也是受众了解杭州都市圈建设与长三角一体化发展进程、享受民生"幸福圈"、提升获得感的重要窗口，进一步彰显了各地开放、共享、发展的精神。

此外，为了更好地向社会宣传杭州都市圈经济社会发展成果，从 2015 年开始，宣传专委会受杭州都市圈合作发展办公室委托结集出版《杭州都市圈·杭湖嘉绍携手奔跑的八年》（2015）和《杭州都市圈·十年》（2017），全面展示杭州都市圈建设成果，展望新时期杭州都市圈建设机遇。

（三）主动策划活动挖掘经验，不断拓展杭州都市圈宣传领域和宣传内容

在做好杭州都市圈重点活动和常规宣传的基础上，宣传专委会还主动进行宣传活动策划，深入各节点县市挖掘"融杭"和"接轨长三角"经验，积极创新宣传形式，拓展宣传领域，丰富宣传素材。

杭州都市圈蓝皮书

1. 浓墨重彩宣传市长联席会议

杭州都市圈市长联席会议、长三角市长联席会议是每年的宣传重点。宣传专委会均会邀请众多中央、长三角、省级以及杭州都市圈城市媒体参加会议宣传报道。从会前的预热报道，到会中全程视频、图文等新媒体滚动直播，再到会后的深度报道，通过全媒体传播，实现了对市长联席会议速度快、范围广、力度大等的宣传。在 2019 年杭州都市圈市长联席会议当天，《杭州日报》推出"把握长三角一体化机遇　共创都市圈数字化未来——杭州都市圈第十次市长联席会议"特刊，以 16 个版面的超大容量，从专委会合作项目建设、节点县市融杭等方面，全面展示杭州都市圈从启动以来的建设成果、抱团接轨长三角的经验，形成报道的强大声势和整体效应。其中，特刊的封面尤为抢眼，刊登杭州、湖州、嘉兴、绍兴、衢州和黄山六城市领导寄语，展现六城市精诚合作的决心与力度，引发各地转发热潮。

2. 组织召开建设成果新闻发布会

知常明变者赢，守正创新者进。推动宣传思想工作不断强起来，创新至关重要。从 2018 年开始，在杭州都市圈市长联席会议召开前一天，宣传专委会组织召开都市圈建设成果新闻发布会。发布会邀请杭州都市圈合作发展协调会办公室、六城市以及安吉、德清、海宁、桐乡、柯桥、诸暨等节点县市相关负责人介绍一年来杭州都市圈城市合作交流成果及下一步打算。2019 年，在杭州都市圈建设成果新闻发布会，来自中央、长三角、省级以及杭州都市圈城市媒体以及政务发布的近 50 名记者、编辑参会报道。新闻发布会精心设计流程，充分展现了杭州作为中心城市，集聚辐射力不断增强，周边节点县市融杭积极性不断提高，浓墨重彩展现整个杭州都市圈规划共绘、交通共联、产业共兴、社会共享等方面的一体化发展成就与未来的发展前景。

3. 举办专委会主任在线访谈

杭州都市圈一体化发展与抱团接轨长三角实行"共商共建共享"策略。为了大力宣传各地在规划共绘、交通共联、市场共构、产业共兴、品牌共推、环境共保、社会共享等方面所做的努力和取得的成果，宣传专委会主动搭建访谈平台，邀请杭州都市圈各专委会主任畅谈各自领域的共建成果和发展规划，例如杭州日报报业集团联合交通专委会先后两次举办交通专委会主任（交通局局长）在线访谈，邀请各地交通局领导做客"杭报在线"新闻演播厅，就"十二五"时期杭州都市圈交通建设成果以及"十三五"时期重点推进的重大交通工程项目等与现场观众及线上网民进行互动，逐一解答大家关心的交通建设热点问题。"高铁半小时交通圈"、"高速一小时交通圈"、城际轨道网络等议题引来媒体连连发问，其成为向公众展示杭州都市圈宣传专委会工作的重要平台。

4. 深入挖掘融杭接沪城市战略实施经验

一花独放不是春，百花齐放春满园。近年来，杭州都市圈各兄弟城市和节点县市先后提出融杭接沪战略，这成为都市圈加深一体化、接轨长三角的一个重要现象。绍兴推出"融杭联甬接沪"战略，诸暨提出"北承南接"战略，柯桥提出争当"融杭接沪示范区"等，融入杭州都市圈、接轨大上海成为周边城市的共识。衢州在全省率先设立长三角对接办，专门负责衢州在长三角的联络联系、经济协作、招商引资、城市品牌宣传等工作。湖州则围绕南太湖新区，提出打造长三角区域发展重要增长极，让新区成为湖州乃至长三角科技、人才、金融等高端要素的聚集之地。基于融入区域中心城市的战略，各地也从官方到民间形成了朗朗上口的宣传口号与理念。绍兴提出"与杭同城"，德清提出"杭州北区　创业新城"，海宁叫响"不是杭州、就在杭州"，柯桥打响"接轨沪杭都市圈的桥头堡"，安吉提出"那片大竹海　就在西湖边"，这些口号与理念早已被人熟知……通过媒体宣传、活动推广等形式，如今这些城市的融杭理念已经广为人知，成为各地融杭无形的成果。

5. 积极宣传各地线下交流合作做法

为推动各城市在农业、教育、艺术、旅游等产业之间的合作与发展，杭州都市圈经常会开展一系列丰富多彩的活动，如杭州都市圈优质农产品迎新春大联展、杭嘉湖绍新春旅游优惠月活动、市民体验日等，这些活动均得到杭州都市圈宣传联盟各大媒体的大力参与和广泛宣传，为杭、嘉、湖、绍、衢、黄六大城市间的沟通与交流搭建了有效平台，促进了产业间深度合作与发展。2019 年，杭州文化广播电视集团承办第二届中国（杭州）美丽乡村丰收节。中央电视台、新浪网、今日头条等全国 30 家媒体共报道 100 多篇。人民网、新华社现场云、今日头条、新浪微博、腾讯视频、杭州之家等多家网络媒体对丰收节良渚主场活动进行网络直播，总观看人数超过 500 万人次。为期一个多月的活动呈现了具有杭州特色的振奋、激励、欢乐、喜悦的美丽乡村丰收景象，展现了杭州都市圈在产业兴旺、生态宜居、乡风文明、治理有效、生活富裕的乡村振兴事业方面的积极作为。

二　跨区域联动宣传存在的问题

伴随着杭州都市圈战略地位的提升和建设成果的显现，各地对这一工作越来越重视，宣传力度也逐渐加大。从单个地方宣传的质和量来讲，应该说都可圈可点。但从跨区域联动宣传这个角度来看，宣传声势还不够浩大，各地在宣传联动方面还有待加强。

（一）横向上看，城市间信息源沟通还不通畅

都市圈能够成为一个"圈"，基于都市圈内部的高度一体化。但这个"高度一体化"的实现是一个长期努力的过程。都市圈内包含大量拥有各自利益的主体，如圈内的居民、企业以及外来投资者等，但最主要的是各个地方的政府，它们都是都市圈的利益相关者。由于各自利益的相对独立性，因此难免出现利益不一致的情形，出现所谓的"虹吸效应""税收竞争"等。再加上一些城市对共同建设都市圈整体品牌的重要性认识不足，只存在"搭便车"的想法，存在各唱各戏、相互拆台等不良现象，信息互动共享方面底气不足。目前，沟通仍处于以杭州为中心的放射状状态，多点联系的网状结构仍然没有形成，各个城市之间、节点县市之间的沟通交流还有待加强。许多地方的融杭举措以及区域合作动作，往往因缺乏沟通而未能形成联

动宣传的良好声势。

党的十八大以来，习近平总书记多次强调，"发展是党执政兴国的第一要务，是解决我国一切问题的基础和关键"。在都市圈建设发展过程中，各城市间确实在人、财、物等各项资源方面进行竞争，圈内各地区各城市的利益冲突不可避免。但发展的问题还需要用发展的方式来解决，都市圈发展带来的增量利益是平衡和协调各方利益的根本手段。各城市不能因噎废食，必须抛开狭隘的地域之见，加强信息交流合作，形成都市圈建设共识和宣传声势。

（二）纵向上看，与专委会间的联系有待加强

目前，杭州都市圈已建立了规划、交通、产业、环保、旅游、宣传、信用等 16 个专业委员会，它们成为推进杭州都市圈各领域区域合作工作的中流砥柱。由于各专委会设在牵头单位的业务部门，同时各单位又设有宣传部门，在宣传机制不顺、缺乏宣传意识等多种因素的作用下，杭州都市圈内很多具有新闻价值的信息要么未及时发掘出来并进行报道，要么只是参与单位向各媒体供稿形成零星报道，根本无法形成宣传声势。

宣传难为无米之炊。宣传是渠道，是载体，宣传内容需要各专委会的业务支撑，及时获取各个专委会的最新工作成果至关重要。各专委会之间、其他专委会与宣传专委会之间应建立稳固的信息交流机制，对重大活动、重大项目、重要节点的宣传提前进行策划，统一进行报道，这样有助于形成一波波连绵不断又重点突出的宣传声势。

（三）从宣传趋势看，全媒体语境下急需宣传创新

2019 年 1 月，习近平在中共中央政治局第十二次集体学习时强调，"全媒体不断发展，出现了全程媒体、全息媒体、全员媒体、全效媒体，信息无处不在、无所不及、无人不用，导致舆论生态、媒体格局、传播方式发生深刻变化"，"要运用信息革命成果，推动媒体融合向纵深发展，做大做强主流舆论，巩固全党全国人民团结奋斗的共同思想基础"。

全媒体带来的是技术、平台与传播方式的全方面融合，为宣传创新提

供了无限可能和强大动力。很多主流媒体已经开始尝试用全媒体技术进行宣传，如新华社"AI合成主播"、科大讯飞助力《人民日报》完成"转写机器人"、《光明日报》的"多信道直播云台"等，都为当下宣传提供了很好的借鉴。在消费升级的今天，无论是生活消费还是精神享受，个性化、多样化、定制化是大趋势。信息消费也是如此。2012年3月，基于数据挖掘的推荐引擎产品"今日头条"横空出世。利用个性化推荐引擎技术，根据每个用户的兴趣、位置等多个维度进行个性化信息推荐的新型智能化信息分发机制为信息内容与用户间的匹配提供了全新的传播方式，是未来宣传趋势之一。

三　宣传力推"做强都市圈　领衔金南翼"的对策

在2018年底召开的杭州市委工作务虚会上，杭州市委书记周江勇明确提出要"做深大融合"，抓好融入长三角城市群、做强杭州都市圈和杭州全市域三个圈层。2019年，杭州都市圈第十次市长联席会议提出，2020年的主要任务为共建"七个圈"，携手融入长三角一体化发展，共构全方位接轨大上海新格局。在杭州都市圈跨区域合作的"快跑时代"，宣传工作必须跟上时代的步伐，更加积极有为。

（一）努力塑造统一的杭州都市圈品牌形象

不仅单一的产品或服务具有品牌，都市圈也一样可以有自己的品牌。不过都市圈品牌成分较为复杂，涉及圈内的产品和服务、资源、旅游、居民素质、历史文化传统、营商环境等多种元素，还应通过消费者、投资者、旅游者等个体的亲身体验、实践感知以及由此产生的对比、联想等最终形成品牌印象。建设都市圈品牌核心有两个：一是核心城市品牌，二是圈内优势产业集群。世界一些著名的都市圈品牌印象与圈内特别是核心城市的优势产业集群有着密切联系，如伦敦之于金融业、巴黎之于时装和香水等奢侈消费品产业、东京之于电子产业等，这些都是蜚声全球的品牌印象。

良好的都市圈品牌能够在各个方面营销都市圈，其要素集聚和促销功能不仅促进都市圈核心城市发展，而且更重要的是将带动都市圈整体发展，推动都市圈一体化进程。《杭州都市圈发展规划（2020—2035年）编制大纲》明确提出，围绕"具有全球影响力和竞争力的现代化大都市圈"总体定位，把杭州都市圈建设成"全球数字经济创新高地、亚太国际门户重要枢纽、中国绿色生态宜居样本、长三角南翼核心增长极"。那么各城市在杭州都市圈宣传过程中，要有目的、有意识地围绕这个总体定位和发展目标进行宣传策划，通过潜移默化的话题引导形成"刻板印象"，最终逐渐将其演化成杭州都市圈的特色品牌和形象。

（二）建立开放的宣传绩效考核机制

习近平总书记曾在中共中央党校春季学期开学典礼上强调，"抓好落实，具有良好的精神状态和优良的作风很重要，建立科学管用的制度和机制同样很重要。要制定强有力的组织措施、考核措施、激励措施，健全抓落实的工作机制"。《杭州都市圈发展规划（2020—2035年）编制大纲》已绘就了杭州都市圈发展蓝图，把蓝图变为现实是一次新的长征，必须充分发挥绩效考核的"指挥棒"作用，围绕规划任务紧抓落实，督促各城市凝心聚力、攻坚克难，努力开创杭州都市圈建设新局面。

就宣传角度而言，宣传考核机制的建立，也是推动宣传工作最有效的手段之一。目前，宣传专委会也建有例行的考核机制，每年都举行联席会议，要求各成员单位汇报一年来的宣传成果和亮点，检视存在的不足等。但从实际效果来看，宣传考核机制不应仅关注发了多少数量的宣传报道、上了几次电视等，还需要注重内容供给侧改革。首先，建立更加完善的宣传系统通信员联络制度，实现联通便捷、工作交流畅通。其次，建议把跨城市宣传纳入常态考核内容，当前德清、安吉等县市已将《杭州日报》纳入考核体系，充分调动起当地各部门、各乡镇融杭接沪宣传的积极性，其他县市也可参考建立开放的考核机制，打通都市圈内行政分割的宣传壁垒，从根本上提升都市圈宣传的积极性。

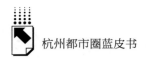

（三）加强频繁有序的城市间宣传交流合作

宣传思想工作是一项长期的系统工程，政治性强、涉及面广、影响力大，需要全方位统筹谋划、多部门协作联动、各阶层参与配合。要做好新形势下的杭州都市圈宣传工作，必须树立"大宣传"的理念，动员各条战线各个部门一起来做，实现工作"共融"、资源"共享"、活动"共振"、机制"共建"。

就整个杭州都市圈层面而言，建议在宣传专委会联席会议的基础上，一方面，加强杭州与其他城市、各节点县市的沟通交流宣传，例如以《杭州日报》、杭州电视台、杭州电台等媒体为纽带，宣传报道湖州、嘉兴、绍兴、衢州、黄山等地推动杭州都市圈建设、接轨长三角一体化发展的探索与实践，此外还可以推进不定期的走访活动，加强各地宣传部门间的联络，增进各地间的感情。另一方面，加强城市间、节点县市间的沟通交流合作，建议节点县市与合作密切的相邻区县之间开展点对点的"结对宣传"，甚至可以尝试组团推介。绍兴柯桥区与杭州萧山区两地已经进行很多实质性合作，柯桥区一些干部甚至专门委托订阅萧山的报纸以了解最新工作动态。在此基础上，两地宣传系统可考虑建立更深入的合作关系，先行试点互派人员、互设记者站等，尝试打造杭州都市圈宣传合作示范区。

（四）打造全媒体语境下新的传播生态环境

经过多年的努力，目前，杭州都市圈新闻网站联盟已经成功组建，多终端发布、全媒体联动的杭州都市圈立体宣传体系已初显威力。但面对全媒体语境，这种革新还远远不够，宣传手段和载体还有待进一步丰富。都市圈宣传体系还需要与时俱进，进一步拓展阵地，完善结构，从而进一步扩大宣传覆盖面和增强影响力。此外，除了在载体上进一步加强与长三角主流媒体的联系外，也应"跳出都市圈"宣传都市圈，主动将都市圈宣传纳入长三角一体化发展中，积极关注进博会、G60科创走廊等长三角一体化重大活动和平台，以长三角"金南翼"的高度和胸怀开展宣传工作。

在 2019 年宣传专委会工作会议上，宣传部门相关负责人提出，希望通过媒体的实地调研解决区域合作中的一些难点、痛点，以内参或报道的形式上报市委市政府主要领导，深入反映实际问题，从而推动相关问题解决。这也是进一步主动发挥宣传作用的有力途径之一。总之，面对全媒体的宣传语境，必须整合线上线下资源，打通传统媒体和新兴媒体、主流媒体和商业平台的界限，从"相加"到"相融"，全力营造"宣传互融、内容兼容、资源通融、利益共融"的传播生态环境，为杭州都市圈的发展提供源源不绝的动力支持。

参考文献

高汝熹、罗守贵：《论都市圈的整体性、成长动力及中国都市圈的发展态势》，《现代城市研究》2006 年第 8 期。

杜德斌、智瑞芝：《日本首都圈的建设及其经验》，《世界地理研究》2004 年第 4 期。

王于渐、陆雄文等：《重返经济舞台中心——长三角区域经济的融合转型》，上海人民出版社，2007。

洪庆华、沈翔主编《杭州都市圈发展报告（2018）——美丽中国·杭州都市圈样板》，社会科学文献出版社，2018。

陈红霞：《都市圈产业升级与区域结构重塑》，科学出版社，2018。

方晨光：《融合·联动·共享——长三角协同创新一体化发展战略》，中国广播影视出版社，2019。

新华通讯社课题组：《习近平新闻舆论思想要论》，新华出版社，2018。

崔晶：《都市圈地方政府协作治理》，中国人民大学出版社，2015。

廉军伟：《都市圈协同发展理论与实践》，浙江工商大学出版社，2016。

许雄辉：《传播城市：城市形象对外宣传策略》，宁波出版社，2013。

孙湘明：《城市品牌形象系统研究》，人民出版社，2012。

B.17
杭州都市圈和上海都市圈融合发展研究

姚如青*

摘　要： 杭州都市圈和上海都市圈融合发展既是落实长三角一体化发展国家战略的需要，又是巩固杭州都市圈核心地位的需要，还是推进城市供给侧结构性改革的需要。两个都市圈融合发展的保障条件已经到位，需要吸取和借鉴包括京津冀城市群北京和天津、粤港澳大湾区广州和深圳、成渝大城市群成都和重庆、日本太平洋沿岸城市群东京和大阪、美国大西洋沿岸城市群纽约和波士顿融合发展的经验和教训，做好两个都市圈融合发展的趋势研判，瞄准都市圈融合发展的六个难点，提出推动融合发展的建议，即推进圈际关系研究、提升通道设施能力、拓展融合发展视野、丰富融合发展载体、增强融合发展动力、畅通融合发展机制。

关键词： 都市圈融合发展　杭州都市圈　上海都市圈

按照 2016 年《长江三角洲城市群发展规划》的设想，上海需要着重发挥龙头带动的核心作用，推动南京都市圈、杭州都市圈、合肥都市圈、苏锡常都市圈、宁波都市圈同城化发展。但是，长三角一体化发展需要符合实际的操作步骤，通过一步接着一步的实践向前推进。为此，上海基于自身发展需要和长三角一体化实际，提出"上海大都市圈"的设想，吸纳邻近城市共同组成全球城市区域。根据《上海大都市圈空间协同规划（草案）》，苏

---

* 姚如青，中共杭州市委党校市情研究所所长，杭州财政经济研究会会员，研究方向为区域经济。

锡常都市圈、宁波都市圈的核心城市均被纳入"上海大都市圈"范围，杭州都市圈的湖州和嘉兴也在"上海大都市圈"范围之内。同时，作为杭州都市圈的核心城市，杭州没被纳入"上海大都市圈"范围。这既意味着杭州具有更大的独立空间和选择余地，可以通过夯实杭州都市圈，把杭州融入长三角的基本盘，又意味着杭州需要自身努力，更加主动对接"上海大都市圈"，推动两个都市圈融合发展，从而抢占区域发展的制高点，更好地进行杭州"一城一窗"建设。杭州、上海都市圈主要数据比较见表1。

表1　杭州、上海都市圈主要数据比较

	覆盖范围	常住人口（万人）	土地面积（万平方公里）	经济规模（万亿元）
杭州都市圈	杭州、湖州、嘉兴、绍兴、衢州、黄山	2621	5.3	3.94
上海都市圈	上海、苏州、无锡、南通、嘉兴、湖州、舟山、宁波	6598	4.8	8.94

注：2007年，杭州都市圈成立，杭州、湖州、嘉兴和绍兴四个城市共建杭州都市圈；2018年，杭州都市圈扩容，衢州和黄山加入杭州都市圈；按照2017年国务院批复的《上海市城市总体规划（2017—2035年）》，上海都市圈包括上海、苏州、杭州、无锡、宁波、南通、常州、绍兴、嘉兴、湖州、舟山，但是，按照2018年上海、江苏和浙江共同酝酿出台的《上海大都市圈空间协同规划（草案）》，上海都市圈明确"1+7"模式，杭州和常州不在上海都市圈范围之内，另外，按照2019年发布的《长江三角洲区域一体化发展规划纲要》，绍兴不在上海都市圈范围之内。

资料来源：课题组根据对两个都市圈相关城市发布的统计公报的数据整理得到。

一　杭州、上海两个都市圈融合发展的重要意义

（一）这是落实长三角一体化发展国家战略的需要

长三角一体化的落地路径之一是毗邻都市圈，互补联动、融合发展。由于地理位置的关系，这种实施路径大致可分为两个方向。一个方向是南京都市圈和合肥都市圈融合发展，形成更大范围的"南京—合肥都市圈"。另一个方向是上海都市圈和杭州都市圈融合发展，形成更大范围的"上海—杭

州都市圈"。两个方向相互影响、相互竞争、相互推动。为此，杭州需要站在长三角一体化发展国家战略高度，认清"上海—杭州都市圈"之于长三角一体化的重要地位，发挥上海龙头带动的核心作用，主动推进杭州都市圈和上海都市圈融合发展。

（二）这是巩固杭州都市圈核心地位的需要

杭州都市圈和上海都市圈融合发展，既让杭州借力大上海，更好地带动杭州都市圈整体发展，凸显上海辐射带动杭州都市圈发展中杭州的中介功能，又让杭州做大做强都市圈，更好地服务、借力大上海，发挥杭州作为杭州都市圈连接上海、走向国际的枢纽功能。为此，杭州需要采取"两手抓"的政策：一手就是抓做强做大都市圈，推动都市圈同城化，实现以都市圈为单位的集群融入；另一手就是抓服务，借力上海，通过服务和支持上海打造全球卓越城市，使杭州可以更好地利用上海这个大平台壮大自己，连接全球。

（三）这是推进城市供给侧结构性改革的需要

杭州都市圈和上海都市圈融合发展，其实就是进行一次城市供给侧结构性改革，通过加强区域协调、管控和引导，解决供需错配与空间错配并存的矛盾，助推要素配置一体化，助推政务服务一体化，助推标准体系一体化，助推生态环保一体化，促进空间布局高水平，促进产业发展高层次，促进人民生活高品质，实现两个都市圈良性互动和优势互补，使"上海—杭州都市圈"成为"全国发展强劲活跃增长极、全国高质量发展样板区、率先基本实现现代化引领区、区域一体化发展示范区和新时代改革开放新高地"。

二　杭州、上海两个都市圈融合发展的基础条件

（一）阶段相宜

2018 年，上海和杭州生产总值分别约为 3.3 万亿元和 1.4 万亿元，这

两座城市的经济社会发展均已进入都市圈经济时代。按照《上海大都市圈空间协同规划（草案）》，上海大都市圈实施以上海为核心的"1+7"模式。随着衢州和黄山的加入，杭州都市圈形成以杭州为核心的"4+2"模式。在长三角一体化发展的背景下，两个都市圈相互依赖、密不可分，融合发展需求日益强烈，融合发展基础不断巩固，融合发展趋势日益显现。

（二）地理相邻

地理相邻是彼此融合发展的天然条件。杭州距离上海仅162公里，是国务院批复确定的浙江省省会和全省经济、文化、科教中心，长江三角洲中心城市之一，是环杭州湾大湾区核心城市、G60科创走廊中心城市和国际重要的电子商务中心，可与上海共同构成长三角世界级城市群。另外，两个都市圈相互重叠，湖州和嘉兴既是上海都市圈的组成部分，又是杭州都市圈的组成部分。其中，嘉兴成为连通杭州和上海的地理走廊。

（三）交通相连

交通一体化可以缩短两个都市圈的时空距离，奠定人员往来和经济联系的坚实基础。按照国际城市发展规律，"1小时都市圈"让城市之间可以方便通勤，形成密切联系。杭州与上海之间已有3条高速公路、1条高铁、1条普铁。其中，随着沪杭高铁的开通使用，上海和杭州两地的单向时间缩短为45分钟，进入了"1小时都市圈"的范围。"1小时都市圈"让两地通勤交通成为可能，使两地人员往来如同在一座城市，"上海—杭州都市生活圈"初具雏形。

（四）文化同源

杭州都市圈和上海都市圈处在古代中国江南地区，承载悠久历史、具有鲜明特征的江南文化。江南文化注重工商经济，激发了两个都市圈市场经济主体的创新活力；注重对外包容，促进两个都市圈在融合基础上实现对外开放和融入全球；注重合作诚信，推动区域之间的合作丰富多彩，不断深化。

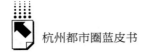
总之，两个都市圈融合发展具有更深层次的历史文化积淀，包括语言、饮食习惯和民俗在内的传统文化相互接近，有利于城市之间进行人文交流，减少融合发展中的文明冲突。

（五）功能互补

长三角一体化发展国家战略的题中应有之义就是强调各扬所长、优势叠加。上海正在有序疏解非大都市核心功能，全力打造包括国际经济、金融、贸易、航运和科技创新在内的"五个中心"。杭州可以借梯登高、借船出海、借力发展，精准对接上海发展需求，主动承接上海的辐射效应，更好利用上海这个平台壮大自己、连接全球。同时，杭州还要彰显历史文化名城、创新活力之城和生态文明之都的特色优势，精心守护"中华文明圣地"，打造中国数字经济第一城，努力建设美丽中国大花园。

（六）规模互借

2018 年，杭州都市圈常住人口超过 2600 万人，杭州人口接近 1000 万人；同年，上海都市圈常住人口接近 6600 万人，上海常住人口超过 2400 万人。按照人口规模进行衡量，上海已经成为超大城市。在杭州和上海融合发展的背景之下，双核型城市群空间结构将形成，这将成为保持上海这座特大城市经济效益持续增长的助推器，防止由于城市规模巨大造成效率降低，缓解"大城市病"。同时，杭州通过互借规模获得更高的集聚经济效率，通过连接上海获得更多资源、项目和人才。

三 杭州、上海两个都市圈融合发展的经验借鉴

（一）京津冀城市群：北京和天津

京津冀城市群包括北京、天津两大直辖市和河北省的保定、唐山、廊坊、石家庄、秦皇岛、张家口、承德、沧州、衡水、邢台、邯郸等。区域面积为

21.5 万平方公里，人口约为 1.2 亿人。《中共中央　国务院关于建立更加有效的区域协调发展新机制的意见》明确指出，"以北京、天津为中心引领京津冀城市群发展"。2018 年，北京和天津生产总值分别达到 3.0 万亿元和 1.9 万亿元，年末常住人口分别达到 2154 万人和 1560 万人。京津直线距离约为 120 公里，已由中国首条高速铁路——京津城际高铁连通，运行时间仅为 33 分钟。按照规划，两地之间将形成京津城际、京沪高铁、京唐城际、京滨城际、天津至北京大兴国际机场联络线 5 条高铁通道。

（二）粤港澳大湾区：广州和深圳

粤港澳大湾区包括香港、澳门两个特别行政区和广东省广州、深圳、珠海、佛山、惠州、东莞、中山、江门、肇庆九个城市。区域面积为 5.6 万平方公里，人口超过 7000 万人。按照 2019 年发布的《粤港澳大湾区发展规划纲要》，广州和深圳同为中心城市，同为区域发展的核心引擎。2018 年，广州和深圳生产总值分别达到 2.3 万亿元和 2.4 万亿元，年末常住人口分别达到 1490 万人和 1303 万人。广深直线距离约为 140 公里，已有 2 条铁路和 2 条高速公路作为连接通道。按照规划，通过东莞地铁作为转换枢纽，广州地铁可与深圳地铁无缝对接；同时，规划建设广深第二高铁，广州到深圳仅用 15 分钟。

（三）成渝大城市群：成都和重庆

成渝大城市群包括重庆市 27 个区（县）和四川省 15 个市，区域面积为 18.5 万平方公里，人口约为 9500 万人。《中共中央　国务院关于建立更加有效的区域协调发展新机制的意见》要求以重庆、成都、武汉、郑州、西安等为中心，引领成渝、长江中游、中原、关中平原等城市群发展，带动相关板块融合发展。2018 年，重庆和成都生产总值分别达到 2.0 万亿元和 1.5 万亿元，年末常住人口分别达到 3102 万人和 1633 万人。成都和重庆相距约 310 公里，现有南中北 3 条高速公路和 1 条高铁作为连接通道。其中，成渝高铁已让重庆和成都通行时间小于 1.5 小时，发车间隔

仅为 10 余分钟。按照规划，成都和重庆之间将建设时速 600~800 公里的高速磁悬浮铁路。

（四）日本太平洋沿岸城市群：东京和大阪

日本太平洋沿岸城市群包括东京都市圈、名古屋都市圈和大阪都市圈三大都市圈，区域面积为 3.5 万平方公里，人口将近 7000 万人，超过日本人口的 60%。其中，东京都市圈人口为 3600 万人、名古屋都市圈人口为 1100 万人、大阪都市圈人口为 1800 万人。2017 年，东京和大阪生产总值分别达到 9723 亿美元和 1863 亿美元，年末人口分别达到 1363 万人和 268 万人。东京和大阪相距约 550 公里，主要通过东海道新干线和名神、东名高速公路进行连接。其中，东海道新干线两端通行时间为 2 个小时 40 分钟左右。2014 年，日本开建连接东京和大阪的中央新干线，由于采用超导磁悬浮技术，车速可达 500 公里/小时，东京和大阪最快通行时间将缩短到 67 分钟。

（五）美国大西洋沿岸城市群：纽约和波士顿

美国大西洋沿岸城市群呈现带状分布，带长为 965 公里，带宽为 48~160 公里，区域面积为 13.8 万平方公里，人口约为 6500 万人，包括纽约、波士顿、费城、巴尔的摩和华盛顿五个核心城市，涵盖 40 个 10 万人以上的中小城市。其中，2017 年，纽约都市圈和波士顿都市圈生产总值达到 1.7 万亿美元和 0.4 万亿美元，年末人口分别约为 2000 万人和 500 万人。纽约和波士顿相距 340 公里，建立起了综合交通走廊，由高速公路、铁路和航空连通。其中，巴士的通行时间约为 4 小时；2000 年，美铁公司运营的美国高铁——阿乐西快线开通，纽约到波士顿的运营时间为 3 小时 24 分钟。由于阿乐西快线运营成功，美铁公司的分担比例［铁路客运量/（铁路客运量+航空客运量）］已由 18% 上升到 40%。

《国家发展改革委关于培育发展现代化都市圈的指导意见》明确指出，"城市群是新型城镇化主体形态"，"都市圈是城市群内部以超大特大城市或辐射带动功能强的大城市为中心、以 1 小时通勤圈为基本范围的城镇化空间形态"。前面所述的五大城市群仍在不断发展演化之中，毗邻都市圈融合发展仍在不断推进。但是，通过对五个毗邻都市圈融合发展的案例研究，仍可为杭州都市圈和上海都市圈融合发展提供必要的经验借鉴。

一是都市圈融合发展是城市群高质量发展的可靠途径。京津冀城市群、粤港澳大湾区、成渝大城市群、日本太平洋沿岸城市群和美国大西洋沿岸城市群无不体现双核或多核空间地理结构。这种双核或多核空间地理结构具有相互促进或制约关系，它们互为门户港口和经济腹地，集聚高端要素，提升生产效率，降低运营风险，既可发挥单个都市圈规模经济的优势，避免单个都市圈规模过大导致产生"大城市病"，又可通过规模互借放大城市群的规模经济，实现"1+1"融合发展，形成一种相对稳定的空间均衡结构。

二是都市圈融合发展的物质基础是建立综合交通走廊。一般而言，毗邻都市圈空间距离都在100公里以上，传统交通技术条件之下毗邻都市圈可以独立发展，形成自己的城市空间体系。但是，现代交通技术重塑"经济地理"，通过采用先进交通技术，建立综合交通走廊，让毗邻都市圈通行时间甚至压缩到30分钟以内，使其融合发展成为一个更大的城市空间体系。现在，连接都市圈的交通技术日新月异，日本太平洋沿岸城市群正在采用高速磁悬浮技术，成渝大城市群也在研究规划采用高速磁悬浮技术。

三是都市圈融合发展的重要方式是寻求错位互补发展。例如，在京津冀城市群，北京着重发挥区域中心城市功能，天津着重发挥港口城市功能。在粤港澳大湾区，广州着重发挥门户城市功能，深圳着重发挥经济创新功能。在成渝大城市群，成都更多发挥空港功能，重庆更多发挥水运港口功能。美国大西洋沿岸城市群五大核心城市定位清晰，波士顿是电子城，纽约是金融城，费城是军工城，巴尔的摩是钢铁城，华盛顿是政治城，错位发展，形成合力。

四是都市圈融合发展的重要前提是主动应对虹吸效应。①波士顿应对纽约的虹吸效应，发挥自身具有名牌大学云集优势，集聚青年人，发展高新技术产业；同时，两地仍然偏高的交通成本也有一定作用。②深圳借助改革开放的体制优势，积极应对香港和广州的虹吸效应，从小渔村发展为大城市，实现经济总量赶超广州和香港。③天津应对北京虹吸效应的力度不大，发展速度和发展环境缺乏比较优势，使北京资源集聚能力不断强化，客观上恶化了北京"大城市病"。④日本太平洋沿岸城市群呈现东京"一极集中"现象，大阪和名古屋缺乏产业创新活力，东海道新干线不仅不是经济发展的催化剂，反而成了东京虹吸资源的大通道。

四 杭州、上海两个都市圈融合发展的趋势研判

杭州都市圈和上海都市圈融合发展契合中国新型城镇化发展趋势。2018 年，长三角城市群城镇化率达到 70%，如果把西方发达国家 75% 的城镇化率作为参照，则还有 5 个百分点的提升空间。2018 年，中国城镇化率达到 60%。同样，把西方发达国家城镇化率作为参照，那么还有 15 个百分点的提升空间。处在中国新型城镇化发展背景之下，长三角是中国未来一段时间人口集聚的重要区域之一。显然，在中国这种城乡人口迁移作用之下，长三角城市群若要发挥新型城镇化的主体形态作用，需在客观上推进杭州都市圈和上海都市圈融合发展，打造"上海—杭州都市圈"，使其成为支撑全国经济增长、促进区域协调发展、参与国际竞争与合作的重要平台。

（一）厚度研判：基础设施一体化夯实"融合发展"厚度

杭州重大基础设施规划建设需要积极融入和对接上海都市圈，主动推动、加强包括高铁、机场、公路、水运和信息在内的跨区域基础设施统筹规划，实现协同推进。重点包括：沪乍杭铁路将建设开通，上海和杭州两地将新增 1 个交通通道，形成沪杭、沿湾两条交通大通道；沪杭高速铁路二通道建设将加快推进；在高速磁悬浮技术成为城市群城际交通建设的重要选项的背景之下，沪杭之间的交通方式可能新添这种技术。按照时速 600 公里的高速磁悬浮技术进行测算，沪杭两地通行时间将减到 20 分钟以内。通过设立杭州浦东机场城市候机厅，上海浦东机场与杭州可以实现全天候通勤。上海虹桥到杭州

城站的城际列车实现公交化运营，杭州与上海之间 45 分钟高铁通勤圈更加成熟。

（二）力度研判：产业链分工协作加大"融合发展"力度

一是高新产业对接协作将持续深入。通过探索"张江研究＋钱塘新区智造"，沪杭生物医药合作园区加快形成；通过联合构建未来产业协同发展联盟，两地共构包括汽车、生命健康、航天航空、人工智能和集成电路在内的产业链。二是文旅产业对接协作将持续深入。两地旅游产品和线路互相推荐，客源互送；杭州利用上海国际口岸效应，引导抵沪国际游客来杭旅游，共享过境客源；通过利用同城效应，共同承办或协办国际赛事和办会办展。三是金融产业对接协作将持续深入。杭州金融科技行业与上海传统金融机构合作得到深化，"上海国际金融中心＋杭州金融科技中心"良性互动、错位发展格局初步显现。

（三）高度研判：要素一体化提升"融合发展"高度

一是科创资源对接行动不断推进。通过深入对接 G60 科创走廊，两地共建"双创"紧密合作机制，实现研发成果两地共享。长三角研究型大学联盟不断发展，上海名院名校名所来杭建立分支机构或研发中心日益增多，定期对接杭企机制不断完善。二是人才资源对接行动不断推进。两地互设人才驿站，可为两地创业人才提供"一站式"服务。两地干部互派交流挂职、实践锻炼机制增加探索内容；通过联合开展年度长三角创新创业大会或大赛，共同打造人才交流活动平台。三是营商环境对接不断推进。全面对标上海营商环境，促进杭州全面深化改革，共同打造国际一流营商环境，不断吸引各地优秀人才来杭创业或就业。

（四）广度研判：主辅通道系统化扩大"融合发展"广度

两个都市圈融合发展将形成"一条主轴、两条辅轴，环湖跨湾，系统对接"的全面融合格局。所谓"一条主轴"，从空间形态看，以上海和杭州为两点，以嘉兴为连接走廊；从产业形态看，其是 G60 科创走廊的重要组成部分；从交通通道看，未来可能包括 3 条高速公路、2 条高铁、1 条普铁和 1 条高速磁悬浮铁路。所谓"两条辅轴"，一条"辅轴"是杭州湾南翼的杭绍甬城市连绵带，三地共同打造世界创新发展大走廊和世界级先进制造业集群；另一条"辅轴"是以杭州都市圈和苏锡常都市圈为轴端，以太湖为中心，并以嘉兴或湖州为连接走廊。以嘉兴为连接走廊，通过将要建设的通苏嘉甬高铁实现杭州和苏州高铁直达。以湖州为连接走廊，通过高速公路直通无锡。

（五）温度研判：公共服务一体化提高"融合发展"温度

杭州需要主动推动与上海民生服务事业的互动，全面对接共享上海优势民生资源，重点深化包括文化、教育、医疗、旅游和体育在内的公共服务之间的跨区域合作。可以预见，两地高等教育合作不断加强，高校"交换生"计划持续实施。两地基础教育合作得到巩固，上海优质基础教育资源来杭合作办学不断推进。沪杭职业教育合作与交流平台得到发展，优秀高技能人才培养合作水平得到提升。通过依托上海资源优势，杭州外籍子女学校建设和管理不断加强。两地高端医疗机构合作趋势日益明显，上海知名医疗卫生机构来杭联合办医或设立分支机构不断增多。包括沪杭医保结算和公园门票"一卡通"在内的公共服务将实现同城待遇。

五　杭州、上海两个都市圈融合发展存在的主要问题

（一）方向不明

根据《国家发展改革委关于培育发展现代化都市圈的指导意见》，都市圈范围不宜过大，把 1 小时通勤圈作为基本范围。根据 2018 年 11 月公布的《上海大都市圈空间协同规划（草案）》，上海大都市圈没有把杭州纳入，这样做更能提高上海都市圈空间协调规划的操作性。按照《长江三角洲城市

群发展规划》的设想，上海作为核心，需要辐射带动五大都市圈发展。现在，上海自身作为核心，组成一个大都市圈，并将苏锡常都市圈、杭州都市圈和宁波都市圈部分或全部纳入其中，形成重点辐射带动区域，形成不同于原先五大都市圈但与原先五大都市圈重叠的更高层面的大都市圈。现在，以杭州为核心的杭州都市圈与上海都市圈具有怎样的空间关系？两者融合发展的方向在哪里？在杭州没有成为上海大都市圈成员的背景之下，如果杭州应对不当的话，那么就会在长三角一体化中被边缘化；但是，如果应对得当，通过融合发展，那么杭州可与上海同时成为长三角一体化的中心城市。

（二）基础不牢

对标杭州排名全国第 10 的经济地位和打造"世界名城"的发展目标，杭州综合交通枢纽能级与城市能级不相匹配。"十三五"时期，全国要求布局形成 12 个国际性综合交通枢纽和 63 个全国性综合交通枢纽，杭州铁路枢纽仅在国家中长期"八纵八横"铁路网之中排第 15 位。从与南京都市圈和上海都市圈融合发展的比较来看，尽管杭州与南京相比更加靠近上海，但是沪宁之间已有 2 条高铁、1 条普铁，在建 1 条高铁，沪杭通道联系已经落在南京后面。上海大都市圈内部通道建设力度不断加大，区域一体化水平不断提升，客观上对于杭州产生边缘效应。一是苏州和上海已有地铁相连，嘉兴和上海谋划打造沪嘉城际铁路，三地共同建设长三角一体化示范区。二是宁波都市圈正在策划建设跨海铁路通道，增加直接连通上海的通道。三是湖州与上海之间建设沪苏湖高速铁路，形成涉及上海、苏州、湖州的城市发展带。可见，相比上海与周边城市融合发展的基础设施，杭州交通通道优势其实并不明显，有的甚至处在劣势地位。

（三）视野不宽

一是杭州把杭州都市圈和上海都市圈融合发展问题简单理解成了杭州与上海融合发展问题。现在，杭州把全面对接上海作为杭州推进长三角高质量一体化发展的首要任务和主攻方向，这是对的。但是，仅做这些工作是不够的。杭州应把全面对接上海放到杭州都市圈和上海都市圈融合发展的更高层面进行重新定位，并且立足全面对接上海，带动两个都市圈融合发展。二是杭州没有把杭州都市圈和上海都市圈融合发展作为杭州高质量融入长三角的政策框架主轴。杭州融入长三角的关键廊道，包括 G60 科创走廊、杭合创新带、杭绍甬城市连绵带、宁杭生态经济带、大运河文化带和"名城名湖名江名山名村"风景廊道。杭州陆上东向廊道仅有两条，甚至少于陆上西向廊道 1 条。杭州东向廊道偏少，一个重要原因就是杭州仍然缺乏杭州都市圈和上海都市圈融合发展的整体视野，没有把苏锡常都市圈纳入杭州都市圈和上海都市圈融合发展的整体视野之中。因此，从现有关键廊道看，杭州缺乏与苏州、无锡关键廊道的联系。

（四）载体不多

一是高铁枢纽不多。高铁是城际联系的重要交通方式，高铁枢纽是杭州对接上海的"桥头堡"，与上海的"同城效应"最为明显。现在，杭州已经开通的高铁枢纽为 8 个，其中，杭州东站是中国大型铁路枢纽站之一，成为杭州与上海对接最为重要的站点。总体而言，杭州高铁枢纽密度仍然不高，等级偏低，定位雷同，限制了杭州都市圈和上海都市圈融合发展进程。二是产业平台不多。相比其他城市，沪杭产业合作载体缺乏。宁波前湾沪浙合作发展区打造沪浙产业合作大平台，中新嘉善现代产业园打造具有国际影响力和竞争力的"智能传感谷"，张江长三角科技城平湖园打造跨行政区产城融合发展新兴功能区，上海漕河泾新兴技术开发区海宁分区打造泛半导体产业园和科技绿洲，嘉定工业区温州园打造上海科技产业转移重要承载区。三是活动载体不多。从招商引资看，不少区县反映从上海引入的大项目并不多，项目更多地来自北京、深圳等。人才、科技创新、教育领域的活动缺乏有效载体。

（五）动力不强

一是上海溢出效应可能并不明显。从上海自身角度看，中国（上海）

自由贸易试验区临港新片区开发面积接近 120 平方公里，努力建立比较成熟的投资贸易自由化便利化制度体系，打造一批更高开放度的功能型平台，集聚一批世界一流企业，将对包括杭州在内的周边城市产生强大的虹吸效应。从上海都市圈角度看，上海和上海都市圈内其他城市的联系将更加紧密，让上海发展势能率先向都市圈周边地区扩散，以一个高点带动一片高原隆起。杭州没有被纳入上海大都市圈，限制了上海势能对于杭州的扩散效应，客观上也就制约了上海都市圈和杭州都市圈的融合发展。二是沪杭经济发展水平接近提升了融合发展的难度。尽管上海生产总值是杭州的 2.4 倍，杭州需要借助上海这个平台扩大开发规模，但是，就人均 GDP 来看，杭州反而超过上海。由于两地人均 GDP 水平接近，沪杭融合发展面临的不是简单的产业垂直分工体系，而更可能的是产业链水平分工体系，双方会针对高端要素资源形成激烈的竞争态势。

（六）机制不顺

一是从长三角层面看，杭州都市圈和上海都市圈融合问题尚未得到沪苏浙乃至国家的足够重视。长三角一体化是一项需要久久为功的历史性、系统性、创造性工程。杭州都市圈和上海都市圈融合发展应是推进长三角一体化发展的重要抓手，需要突出顶层设计，加强融合发展的立法协同和规划协同，由上至下破解推进机制难题。二是从杭州都市圈层面看，两个都市圈融合发展缺乏核心引领，各自为政。例如，湖州制定"重大战略融入行动"实施方案，编制沪湖绿色智造廊道建设战略规划、融入上海同城化都市圈的三年行动计划；嘉兴编制沪嘉轨道交通对接规划，联合松江、金山、青浦实施毗邻地区一体化发展三年行动；绍兴编制实施绍兴滨海新区和科创大走廊、文创大走廊的"一区两廊"规划。三是从杭州自身对接上海角度看，杭州缺乏主动融合的支点和手段。上海作为直辖市，政治地位不仅高于浙江，而且高于作为副省级城市的杭州。这种行政级别上存在的差异客观上制约了杭州的主动融入力度，需要通过借助省级层面协调推进。

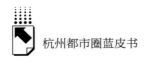

六 推进杭州、上海两个都市圈融合发展的建议

（一）推进圈际关系研究

一是吸取京津冀协同发展和日本太平洋沿岸城市群发展的教训，明确城市群核心城市虹吸周边城市资源的前提和条件，通过包括规划在内的手段限制城市群核心城市过度虹吸资源能力，避免出现上海都市圈单向虹吸杭州都市圈资源的现象。二是研究粤港澳大湾区和美国大西洋沿岸城市群内部都市圈之间良性竞争、错位发展、协调共进的先进经验，进而得到都市圈之间从简单竞争到良性竞合的客观规律，以指导杭州都市圈和上海都市圈融合发展实践。特别是要研究广州和深圳两个城市作为核心的都市圈的融合发展经验，并以广深互促发展为借鉴对象，推动上海和杭州两个都市圈融合发展。三是发挥智库功能，动员各方专家共同参与。委托顶级专家成立专项课题组，并分成若干研究小组，人数应少而精，发现、整理具体问题，分析、归纳规律性、系统性问题，提出解决两个都市圈融合发展难题的重大思路和具体建议。

（二）提升通道设施能力

一是树立交通通道建设先行理念。按照中国现有的城镇化水平和沪杭两地城市集聚能力，科学预判沪杭两地的交通通道需求规模。并且，在沪杭高速、沪杭高铁通道需求趋于饱和的情况之下，两地交通通道建设需要"跳出交通看交通"，着力发挥交通通道的先行作用，夯实两个都市圈融合发展的基础。二是加快研究沪杭高速磁悬浮铁路的可行性。充分重视杭州东站已经预留高速磁悬浮铁路的线位，提前规划杭州和上海之间的高速磁悬浮铁路站点，加快研究破解沪杭建设高速磁悬浮铁路可能遇到的难题，加快杭州东站人流疏散体系建设。三是加快研究沪杭高速铁路二通道建设。四是推进沪乍杭铁路建设，打造沪杭沿湾通道。五是依托交通科技，加快杭绍甬智慧高速公路建设，推动沪杭甬高速公路、杭浦高速公路智慧化改造，推动铁路网、高速公路网、航道网、轨道交通网、快速路网互联互通。

（三）拓展融合发展视野

一是拓展杭州服务借力上海十大行动的对接范围。凡是属于上海都市圈之内的城市，都可作为杭州进行对接的对象城市，形成"上海作为对接轴点，周边作为对接扇面"的系统对接。例如，在两个都市圈融合发展的视野之下，杭州和苏州着重开展产业对接行动和文旅对接行动。二是系统谋划杭州东向发展廊道。按照"一条主轴、两条辅轴、环湖跨湾，系统对接"的全面融合格局，通过沪杭廊道和北侧沿湾廊道的系统整合，发挥嘉兴作为沪杭连接点的枢纽作用，完善两个都市圈融合的主轴；通过南侧沿湾廊道打造杭绍甬城市连绵带，构筑两个都市圈融合的南翼辅轴；通过借助杭湖铁路和沪湖廊道，发挥湖州作为连接沪杭的枢纽作用，构筑两个都市圈融合的北翼辅轴；围绕太湖建设高速铁路和高速公路网，实现杭州与苏锡常都市圈的连接。

（四）丰富融合发展载体

一是突出高铁枢纽的支点作用。通过"交通整合、引导开发、特色发展"，最大限度兼顾高铁枢纽交通功能和附加功能，积极挖掘各个高铁枢纽的发展特色，尤其是要重视杭州西站和机场高铁枢纽，切实发挥高铁枢纽之于两个都市圈融合发展的支点作用。二是突出产业平台的对接作用。通过依托钱塘新区、城西科创大走廊、湘湖和三江汇流区域、世界文化遗产群落四大高质量发展平台，全面对接上海优质教育和高端人才要素，着力补齐杭州科技、教育和人才方面的短板。其中，钱塘新区需要积极承接上海产业转移，并与包括上海张江在内的先进园区进行产业链分工，着力推动形成"上海科研溢出＋杭州制造落地"的产业转化模式。三是突出活动载体的平台作用。发挥杭州驻沪办事处作用，提高沪杭对接沟通的时效性和针对性，及时传递双方合作事项，开展更多更好的招商引资活动。

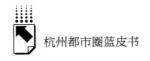

（五）增强融合发展动力

一是通过达成共识提升融合发展站位。长三角城市群面临京津冀城市群和粤港澳大湾区的激烈竞争；在长三角内部，上海—杭州都市圈和南京—合肥都市圈竞争激烈。只有上海都市圈和杭州都市圈融合发展，才能打造上海—杭州都市圈，才能在激烈的区域竞争中胜出。反之，如果上海都市圈和杭州都市圈融合发展不够，那么可能会在激烈的区域竞争中出现高端资源流出的现象。二是畅通融合发展的呼声要求。由于行政区划的作用，行政区划分割，杭州都市圈和上海都市圈融合需要冲破这种行政区划分割障碍。可以提供市民和企业反映行政区划分割问题的平台，发挥市民和企业的力量，倒逼地方政府进行融合发展，实现杭州都市圈和上海都市圈政策协同、规则协同、标准协同、要素协同。三是促进沪杭错位发展。杭州强化与上海金融科技服务对接，形成"上海国际金融中心 + 杭州金融科技中心"良性互动、错位发展格局。四是提升杭州城市综合能级，夯实杭州主动推进两个都市圈融合发展的基础。

（六）畅通融合发展机制

一是明确把杭州都市圈和上海都市圈融合发展作为推进长三角一体化发展的重要抓手。把推动杭州都市圈和上海都市圈融合发展作为长三角一体化发展领导小组的重要议题，强化融合发展的顶层设计。按照杭州都市圈和上海都市圈融合发展目标，依托省际"三级运作机制"，谋划和推进一批促进两个都市圈融合发展的具体项目。建议浙江省长三角一体化推进小组专门设立杭州都市圈和上海都市圈融合发展专题组，整合各方力量，加强统筹协调，推动融合发展事项落地落实。二是让杭州都市圈作为一个整体力量对接上海都市圈。按照都市圈作为单位的集群融合方式，坚持规划优先、先谋后动、统筹布局的原则，启动编制杭州都市圈对接上海都市圈的专项规划。三是通过长三角一体化示范区建设引领杭州都市圈和上海都市圈融合发展。四是调动杭州市级部门的积极性，创新杭州借力服务上海十大行动的机制，建立和完善与上海相关部门的沟通渠道。

参考文献

顾朝林：《城市群研究进展与展望》，《地理研究》2011 年第 5 期。

王小鲁：《中国城市化路径与城市规模的经济学分析》，《经济研究》2010 年第 10 期。

姚士谋等：《国家级中心城市的成长条件及其因素分析》，《城市观察》2018 年第 2 期。

白小虎、陈海盛、王宁江：《基于分形模型的浙江省城市群空间结构实证研究》，《管理现代化》2018 年第 1 期。

Preface

At the first China International Import Expo (CIIE) held at the National Exhibition and Convention Center (Shanghai) on November 5, 2018, President Xi Jinping pointed out that the state supports the development of regional integration in the Yangtze River Delta and has promoted it as a national strategy, focusing on implementing new development ideas, building a modern economic system, deepening reform at a higher starting point and opening to the outside world at a higher level, and moreover, "the Belt and Road" construction, the co-development of Beijing, Tianjin and Hebei, the development of the Yangtze River Economic Belt and the construction of Guangdong-Hong Kong-Macao Greater Bay Area are cooperating with each other to improve the spatial layout of China's reform and opening-up. On May 13, 2019, the Meeting of the Political Bureau of the CPC Central Committee deliberated and adopted the "Outline of the Yangtze River Delta Regional Integration Development Plan". On June, 2019, at the conference to promote the integration of the Yangtze River Delta in Zhejiang Province, Zhejiang discussed the "Action Plan for Promoting the Regional Integration of the Yangtze River Delta", and put forward nine key tasks, such as launching the high-quality development of the private economy in combination with Zhejiang reality, opening up to the outside world at a high level and sharing public services at a high level; and moreover, launched nearly 200 major projects with the investment being more than 1 trillion Yuan by focusing on "integration" and "high quality", and surrounding such fields as digital economy, infrastructure and cultural tourism. On July 15, the 9th Plenary Session of the 10th CPC Anhui Provincial Committee deliberated and adopted the "Plan of Action for the Implementation of the Outline Plan for Regional Integration Development of the Yangtze River Delta in Anhui Province", and proposed to focus on "integration" and "high quality", and abide by the basic principles of innovation, co-construction, coordination, green co-preservation, opening up and win-win and people's livelihood sharing. Together with leading by Shanghai, cooperation between Jiangsu and Zhejiang, and playing the advantages of Anhui, we will create an important source of scientific and technological innovation, a gathering place for emerging industries and a model area for green development, promote the high-quality development of manufacturing industry, drive the deep integration of urban and rural areas, and build an important opening hub for the central and western regions of the Yangtze River Delta. On July 22, at the 13th Meeting (Extended) of the Standing Committee of Shanghai's 15th National People's Congress, the Mayor Ying Yong said that Shanghai had formulated Shanghai implementation plan of "Outline of the Yangtze River Delta Regional Integration Development Plan", which will closely follow the two key words of "integration" and "high quality", and focus on "seven key areas" cooperation and "three key areas" construction. At the same time, the 6th Meeting of the 13th CPC Jiangsu Provincial Committee discussed and adopted the "Outline of the Yangtze River Delta Regional Integration Development Plan-Jiangsu Implementation Scheme", and proposed to grasp the historical mission of "offensive move", the core connotation of "integration", the goal orientation of "high quality" and the practical requirements of "one game", with emphasis on promoting the "six integration" including industrial innovation, infrastructure, regional market, green development, public service and the whole region of the province, and strive for the integration development of commonality and individuality complementing each other, the dialectical unity of cooperation and competition, and the complementarity of agglomeration and radiation.

The Yangtze River Delta region is one of the regions with the most active economic development, the highest degree of openness and the strongest innovation capacity in China. The total economic volume accounts for about 1/4. In December 1, 2019, the Central Committee of the Communist Party of China and the State Council promulgated "Outline of the Yangtze River Delta Regional Integration Development Plan", in which it makes clear to play Shanghai leading role, play the advantages of Jiangsu, Zhejiang and Anhui, enhance the cross-regional coordination and interaction, improve the integration of metropolitan

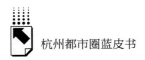

circle, promote the integration of urban and rural areas, and build a new pattern of coordinated development featuring regional coordination and cooperation, urban and rural integration and full play of advantages. The "Outline" focuses on "integration" and "high quality", makes clear two approaches of "sub-region" and "sub-area", and highlights the driving role of "demonstration area" and "new area", so as to lead the national high-quality development, improve China's reform and opening-up space layout, and create the strong active growth pole of China's development.

In 2016, the national "Yangtze River Delta World-class Urban Agglomeration Development Plan" announced that the Hangzhou Metropolitan Circle is listed as one of the "five circles" of "one core, five circles and four zones", becoming the national strategy. On November 27, 2019, the 10th Joint Meeting of Mayor of Hangzhou Metropolitan Circle was held in Anji, Huzhou. The mayors of Hangzhou, Jiaxing, Huzhou, Shaoxing, Quzhou and Huangshan cities attended the meeting to discuss the theme of "grasping the opportunity of Yangtze River Delta integration and creating a digital future for metropolitan circles", and adopted the work report of Hangzhou Metropolitan Circle Committee and the "Outline of Hangzhou Metropolitan Circle Development Plan (2020 – 2035)". According to the "Guiding Opinions on Cultivating and Developing a Modern Metropolitan Circle" issued by the NDRC (National Development and Reform Commission), by 2022, the cultural spirit of a modern metropolitan circle with clear spatial structure, complementary urban functions, orderly flow of elements, coordinated industrial division of labor, smooth traffic flow, balanced public services and a harmonious and livable environment will be formed. The meeting put forward that the construction of Hangzhou Metropolitan Circle should take planning as the guide, and put forward to accelerate the compilation of "Hangzhou Metropolitan Circle Development Plan (2020 – 2035)", coordinate the construction of the interlinked infrastructure network, constantly improve the level of cities and industries, foster modern industrial clusters with international competitiveness, co-build the historical and modern cultural charm circle, and enhance the comprehensive strength of Hangzhou Metropolitan Circle. The meeting proposed that in order to integrate into the Yangtze River Delta development hand in hand, it needs to achieve the construction of interconnected metropolitan circle, innovative and dynamic metropolitan circle, industrial and cooperative metropolitan circle, charming and humanistic metropolitan circle, green and beautiful metropolitan circle, open and inclusive metropolitan circle and high-quality life metropolitan circle on the basis of the original "seven co" strategy. How can Hangzhou Metropolitan Circle integrate into the integration development of the Yangtze River Delta? The meeting gave the answer, that is, the new economy represented by the digital economy participated in the integration development of the Yangtze River Delta. Hangzhou Metropolitan Circle gathered more than 76% of Zhejiang province's total digital economy, and more than 70% of the country's cloud computing capacity. In 2018, the main business income of core industries of digital economy in Hangzhou, Jiaxing, Huzhou, Shaoxing and Quzhou accounted for 1.236 trillion Yuan, accounting for 76.5% of Zhejiang Province. Hangzhou has made great efforts to develop digital economy and build "the first city of digital economy in the whole country". It has formed a new economic development mode based on modern information technology to support business model innovation. Hangzhou will speed up the construction of a new pattern of networked, open and integrated regional digital economic development together with the cities of the metropolitan circle, pull together in six aspects including the development of digital industrialization and the transformation of industrial digitalization, the city digital management, the infrastructure construction, the system mechanism innovation, and the wisdom people's livelihood service, so as to make the Hangzhou Metropolitan Circle become the global digital economy development highland, and further promote the overall comprehensive strength of Yangtze River Delta area and influences in the world economic pattern and lead China to participate in both the cooperation and the competition.

Hangzhou is the core city and leader of Hangzhou Metropolitan Circle. On July 30, 2019, at the 7th Plenary Session of the 12th CPC Hangzhou Municipal Committee, the CPC Hangzhou Municipal Committee and the Municipal Government considered and approved the "Decision on Implementing the National Strategy for the Development of the Yangtze River Delta to Improve the

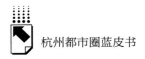

Comprehensive Level and Core Competitiveness of the City" surrounding the national strategy of the integration of Yangtze River Delta. On August 13, Hangzhou officially issued "Action Plan for the Implementation of the National Strategy of Regional Integration in Yangtze River Delta in Hangzhou", hence the trumpet of Hangzhou implementing the national strategy of regional integration in Yangtze River Delta was sounded. The "Action Plan" puts forward that by 2025, Hangzhou will be integrated into the high-quality development of Yangtze River Delta in an all-round way, and the overall strength, innovation ability and international influence of Hangzhou will rise to a new level. The specific target is to increase the urbanization rate of the permanent residents to 80% in 2025, increase the per capita to 200000 Yuan, and narrow the income gap between urban and rural residents to 1. 8 : 1. From science and technology, industry, culture and travel, finance, talent, opening, business environment, people's livelihood sharing, transportation network, and urban governance, we will take the Shanghai Top Ten Action, and build four high-quality development platforms in the Qiantang New Area, Hangzhou West City Sci-Tech Venture Greater Corridor, the world cultural heritage community, future urban experimental area of Xianghu and the three rivers converge region; cooperate in four coordination plates in Hangzhou Metropolitan Circle including Hangzhou-Jiaxing, Hangzhou-Huzhou, Hangzhou-Shaoxing Integrated Development Pilot Area and Hangzhou Metropolitan Circle of Thousand-Island Lake-Huangshan Interprovincial Tourism Cooperation Demonstration Zone; develop six cross-regional key corridor zones on the G60 Sci-Tech Venture Greater Corridor, Hangzhou-Hefei Innovation Belt, Hangzhou-Shaoxing-Ningbo City Continuous Belt, Nanjing-Hangzhou Eco-economy Belt, Grand Canal Cultural Belt, Scenic Corridor of Famous Cities, Lakes, Rivers, Mountains and Villages; and make efforts in constructing the Yangtze River Delta Science and Technology Innovation Community, building a modern comprehensive transportation system in the Yangtze River Delta, working together to build a dual engine of digital economy and manufacturing, building a high-level open community, creating a beautiful ecological community in the Yangtze River Delta, promoting the integration of cultural and tourism development in the Yangtze River Delta, optimizing the international first-class business environment in the Yangtze River Delta, and constructing a people's livelihood community in the Yangtze River Delta. On December 20, Hangzhou held the "Leading Group Meeting on Promoting the Integration of the Yangtze River Delta and the 'Four Greater Construction' Promotion Meeting". The meeting put forward that the implementation of the national strategy for the integration of the Yangtze River Delta is not only a major political responsibility, but also a major historical opportunity, and also a major practical test. The national strategy for the integration of the Yangtze River Delta is a great historical opportunity given by the times to the three provinces and one city of the Yangtze River Delta. If catching up, the city will develop in a smooth way, but if missed, it is difficult to catch up again. It is necessary to raise the level of energy in the development of the Yangtze River Delta. The meeting facilitates the implementation of the major strategic deployment of the Greater Bay District, the Big Garden, the Big Passageway, the Metropolitan Circle construction made in the 14th Party Congress in Zhejiang Province. Zhou Jiangyong, the member of Zhejiang Provincial Party Committee and the secretary of Hangzhou Municipal Party Committee put forward the clear request: we must grasp the science and technology innovation and the industry development, more actively serve and get help from Shanghai, and actively undertake Shanghai high-quality resource element; we need to keep strengthening the "foundation" of the interconnection of transportation facilities, speed up the preparation of the "Hangzhou Metropolitan Circle Development Plan" and a new round of transportation and other special plans, strengthen the portal hub function and the construction of major channels; we need to effectively strengthen the "advantage" of the ecological environment, strengthen cooperation with brother cities in tourism, and jointly implement the Qiantang River headstream landscape forest and grass ecological restoration project, continuously polish the gold-lettered signboard of "paradise on earth" that is suitable for living and working; we need to keep insisting on improving the "fundamental" of people's wellbeing, actively explore to improve the scientific, refined and intelligent level of urban governance by applying the technologies such as 5G, blockchain and AI, accelerate the interconnection of social security of provision for the aged and medical treatment among cities of the Yangtze River Delta, and

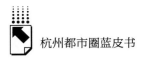

constantly improve the urban integration of public services; we need to fully highlight the "main line" of institutional mechanism, promote the construction and perfection of the long-term communication and cooperation mechanism among cities of the Yangtze River Delta, and strive for providing more replicable and propagable experience for other cities of the Yangtze River Delta and even the whole country.

To sum up, from the CPC Central Committee, the State Council to the three provinces and one city, and then to the six cities of Hangzhou Metropolitan Circle, they all have made detailed arrangements for the national strategy of the integration and development of the Yangtze River Delta, especially the core cities of Hangzhou Metropolitan Circle have made detailed arrangements from the action goal, the realization path and the key tasks, and have carried out the task decomposition, so as to ensure the integration into the Yangtze River Delta. "Action Plan for the Implementation of the National Strategy of Regional Integration in Yangtze River Delta in Hangzhou" makes the integration development into the Yangtze River Delta to the development level of the urban circle, focuses on the construction of four high-quality development platforms, the construction of four major coordination plates, the coordinated development of six cross-regional key corridor belts and grasp the eight tasks, making institutional arrangements and action guarantee for powering Hangzhou Metropolitan Circle. Therefore, "participate in the integrated development of the Yangtze River Delta with the strategy of strengthening metropolitan circle" proposed in this study is not empty, but has a solid foundation for the development of the 12-year metropolitan circle. With a major strategic plan of the CPC Central Committee and the State Council, a common vision of the provinces and cities in the Yangtze River Delta, and a comprehensive cooperation among the six cities in the metropolitan circle, the "strengthening metropolitan circle strategy" can be realized in such a large strategy and the general background.

The book was initiated and funded by the Hangzhou Association of Social Sciences and the Hangzhou Bureau of Support and Regional Cooperation. The Hangzhou Academy of Social Sciences was responsible for the selection of topic and general reports, the collection, evaluation and editing of city reports and special reports, and was responsible for the writing of general reports, abstract and preface. Finally, it was published by the Social Sciences Academic Press (China). This book is a major social science planning project in Hangzhou, and each selected article has been established as the result of Hangzhou's planning project, which lasted for one and a half years from incubation to publication. From project research, issuing notification, topic declaration, project review, subject selection, writing, revision, confirmation and editing to three times of review and proofreading and the final publication, the collective wisdom of participating units and experts in the Blue Book of Hangzhou Metropolitan Circles has been cohered, and moreover, this book has been highly concerned and supported (served as consultant and editorial board director respectively) by the mayors of the six cities, has been cooperated by the Development and Reform Commission (Regional Cooperation Office) of the six cities and the Association of Social Sciences (acted as a member of the editorial board and editor-in-chief, deputy editor-in-chief), and has been participated (committed to writing) by related colleges of the cities and the related committees of the metropolitan circle. Here the author would like to express his sincere thanks to all of them.

Abstract

In order to realize "the strategy of strengthening metropolitan circle", the 10th Joint Meeting of the Mayor of Hangzhou Metropolitan Circle has already made the orientation deployment, which is when speeding up the preparation of a new round of "Hangzhou Metropolitan Circle Development Plan (2020 – 2035)", and with the help of national strategy of integrating the development of the Yangtze River Delta. On the base of originally planned "seven co" strategy of co-drawing, transportation co-operation, environmental co-protection, industry co-prosperity, market co-construction, brand co-promotion and social co-sharing. In 2019, the gross domestic product (GDP) was 3203. 8 billion yuan, an increase of 7. 0% in the Hangzhou metropolitan area. Among them, the primary industry, the secondary industry, and the tertiary industry realized added value of 93. 7 billion yuan, 1306. 8 billion yuan, and 1803. 2 billion yuan, an increase of 2. 2% , 6. 1% and 8. 1% , the structure of the three industries was adjusted from 3. 1 : 41. 8 : 55. 1 in the previous year to 2. 9 : 40. 8 : 56. 3. As of the end of 2019, the Hangzhou metropolitan area had a permanent population of 26. 92 million, an increase of 2. 7% , and an urbanization rate of 70. 1% . The per capita GDP reached 120600 yuan. Among them, Hangzhou achieved a GDP of 1. 5373 trillion yuan, a total fiscal revenue of 365 billion yuan, and a permanent population of 10. 36 million, accounting for 48. 0% , 57. 9% , and 38. 5% of the metropolitan area, respectively.

In the future development, Hangzhou Metropolitan Circle need to achieve a new round of high-quality, integrated development, by realizing the goal of "seven circles" in the construction of interconnected metropolitan circle, innovative and dynamic metropolitan circle, industrial and cooperative metropolitan circle, charming and humanistic metropolitan circle, green and beautiful metropolitan circle, open and inclusive metropolitan circle and high-quality life metropolitan circle.

"Annual Report on the Development of Hangzhou Metropolitan Circle (2020) —Participate in the Integrated Development of the Yangtze River Delta with the Strategy of Strengthening Metropolitan Circle" summarizes the process and experience of Hangzhou Metropolitan Circle from the establishment, development and expansion since 2007, studies the existing problems and difficulties in implementing the "strengthening metropolitan circle strategy", forecasts the development trend under the background of the integration of the Yangtze River Delta, and puts forward the measures and methods to deal with these problems and trends. This book consists of three parts: general reports, city reports and special reports.

The main topic of general reports (B1) is "Research on the Strategy of strengthening Hangzhou Metropolitan Circle in the process of Integration Development of the Yangtze River Delta". Hangzhou Metropolitan Circle began to enter the formal development track from 2007, after 12 years of development, especially after the National Development and Reform Commission approved it as the country's first comprehensive reform pilot for the economic transformation and upgrading of metropolitan circle in 2014, the development has been particularly rapid. Through the joint efforts of four cities including Hangzhou, Huzhou, Jiaxing, Shaoxing, it has gradually formed a convenient traffic circle, economic first circle, life happy circle, wisdom information circle, beautiful ecological circle and so on, especially the westward expansion of the Hangzhou Metropolitan Circle and the join of the Huangshan and Quzhou have enhanced the status and the importance of the Hangzhou Metropolitan Circle in the Yangtze River Delta city group. The six cities strengthen the regional cooperation and promote the integration development together through drawing the same blueprint and achieving the same dream, thus the metropolitan circle walked in the national front row. This topic studies and analyzes the integration process of Hangzhou Metropolitan Circle from the economic antecedent circle, the life happiness circle, the wisdom metropolitan circle and the green ecology circle to the all-round cooperation and innovation step by step, and analyzes many difficulties of the backward long-term planning of implementation of the urban circle strengthening

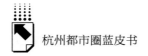
metropolitan circle strategy and difficult to practice strategies, the insufficient coordination of multiple provincial level of fusion idea, the dispersion of the strength of integrating in Shanghai by one-sidedly emphasizing the extreme core, insufficient investment force caused by deviated financing emphasis, weak metropolitan circle developed due to ignored circle comparison. It is predicted that the future trend will inject vitality into the metropolitan circle and integration into the Yangtze River Delta integration will become the common goal of the city development, and the development of Shanghai metropolitan circle will condense the neighboring cities to participate in the integration development, the sustainable development of transportation will promote the flow of urban elements more frequently, the direction of investment in information infrastructure between cities will become more important, and the convenience of public services will become an important bridge for future urban development. It proposes to co-plan a new pattern of connecting with big Shanghai metropolitan circle thoroughly, co-build the development metropolitan circle continuous belt in the modernized Yangtze River Delta city cluster, co-drive the development of a new corridor along the southern route of Hangzhou Bay, and promote the linkage and cooperation among the five major metropolitan circles in the Yangtze River Delta. It puts forward the development from urban synergy to the integration of the whole region into the Yangtze River Delta in the planning, from the interconnection of urban traffic to the gateway of the international world in links, from the interconnection of hardware and software to the smooth development of software in information, and from the traditional economy to the digital economy in the industry, from providing quick and convenient service to the direction of good business environment in government affairs, from attracting talents to the direction of high-quality and long-term agglomeration in talents, from paying attention to regional culture to the direction of "New Culture of Regions South of the Yangtze River" in cultural innovation, and from the development zone mode to the direction of developing demonstration area in the platform, and from the emphasis on urban environment to the direction of environment-beautiful metropolitan circle in ecology. It puts forward to integrate into Yangtze River Delta hand in hand and realize seven strengthening metropolitan circle strategy of interconnected

metropolitan circle, innovative and dynamic metropolitan circle, industrial and cooperative metropolitan circle, charming and humanistic metropolitan circle, green and beautiful metropolitan circle, open and inclusive metropolitan circle and high-quality life metropolitan circle, so as to draw a new blueprint for realizing the full integration of Hangzhou Metropolitan Circle. The strengthening metropolitan circle strategy of Hangzhou Metropolitan Circle is an important part of the development of regional integration in the Yangtze River Delta. It is the leading development area of the five major metropolitan circles in the Yangtze River Delta. It is of great importance to promote the strengthening metropolitan circle strategy of Hangzhou Metropolitan Circle to provide demonstration for the development of regional integration in the Yangtze River Delta, to enhance the overall comprehensive strength of the Yangtze River Delta, and to raise the level and level of the Yangtze River Delta in the world economic pattern.

The main topic of general reports (B2) is "2019 Development Report of Hangzhou Metropolitan Circle". Hangzhou Metropolitan Circle has made every effort to build the core growth pole in the south wing of the Yangtze River Delta, and continued to promote the development of the metropolitan circle economy towards high-quality development, which has achieved gratifying results. The total amount of economic operations continues to expand, high-quality features are further revealed, and the development momentum of cities is further strengthened. And in the meantime, the integration and cooperation of the six cities have been further strengthened in the construction of an inter-connected, innovative vitality, industrial collaboration, charming humanities, green and beautiful, open and inclusive, and a quality life metropolitan circle. At the end, for the problem, the report proposes strategies and suggestions. There are "Four Concerns", which includes to focus on the potential for economic growth, focus on regional cooperation mechanisms, focus on regional overall development, focus on green ecological protection), and proposes "Four Articles", which includes to ensure steady growth, ensure integration, ensure common prosperity and ensure sustainable.

City reports (from B3 to B8) are about that under the theme that each city participates in the integration development of the Yangtze River Delta with the

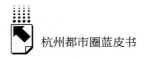

strengthening metropolitan circle strategy, the six cities of Hangzhou Metropolitan Circle including Hangzhou, Huzhou, Jiaxing, Shaoxing, Quzhou and Huangshan put forward the characteristic development goal and strategy according to their own location and development reality under the vision of "embracing the river for development", Including the coordinated development of Hangzhou industry, the creation of a tourism benchmarking zone in the metropolitan area of Huzhou, Jiaxing participating in the integration of the Yangtze River Delta with the "Shanghai-Hangzhou Same City" strategy, Shaoxing's strengthening city strategy in the development of the Zhejiang Bay Area, and the sustainable development of Quzhou in the new era City strategy, development report of Huangshan city fully integrated into Hangzhou Metropolitan Circle, etc. . It is not only the embodiment of the integration of the whole region of Zhejiang Province into the Yangtze River Delta, but also the common initiative of the six cities to join hands in the integration of the Yangtze River Delta and the common aspiration of powering Hangzhou Metropolitan Circle.

Special Reports (from B9 to B17) include collaborative innovation development, high-quality development of the digital economy, global tourism construction, the construction of a beautiful model city in China, the integration of rail transit, the Ninghang Ecological Economic Belt, the coordinated development of sports, the integrated promotion of the Yangtze River Delta, the coordinated development of Hangzhou and Shanghai metropolitan areas, etc. The reports study in depth to reflect the vertical development trajectory and future development trends of the Hangzhou Metropolitan Circle, and propose corresponding countermeasures and suggestions for difficult points. Each theme is a re-understanding and rethinking of the development of the Hangzhou Metropolitan Circle.

In a word, to participate in the Yangtze River Delta integration development jointly, empower the metropolitan circle, Hangzhou Metropolitan Circle first step, has become the Hangzhou Metropolitan Circle six cities consensus, the co-development of four coordination plates in Hangzhou Metropolitan Circle including Hangzhou-Jiaxing, Hangzhou-Huzhou, Hangzhou-Shaoxing Integrated Development Pilot Area and Hangzhou Metropolitan Circle of Thousand-Island

Lake-Huangshan Interprovincial Tourism Cooperation Demonstration Zone acts as like four strong arms surrounding the entire metropolitan circle. With the advanced cooperation idea and good system guarantee, it guarantees the implementation of the goal of Hangzhou Metropolitan Circle participating in the Yangtze River Delta integration with the strengthening metropolitan circle strategy.

Keywords: Strategy of Strengthening Metropolitan Circle; Regional Cooperation; High-quality Development; Hangzhou Metropolitan Circle

Contents

Ⅰ General Reports

B. 1   Research on the Strategy of Strengthening Hangzhou Metropolitan
Circle in the Process of Integration Development of the Yangtze
River Delta   *Fang Chenguang* / 001

Abstract: The strategy of strengthening Hangzhou Metropolitan Circle is an important component of the regional integrated development of the Yangtze River Delta. Hangzhou Metropolitan Circle is the leading development area of the five major Metropolitan Circles of the Yangtze River Delta. Promoting the strategy of strengthening Hangzhou Metropolitan Circle has played an important role in providing a demonstration for the integrated development of the Yangtze River Delta region, enhancing the overall comprehensive strength of the Yangtze River Delta region, and improving the energy level and level of the Yangtze River Delta in the world economic structure. The report researches and analyzes the integrated process of Hangzhou Metropolitan Circle from an economic advancement area, a life-happiness area, a smart metropolis area, and a green ecological area to a comprehensive collaborative innovation and comprehensive cooperation area, analyzes the feasibility and necessity of implementing the strategy of strengthening Hangzhou Metropolitan Circle, predicts the development trend of the strategy of strengthening Hangzhou Metropolitan Circle, and draws up a new blueprint for the realization of comprehensive integration in the Hangzhou Metropolitan Circle.

Keywords: Strategy of Strengthening Metropolitan Circle; Integration into

the Yangtze River Delta and High-quality Development; Hangzhou Metropolitan
Circle

B. 2   2019 Development Report of Hangzhou Metropolitan Circle

Ye Xianjing / 043

Abstract: In 2019, Hangzhou Metropolitan Circle has made every effort to
build the core growth pole in the south wing of the Yangtze River Delta, and
continued to promote the development of the metropolitan circle economy towards
high-quality development, which has achieved gratifying results. The total amount
of economic operations continues to expand, high-quality features are further
revealed, and the development momentum of cities is further strengthened. And in
the meantime, the integration and cooperation of the six cities have been further
strengthened in the construction of an inter-connected, innovative vitality,
industrial collaboration, charming humanities, green and beautiful, open and
inclusive, and a quality life metropolitan circle. At the end, for the problem, the
report proposes strategies and suggestions about "Four Articles", which includes to
ensure steady growth, ensure integration, ensure common prosperity and ensure
sustainable.

Keywords: Hangzhou Metropolitan Circle; High-quality Development;
Integration and Cooperation

II   City Reports

B. 3   Research on the Coordinated Development of Industries in
Hangzhou from the Perspective of "Gather around the River
to Development"   *Ge Caihong, Lu Jiehua and Wu Xuefei* / 055

Abstract: Hangzhou's urban development is moving from the "development

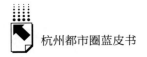

along the river and across the river" to the new era of "development along the river". With the concept of "grasping protection and no overdeveloping", Hangzhou is fully promoting the action of "Gather around the River to Development", being based on whole city, focusing on the Qiantang River, establishing a world-class waterfront area where there is a green and efficient modern industrial belt. Looking at the upstream Qiandao Lake, the middle reaches Xin'an River, the Fuchun River and the downstream Qiantang River, the industrial development foundations, resource endowments and development requirements are different in each basin. It is imperative to coordinate the relationship between industrial development and ecological protection, overall and local, to upgrade the traditional industrial structure in each region and to coordinate the regional industrial development. Through targeted field visits, in-depth interviews, and literature review of the research team, this report focuses on the construction of ecological civilization and strengthening the coordinated development of the city, analyzes the status quo and problems of industrial coordination in Hangzhou, and compares the domestic and international development experience of the big river basin cities, puts forward some countermeasures including specifying planning and guidance, optimizing the industrial space layout; strengthening the city's overall co-ordination, establishing a regional industrial coordination mechanism; optimizing the livable environment, and attracting the new economy with beautiful scenery; strengthening the innovation drive, promoting the high-quality development of the industrial platform; perfecting supporting support, offering suggestions such as further optimizing the business environment, with a view to providing ideas for the coordinated development of regional industries in the integrated development process of Hangzhou and even the Yangtze River Delta.

Keywords: Gather around the River to Development; The Integration of Yangtze River Delta; Hangzhou

B. 4   Research on Establishing the All-region Tourist Benchmarking
        Zone of Metropolitan Region by Huzhou

Hu Jimei, *Liu Yanyun* / 072

Abstract: All-region tourism has become a new trend in the development of tourism. Huzhou is one of the first pilot cities to establish a national tourism demonstration zone. The establishment of a tourist benchmarking zone in the Metropolitan Circle has played an important role in promoting the development of tourism in the Metropolitan Circle. This report discusses the status and issues of the tourism development in the whole area of Huzhou, creates a path to establish the All-region Tourist Benchmarking Zone of Metropolitan Region by Huzhou.

Keywords: All-region Tourism; Benchmarking Zone; Hangzhou Metropolitan Circle; Huzhou

B. 5   Research on Jiaxing Participates in the Integration of the Yangtze
        River Delta with the "Shanghai-Hangzhou Same City" Strategy

Tang Tieqiu, *Lin Shixing* / 088

Abstract: With the development of the integration of the Yangtze River Delta into a national strategy, the strategic position of the Yangtze River Delta urban agglomeration has become more prominent in the overall situation of national modernization construction and the all-round opening up pattern. Jiaxing takes the "Shanghai-Hangzhou Same City" strategy to participate in the integrated development of the Yangtze River Delta as the command of all work, which has very important practical significance and reference value for integration into the integrated development of the Yangtze River Delta. This report analyzes the basic situation of Jiaxing's participation in the integrated development of the Yangtze River Delta with the "Shanghai-Hangzhou Same City" strategy, studies its existing problems and development trends, and proposes some countermeasures

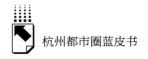
杭州都市圈蓝皮书

and suggestions to advance and improve Jiaxing's participation in the integrated development of the Yangtze River Delta with the "Shanghai-Hangzhou Same City" strategy.

Keywords: Shanghai-Hangzhou Same City; The Integration of Yangtze River Delta; Hangzhou Metropolitan Circle; Jiaxing

B. 6   Research on Shaoxing's Strategy of Strengthening the City in the
　　　 Process of the Development of Zhejiang Great Bay Area
　　　　　 Wang Jin, *Luo Zhiwen*, *Zhao Yan*, *Xiao Weige and Zhang Tian* / 108

Abstract: The concept of "Zhejiang Great Bay Area" is a major initiative for Zhejiang Province to further integrate itself into the Yangtze River Delta and cooperate with Greater Shanghai. As a member of the Bay Area, Shaoxing is just as inseparable from the development of the Zhejiang Great Bay Area. The construction of the Bay Area has also brought Shaoxing an unprecedented important development opportunity. This report analyzes and interprets the current status and problems of Shaoxing's economic and social development, with a view to providing policy recommendations for the construction of Strengthening the City in Shaoxing in the context of the development of the Yangtze River Delta and the Greater Bay Area.

Keywords: The Strategy of Strengthening the City; Zhejiang Great Bay Area; Yangtze River Delta; Shaoxing

B. 7   Research on Quzhou's Strategy of Strengthening the City
　　　 with Sustainable Ecological and Humanistic Development
　　　 in the New Era　　　　　　　　　　　　　 *Shen Xiaolong* / 124

Abstract: With Quzhou joining the Hangzhou Metropolitan Circle,

Quzhou takes the integration into the Hangzhou Metropolitan Circle and the Yangtze River Delta as an important event in urban development. How Quzhou integrates into Hangzhou and cooperates with Shanghai with Shanghai that has become a question for the Quzhou government. Based on the current status of sustainable ecological and humanistic development, this report analyzes the pressure on ecological environment protection, the ability to transform advantages, cultural development and innovation factors, and so on. Finally, this report puts forward four suggestions to accelerate the sustainable ecological and humanistic development of Quzhou.

Keywords: Sustainable Ecological and Humanistic Development; Hangzhou Metropolitan Circle; Quzhou

B. 8   Development Report of Huangshan City Fully Integrated into Hangzhou Metropolitan Circle   *Hu Fang, Wen Zhengzhong* / 141

Abstract: Since joining the Hangzhou Metropolitan Circle at the end of 2018, with active enthusiasm, Huangshan has cooperated, developed, innovated with brother cities in the Hangzhou Metropolitan Circle, has created together a new model of regional cooperation and development in the new era. After the development in 2019, the role of ecological security barriers in Huangshan City has become more prominent, the demonstration effect of cultural tourism has become more prominent, green industry cooperation and development has continued to advance, a healthy and livable model has gradually taken shape, and the strategic fulcrum of developing westward and expanding southward for the Metropolitan Circle has become increasingly firm. According to the needs of development, we should also brainstorm in planning. In practice, we should focus on finding the advantages of Huangshan, establish an effective market mechanism as soon as possible in ecological environment, establish an effective elimination mechanism in personnel policy, establish a follow-up evaluation system for key projects, and accelerate the construction of Big data in the field of people's livelihood.

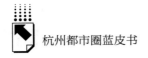

Keywords: Ecological Co-protection; Integrated Transportation; Hangzhou Metropolitan Circle; Huangshan

Ⅲ Special Reports

B. 9 Leading the Development of Hangzhou Metropolitan Circle with Collaborative Innovation *Gu Huashan, Lou Zaifeng* / 158

Abstract: As the "Golden South Wing" of the Yangtze River Delta, Hangzhou Metropolitan Circle has a realistic foundation for establishing a collaborative innovation-led zone. At the same time, there are still problems such as weak overall integration, weak core cities' radiation power, and strong development bottleneck constraints. The future development of cities within the Hangzhou Metropolitan Circle is accelerating the same-city development, in-depth coordination with the construction of Zhejiang Greater Bay Area, and joint development with the integrated development of the Yangtze River Delta urban agglomeration. To this end, This report proposes the establishment of a collaborative innovation leading zone, which includes the path of fostering a collaborative innovation chain, co-constructing an entrepreneurial innovation system, and building a major support platform; proposes some countermeasures and suggestions about the principle of complementarity and win-win, technical innovation as the target, and institutional mechanisms as the fundamental.

Keywords: Collaborative Innovation; Entrepreneurship and Innovation System; Hangzhou Metropolitan Circle

B. 10　Research on Promoting High-quality Development of Digital
　　　　Economy in Hangzhou Metropolitan Circle with Application
　　　　Innovation and Ecological Construction

Liu Yang, *Tang Renwu and Li Chuan* / 172

Abstract: In the present world context, the technological revolution and
industrial transformation are fast-changing. The digital economy is booming. China
has become the second largest digital economy in the world. This report expounds
the basic connotation of the digital economy and the characteristics of the digital
economy of China and the United States, analyzes the current status of digital
economy development in relevant cities in the Hangzhou Metropolitan Circle,
analyzes the main challenges that restrict the integration of the digital economy in
the Hangzhou Metropolitan Circle and establish a "winning victory", and
proposes some countermeasures and suggestions about promoting high-quality
development of digital economy and developing the first Metropolitan Circle of the
digital economy in the Hangzhou Metropolitan Circle with application innovation
and ecological construction.

Keywords: Digital Economy; Application Innovation; Ecological
Construction; High-quality Development; Hangzhou Metropolitan Circle

B. 11　Construction of All-Region Tourism in Hangzhou Metropolitan
　　　　Circle: Experiences, Trends, Problems and Countermeasures

Lin Wei, *Jiang Chanyu and Xie Zhen* / 190

Abstract: The all-region tourism in Hangzhou Metropolitan Circle has quite
mature experience, and faces a broad development space in the integration trend of
the Yangtze River Delta. The all-region tourism experience of the Hangzhou
Metropolitan Circle mainly comes from the "Hangzhou Sample". The "ripple
effect" of "returning the lake to the people" highlights the essence of all-region

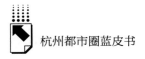

tourism. In recent years, the interconnectedness of the Hangzhou Metropolitan Circle has gradually shifted from the "Hangzhou Sample" to the "Hangzhou Metropolitan Circle Sample", with features such as a solid social foundation and remarkable leading tourism. In the era of integration in the Yangtze River Delta, the all-region tourism of the Hangzhou Metropolitan Circle also faces the three trends of the Regional integration relying on the local resources, the garden building relying on mountain-sea cooperation, and the aesthetic governance relying on promoting overall urban-rural development. There are also several problems in the deep integration and all-region promotion. In the future, the all-region tourism in Hangzhou Metropolitan Circle can explore the restructuring of urban life as a path, strive to achieve multi-standard integration in the Metropolitan Circle, promote urban-rural integration, construct a smart industry globalization, and urban-rural aesthetics governance.

Keywords: All-Region Tourism; Hangzhou Samples; Aesthetic Governance; Hangzhou Metropolitan Circle

B. 12   Research on Constructing the Demonstration Area of Beautiful China in Hangzhou Metropolitan Circle

Jing Baoli, Shen Xu, Li Xin, Wu Jingwen,

Zhu Huifang and Dong Jun / 211

Abstract: In the process of promoting the construction of ecological civilization and beauty, the Hangzhou Metropolitan Circle has tried first, made bold innovations, and achieved remarkable results. It first explored a number of effective practices and successful experiences that can be replicated and promoted, and formed a series of model samples with reference significance and promotional value. Hangzhou Metropolitan Circle is the "leading area" and "model area" for the construction of beautiful China. This report deeply investigates the status quo of the construction of ecological civilization and beauty in Hangzhou Metropolitan

Circle, systematically summarizes the effectiveness and demonstration samples of the construction of ecological civilization and beauty in Hangzhou Metropolitan Circle, systematically analyzes the existing problems and development trends, and proposes countermeasures and suggestions for deepening the construction of beautiful Metropolitan Circle.

Keywords: Ecological Civilization; Beautiful China; The Construction of Demonstration Area; Hangzhou Metropolitan Circle

B. 13　Research on Rail Transit of Hangzhou Metropolitan Circle being Integrated into the Yangtze River Delta

Jie Dongzheng / 232

Abstract: Rail transit is an important support for achieving high-quality and integrated development in the Metropolitan Circle. Based on the integration of the Yangtze River Delta, the Hangzhou Metropolitan Circle should strengthen the planning of regional intercity railways, coordinate the construction of the cross-bay channel, optimize the railway freight system, and enhance the radiation capacity of the hub. If the Hangzhou Metropolitan Circle insists on the "Five Network Convergence" development, should rely on increasing regional inter-city railway functions for the ordinary-speed railway, and focus on planning for urban (suburban) railways. Focusing on reform and innovation, it is necessary to promote the integrated development of rail transit and surrounding land, and seek balance in funding construction through multiple channels.

Keywords: Rail Transit; Hangzhou Metropolitan Circle; Yangtze River Delta; Five Network Convergence

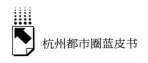

B. 14   Research on Development Thoughts of Ningbo-Hangzhou
Eco-economic Belt under the Background of High-quality
Integration in the Yangtze River Delta

Ma Zhihui, *Zhang Changxiao* / 245

Abstract: As the integration of the Yangtze river delta has become a national strategy, the Yangtze River Delta is transforming from the traditional "one body and two wings" to the "Golden Triangle". As an important wing of the Shanghai-Nanjing-Hangzhou "Golden Triangle", the Ninghang-Hangzhou Eco-economic Belt will also usher in a golden period of development. This report sorts out the relationship between the Ninghang-Hangzhou Eco-economic Belt and the integration of the Yangtze River Delta, analyzes the development basis and challenges of the Ning-Hang Ecological Economy Belt, and proposes the future development thought of the Ning-Hang Ecological Economy Belt.

Keywords: Eco-economic Belt; Ninghang Development Axis; Hangzhou Metropolitan Circle; The Integration of Yangtze River

B. 15   Research on the Path of Sports Coordinated Development in
Hangzhou Metropolitan Circle in the Asian Games Era

Qi Xianzhong, *Xu Haidong and Lu Yan* / 259

Abstract: Constructing a "high-quality zone of sports public service" is the direction of advancement of sports work in the Hangzhou Metropolitan Circle. Based on the practice of Hangzhou as the core city of the Hangzhou Metropolitan Circle, this report studies the development ideas about sports of the Metropolitan Circle. Through expert interviews, discussions, questionnaires, and data analysis, this report proposes a concept of coordinated development to improve resource allocation, analyzes the basic conditions, overall goals, policy shortcomings and path selection for collaborative development, and puts forward policy recommendations.

Keywords: The Asian Games; Sports Public Service; Hangzhou Metropolitan Circle

B. 16   Research on Promoting the Publicity Integrated into the
        Yangtze River Delta for Hangzhou Metropolitan Circle
        Liu Hanlin, *Zhou Luyan*, *Zheng Ling and Chen Liping* / 269

Abstract: Publicity work is an extremely important job for the party. With the rapid development of China's economy and the continuous advancement of urbanization, how to use the power of publicity to integrate the resources of various cities, give full play to the role of Strengthening confidence, gathering people's support, warming people's hearts, building concentricity, so that the Metropolitan Circle is gradually becoming an important growth pole of leading regional development and an important channel to satisfy the increasing diverse and beautiful life needs of urban and rural residents. This is a topic of the times. This report systematically summarizes the publicity situation in the Hangzhou Metropolitan Circle for more than ten years, extracts insufficient, analyzes experience, further clarifies the new opportunities and challenges for the construction of Hangzhou Metropolitan Circle facing the in the new era, and proposes some targeted strategy suggestions for the publicity work in the next stage.

Keywords: Hangzhou Metropolitan Circle; Brand-building Work; Communication Ecology

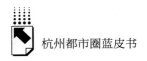

B. 17   Research on the Integrated Development of Hangzhou
Metropolitan Circle and Shanghai Metropolitan Circle

Yao Ruqing / 284

Abstract: The integrated development of the Hangzhou Metropolitan Circle
and the Shanghai Metropolitan Circle is not only the need to implement the
national strategy for the integration of the Yangtze river delta, but also to
consolidate the core position of the Hangzhou Metropolitan Circle, or to promote
the structural reform of urban supply side. Conditions for the integrated
development of the two Metropolitan Circles have been put in place, and it
should extract experience and draw a lesson of the integrated development from
Beijing-tianjin-hebei Urban Agglomerations, Beijing and Tianjin; Guangdong-
Hong Kong-Macau Greater Bay Area, Guangzhou and Shenzhen; Chengdu-
Chongqing Urban Agglomerations, Chengdu and Chongqing; Japan Pacific Coast
Urban Agglomeration, Tokyo and Osaka; Atlantic Coast Urban Agglomeration of
the United States, New York and Boston. It should also research on the trend of
the integrated development of the two Metropolitan Circles, solve the six
problems of integrated development of the Metropolitan Circles; and finally put
forward suggestions for promoting integrated development.

Keywords: Metropolitan Circle Integrated Development; Hangzhou
Metropolitan Circle; Shanghai Metropolitan Circle

权威报告·一手数据·特色资源

皮书数据库
ANNUAL REPORT(YEARBOOK)
DATABASE

分析解读当下中国发展变迁的高端智库平台

所获荣誉

● 2019年，入围国家新闻出版署数字出版精品遴选推荐计划项目

● 2016年，入选"'十三五'国家重点电子出版物出版规划骨干工程"

● 2015年，荣获"搜索中国正能量 点赞2015""创新中国科技创新奖"

● 2013年，荣获"中国出版政府奖·网络出版物奖"提名奖

● 连续多年荣获中国数字出版博览会"数字出版·优秀品牌"奖

成为会员

通过网址www.pishu.com.cn访问皮书数据库网站或下载皮书数据库APP，进行手机号码验证或邮箱验证即可成为皮书数据库会员。

会员福利

● 已注册用户购书后可免费获赠100元皮书数据库充值卡。刮开充值卡涂层获取充值密码，登录并进入"会员中心"—"在线充值"—"充值卡充值"，充值成功即可购买和查看数据库内容。

● 会员福利最终解释权归社会科学文献出版社所有。

数据库服务热线：400-008-6695
数据库服务QQ：2475522410
数据库服务邮箱：database@ssap.cn
图书销售热线：010-59367070/7028
图书服务QQ：1265056568
图书服务邮箱：duzhe@ssap.cn

社会科学文献出版社 皮书系列
SOCIAL SCIENCES ACADEMIC PRESS (CHINA)

卡号：759155628366

密码：

中国社会发展数据库（下设 12 个子库）

整合国内外中国社会发展研究成果，汇聚独家统计数据、深度分析报告，涉及社会、人口、政治、教育、法律等 12 个领域，为了解中国社会发展动态、跟踪社会核心热点、分析社会发展趋势提供一站式资源搜索和数据服务。

中国经济发展数据库（下设 12 个子库）

围绕国内外中国经济发展主题研究报告、学术资讯、基础数据等资料构建，内容涵盖宏观经济、农业经济、工业经济、产业经济等 12 个重点经济领域，为实时掌控经济运行态势、把握经济发展规律、洞察经济形势、进行经济决策提供参考和依据。

中国行业发展数据库（下设 17 个子库）

以中国国民经济行业分类为依据，覆盖金融业、旅游、医疗卫生、交通运输、能源矿产等 100 多个行业，跟踪分析国民经济相关行业市场运行状况和政策导向，汇集行业发展前沿资讯，为投资、从业及各种经济决策提供理论基础和实践指导。

中国区域发展数据库（下设 6 个子库）

对中国特定区域内的经济、社会、文化等领域现状与发展情况进行深度分析和预测，研究层级至县及县以下行政区，涉及地区、区域经济体、城市、农村等不同维度，为地方经济社会宏观态势研究、发展经验研究、案例分析提供数据服务。

中国文化传媒数据库（下设 18 个子库）

汇聚文化传媒领域专家观点、热点资讯，梳理国内外中国文化发展相关学术研究成果、一手统计数据，涵盖文化产业、新闻传播、电影娱乐、文学艺术、群众文化等 18 个重点研究领域。为文化传媒研究提供相关数据、研究报告和综合分析服务。

世界经济与国际关系数据库（下设 6 个子库）

立足"皮书系列"世界经济、国际关系相关学术资源，整合世界经济、国际政治、世界文化与科技、全球性问题、国际组织与国际法、区域研究 6 大领域研究成果，为世界经济与国际关系研究提供全方位数据分析，为决策和形势研判提供参考。

法律声明

"皮书系列"（含蓝皮书、绿皮书、黄皮书）之品牌由社会科学文献出版社最早使用并持续至今，现已被中国图书市场所熟知。"皮书系列"的相关商标已在中华人民共和国国家工商行政管理总局商标局注册，如LOGO（ ▧ ）、皮书、Pishu、经济蓝皮书、社会蓝皮书等。"皮书系列"图书的注册商标专用权及封面设计、版式设计的著作权均为社会科学文献出版社所有。未经社会科学文献出版社书面授权许可，任何使用与"皮书系列"图书注册商标、封面设计、版式设计相同或者近似的文字、图形或其组合的行为均系侵权行为。

经作者授权，本书的专有出版权及信息网络传播权等为社会科学文献出版社享有。未经社会科学文献出版社书面授权许可，任何就本书内容的复制、发行或以数字形式进行网络传播的行为均系侵权行为。

社会科学文献出版社将通过法律途径追究上述侵权行为的法律责任，维护自身合法权益。

欢迎社会各界人士对侵犯社会科学文献出版社上述权利的侵权行为进行举报。电话：010-59367121，电子邮箱：fawubu@ssap.cn。

社会科学文献出版社